U0756126

本书为国家社会科学基金重大项目《互联网经济的法治保障研究》（批准号：18ZDA149）阶段性成果

Personal
Information
Protection

个人信息保护法手册
条文梳理与立法素材

主　编 ◉ 申卫星

副主编 ◉ 杨　旭

参　编 ◉ 陈一龙　徐海雷

中国政法大学出版社

2022·北京

图书在版编目（ＣＩＰ）数据

个人信息保护法手册：条文梳理与立法素材/申卫星主编.—北京：中国政法大学出版社，2022.1

ISBN 978-7-5764-0189-9

Ⅰ.①个… Ⅱ.①申…Ⅲ.①个人信息－法律保护－法规－中国－手册 Ⅳ.①D923.7-62

中国版本图书馆CIP数据核字(2021)第280072号

书　名　个人信息保护法手册：条文梳理与立法素材

GERENXINXIBAOHUFA SHOUCE TIAOWENSHULI YU LIFASUCAI

出版者　中国政法大学出版社

地　址　北京市海淀区西土城路25号

邮　箱　fadapress@163.com

网　址　http://www.cuplpress.com (网络实名：中国政法大学出版社)

电　话　010-58908466(第七编辑部) 58908334(邮购部)

承　印　北京中科印刷有限公司

开　本　880mm×1230mm　1/32

印　张　11

字　数　255千字

版　次　2022年1月第1版

印　次　2022年1月第1次印刷

定　价　56.00元

前　言
个人信息保护法的体系与历史

　　作为我国第一部专门针对个人信息保护的统一性综合立法，《中华人民共和国个人信息保护法》（以下简称《个人信息保护法》）由第十三届全国人民代表大会常务委员会第三十次会议于 2021 年 8 月 20 日正式审议通过，并于同年 11 月 1 日起生效施行。该法兼顾公私领域的个人信息处理，统筹事前、事中的风险预防与事后的权益救济，力求在个人信息的依法保护与合理利用之间求得平衡。在体例结构上，该法分为"总则""个人信息处理规则""个人信息跨境提供的规则""个人在个人信息处理活动中的权利""个人信息处理者的义务""履行个人信息保护职责的部门""法律责任"以及"附则"八章，共计 74 个条文。这部法律的颁布实施标志着我国的个人信息保护法治已迈向一个崭新的时代。

　　《个人信息保护法》的制定并非一蹴而就，而是经历了较长时间的探索与积累。回顾我国个人信息保护的立法进程，大致可以划分为四个主要阶段：一是最初对个人信息保护的立法探索；二是前《民法典》时代的多层次分散立法；三是《民法典》对私法领域个人信息保护的统一规定；四是《个人信息保护法》对公私领域的规范细化与体系整合。经此过程，我国以《个人信息保护法》及《民法典》中关于个人信息保护的规定等为核心，再辅之以其他法律、行政法规、司法解释、部门规章、经济特区法规、规范性文件、国家标准等不同层次的规定，建立了较为完善的个人信息保护规范体系。这尤其体现了我国的立法机关、行政机关、司法机关等对个人信息保护问题的高度重视，及其在立法及规则制定上业已取得的丰硕成果。

以此为背景，本书在"体系"与"历史"两个主题下，以简明、直观的形式对我国个人信息保护立法作全面呈现。除第一部分原文录入《个人信息保护法》以便查阅外，本书主体共分两大部分：第二部分"条文梳理"按《个人信息保护法》自身的篇章体例和条文顺序，对分散在不同层次的立法及规范性文件中的个人信息保护规则及与此密切相关的其他规则予以通盘考察和细致梳理。第三部分"立法素材"又分为两部分。一是将《个人信息保护法》正式文本与 2020 年 10 月《个人信息保护法（草案）》、2021 年 4 月《个人信息保护法（草案二次审议稿）》进行对照，并标明每个条文在制定过程中的前后变化。二是整理了立法机关在公布草案时就整体制定、修改情况所作的汇总性说明，以及相关媒体对草案审议过程中具体问题讨论的公开报道。

如此筛选和编排源于方法论的考虑——体系和历史是解释与续造法律的两个重要标准。具体而言，我国当前个人信息保护的多层次立法及规则格局会给法律适用带来不小的挑战，而《个人信息保护法》尽管为此领域的集大成者，也不可能穷尽一切与此相关的规则。所以第二部分的意义在于，指明针对同一或者类似问题可能涉及的不同层次规则，并在《个人信息保护法》规定不明确、仅作提示规定或者完全未作规定时提供指引，从而为解决规范竞合、规范冲突等体系衔接与协调问题提供线索。再者，立法过程中对许多条文在内容上作有不同程度的增、删、修、补，甚至是体系位置的大幅度调整，结合相关立法文件有助于更为准确地掌握立法原意及目的，第三部分则旨在为此提示要点、储备素材。这种体系与历史的呈现构成了《个人信息保护法》的实施起点。

但万变不离其宗，对解释和续造法律具有决定性意义的是其规范目的、宗旨与价值基础。我国《个人信息保护法》第1条开宗明义地指出其目的，一方面在于"保护个人信息权益"，另一方面在于"促进个人信息合理利用"。只有在这两对价值及利益相互平衡的视角下，综合审视文义、历史、体系等标准，才能正确理解每个条文乃至整部《个人信息保护法》及相关规则的确切意涵，从而实现最终的正义。而本书若能对此稍有助益，便已实现其"工具（书）"的价值。

鉴于我国个人信息保护的规范体系庞杂，再加上时间仓促、精力有限、学识未足，本书难免存在疏忽、遗漏甚至错误之处，欢迎各位读者批评指正，联系邮箱为：computational _ law @ mail. tsinghua. edu. cn。

清华大学法学院院长、教授

目　录

第一部分

《中华人民共和国个人信息保护法》

中华人民共和国主席令
第九十一号

　　《中华人民共和国个人信息保护法》已由中华人民共和国第十三届全国人民代表大会常务委员会第三十次会议于 2021 年 8 月 20 日通过，现予公布，自 2021 年 11 月 1 日起施行。

中华人民共和国主席　习近平
2021 年 8 月 20 日

中华人民共和国个人信息保护法

（2021 年 8 月 20 日第十三届全国人民代表大会
常务委员会第三十次会议通过）

目　录

第一章　总　则

第一条　为了保护个人信息权益，规范个人信息处理活动，促进个人信息合理利用，根据宪法，制定本法。

第二条　自然人的个人信息受法律保护，任何组织、个人不得侵害自然人的个人信息权益。

第三条　在中华人民共和国境内处理自然人个人信息的活动，适用本法。

在中华人民共和国境外处理中华人民共和国境内自然人个人信息的活动，有下列情形之一的，也适用本法：

（一）以向境内自然人提供产品或者服务为目的；

（二）分析、评估境内自然人的行为；

（三）法律、行政法规规定的其他情形。

第四条　个人信息是以电子或者其他方式记录的与已识别或者可识别的自然人有关的各种信息，不包括匿名化处理后的信息。

个人信息的处理包括个人信息的收集、存储、使用、加工、传输、提供、公开、删除等。

第五条　处理个人信息应当遵循合法、正当、必要和诚信原则，不得通过误导、欺诈、胁迫等方式处理个人信息。

第六条　处理个人信息应当具有明确、合理的目的，并应当与处理目的直接相关，采取对个人权益影响最小的方式。

收集个人信息，应当限于实现处理目的的最小范围，不得过度收集个人信息。

第七条　处理个人信息应当遵循公开、透明原则，公开个人信息处理规则，明示处理的目的、方式和范围。

第八条 处理个人信息应当保证个人信息的质量，避免因个人信息不准确、不完整对个人权益造成不利影响。

第九条 个人信息处理者应当对其个人信息处理活动负责，并采取必要措施保障所处理的个人信息的安全。

第十条 任何组织、个人不得非法收集、使用、加工、传输他人个人信息，不得非法买卖、提供或者公开他人个人信息；不得从事危害国家安全、公共利益的个人信息处理活动。

第十一条 国家建立健全个人信息保护制度，预防和惩治侵害个人信息权益的行为，加强个人信息保护宣传教育，推动形成政府、企业、相关社会组织、公众共同参与个人信息保护的良好环境。

第十二条 国家积极参与个人信息保护国际规则的制定，促进个人信息保护方面的国际交流与合作，推动与其他国家、地区、国际组织之间的个人信息保护规则、标准等互认。

第二章 个人信息处理规则

第一节 一般规定

第十三条 符合下列情形之一的，个人信息处理者方可处理个人信息：

（一）取得个人的同意；

（二）为订立、履行个人作为一方当事人的合同所必需，或者按照依法制定的劳动规章制度和依法签订的集体合同实施人力资源管理所必需；

（三）为履行法定职责或者法定义务所必需；

（四）为应对突发公共卫生事件，或者紧急情况下为保护自然人的生命健康和财产安全所必需；

（五）为公共利益实施新闻报道、舆论监督等行为，在合理的范围内处理个人信息；

（六）依照本法规定在合理的范围内处理个人自行公开或者其他已经合法公开的个人信息；

（七）法律、行政法规规定的其他情形。

依照本法其他有关规定，处理个人信息应当取得个人同意，但是有前款第二项至第七项规定情形的，不需取得个人同意。

第十四条 基于个人同意处理个人信息的，该同意应当由个人在充分知情的前提下自愿、明确作出。法律、行政法规规定处理个人信息应当取得个人单独同意或者书面同意的，从其规定。

个人信息的处理目的、处理方式和处理的个人信息种类发生变更的，应当重新取得个人同意。

第十五条 基于个人同意处理个人信息的，个人有权撤回其同意。个人信息处理者应当提供便捷的撤回同意的方式。

个人撤回同意，不影响撤回前基于个人同意已进行的个人信息处理活动的效力。

第十六条 个人信息处理者不得以个人不同意处理其个人信息或者撤回同意为由，拒绝提供产品或者服务；处理个人信息属于提供产品或者服务所必需的除外。

第十七条 个人信息处理者在处理个人信息前，应当以显著方式、清晰易懂的语言真实、准确、完整地向个人告知下列事项：

（一）个人信息处理者的名称或者姓名和联系方式；

（二）个人信息的处理目的、处理方式，处理的个人信息种类、保存期限；

（三）个人行使本法规定权利的方式和程序；

（四）法律、行政法规规定应当告知的其他事项。

前款规定事项发生变更的，应当将变更部分告知个人。

个人信息处理者通过制定个人信息处理规则的方式告知第一款规定事项的，处理规则应当公开，并且便于查阅和保存。

第十八条 个人信息处理者处理个人信息，有法律、行政法规规定应当保密或者不需要告知的情形的，可以不向个人告知前条第一款规定的事项。

紧急情况下为保护自然人的生命健康和财产安全无法及时向个人告知的，个人信息处理者应当在紧急情况消除后及时告知。

第十九条 除法律、行政法规另有规定外，个人信息的保存期限应当为实现处理目的所必要的最短时间。

第二十条 两个以上的个人信息处理者共同决定个人信息的处理目的和处理方式的，应当约定各自的权利和义务。但是，该约定不影响个人向其中任何一个个人信息处理者要求行使本法规定的权利。

个人信息处理者共同处理个人信息，侵害个人信息权益造成损害的，应当依法承担连带责任。

第二十一条 个人信息处理者委托处理个人信息的，应当与受托人约定委托处理的目的、期限、处理方式、个人信息的种类、保护措施以及双方的权利和义务等，并对受托人的个人信息处理活动进行监督。

受托人应当按照约定处理个人信息，不得超出约定的处理目的、处理方式等处理个人信息；委托合同不生效、无效、被撤销或者终止的，受托人应当将个人信息返还个人信息处理者或者予以删除，不得保留。

未经个人信息处理者同意，受托人不得转委托他人处理个人信息。

第二十二条　个人信息处理者因合并、分立、解散、被宣告破产等原因需要转移个人信息的，应当向个人告知接收方的名称或者姓名和联系方式。接收方应当继续履行个人信息处理者的义务。接收方变更原先的处理目的、处理方式的，应当依照本法规定重新取得个人同意。

第二十三条　个人信息处理者向其他个人信息处理者提供其处理的个人信息的，应当向个人告知接收方的名称或者姓名、联系方式、处理目的、处理方式和个人信息的种类，并取得个人的单独同意。接收方应当在上述处理目的、处理方式和个人信息的种类等范围内处理个人信息。接收方变更原先的处理目的、处理方式的，应当依照本法规定重新取得个人同意。

第二十四条　个人信息处理者利用个人信息进行自动化决策，应当保证决策的透明度和结果公平、公正，不得对个人在交易价格等交易条件上实行不合理的差别待遇。

通过自动化决策方式向个人进行信息推送、商业营销，应当同时提供不针对其个人特征的选项，或者向个人提供便捷的拒绝方式。

通过自动化决策方式作出对个人权益有重大影响的决定，个人有权要求个人信息处理者予以说明，并有权拒绝个人信息处理者仅通过自动化决策的方式作出决定。

第二十五条　个人信息处理者不得公开其处理的个人信息，取得个人单独同意的除外。

第二十六条　在公共场所安装图像采集、个人身份识别设备，应当为维护公共安全所必需，遵守国家有关规定，并设置显著的提示标识。所收集的个人图像、身份识别信息只能用于维护公共安全的目的，不得用于其他目的；取得个人单独同意的除外。

第二十七条 个人信息处理者可以在合理的范围内处理个人自行公开或者其他已经合法公开的个人信息；个人明确拒绝的除外。个人信息处理者处理已公开的个人信息，对个人权益有重大影响的，应当依照本法规定取得个人同意。

第二节 敏感个人信息的处理规则

第二十八条 敏感个人信息是一旦泄露或者非法使用，容易导致自然人的人格尊严受到侵害或者人身、财产安全受到危害的个人信息，包括生物识别、宗教信仰、特定身份、医疗健康、金融账户、行踪轨迹等信息，以及不满十四周岁未成年人的个人信息。

只有在具有特定的目的和充分的必要性，并采取严格保护措施的情形下，个人信息处理者方可处理敏感个人信息。

第二十九条 处理敏感个人信息应当取得个人的单独同意；法律、行政法规规定处理敏感个人信息应当取得书面同意的，从其规定。

第三十条 个人信息处理者处理敏感个人信息的，除本法第十七条第一款规定的事项外，还应当向个人告知处理敏感个人信息的必要性以及对个人权益的影响；依照本法规定可以不向个人告知的除外。

第三十一条 个人信息处理者处理不满十四周岁未成年人个人信息的，应当取得未成年人的父母或者其他监护人的同意。

个人信息处理者处理不满十四周岁未成年人个人信息的，应当制定专门的个人信息处理规则。

第三十二条 法律、行政法规对处理敏感个人信息规定应当取得相关行政许可或者作出其他限制的，从其规定。

第三节　国家机关处理个人信息的特别规定

第三十三条　国家机关处理个人信息的活动，适用本法；本节有特别规定的，适用本节规定。

第三十四条　国家机关为履行法定职责处理个人信息，应当依照法律、行政法规规定的权限、程序进行，不得超出履行法定职责所必需的范围和限度。

第三十五条　国家机关为履行法定职责处理个人信息，应当依照本法规定履行告知义务；有本法第十八条第一款规定的情形，或者告知将妨碍国家机关履行法定职责的除外。

第三十六条　国家机关处理的个人信息应当在中华人民共和国境内存储；确需向境外提供的，应当进行安全评估。安全评估可以要求有关部门提供支持与协助。

第三十七条　法律、法规授权的具有管理公共事务职能的组织为履行法定职责处理个人信息，适用本法关于国家机关处理个人信息的规定。

第三章　个人信息跨境提供的规则

第三十八条　个人信息处理者因业务等需要，确需向中华人民共和国境外提供个人信息的，应当具备下列条件之一：

（一）依照本法第四十条的规定通过国家网信部门组织的安全评估；

（二）按照国家网信部门的规定经专业机构进行个人信息保护认证；

（三）按照国家网信部门制定的标准合同与境外接收方订立合同，约定双方的权利和义务；

（四）法律、行政法规或者国家网信部门规定的其他条件。

中华人民共和国缔结或者参加的国际条约、协定对向中华人民共和国境外提供个人信息的条件等有规定的，可以按照其规定执行。

个人信息处理者应当采取必要措施，保障境外接收方处理个人信息的活动达到本法规定的个人信息保护标准。

第三十九条 个人信息处理者向中华人民共和国境外提供个人信息的，应当向个人告知境外接收方的名称或者姓名、联系方式、处理目的、处理方式、个人信息的种类以及个人向境外接收方行使本法规定权利的方式和程序等事项，并取得个人的单独同意。

第四十条 关键信息基础设施运营者和处理个人信息达到国家网信部门规定数量的个人信息处理者，应当将在中华人民共和国境内收集和产生的个人信息存储在境内。确需向境外提供的，应当通过国家网信部门组织的安全评估；法律、行政法规和国家网信部门规定可以不进行安全评估的，从其规定。

第四十一条 中华人民共和国主管机关根据有关法律和中华人民共和国缔结或者参加的国际条约、协定，或者按照平等互惠原则，处理外国司法或者执法机构关于提供存储于境内个人信息的请求。非经中华人民共和国主管机关批准，个人信息处理者不得向外国司法或者执法机构提供存储于中华人民共和国境内的个人信息。

第四十二条 境外的组织、个人从事侵害中华人民共和国公民的个人信息权益，或者危害中华人民共和国国家安全、公共利益的个人信息处理活动的，国家网信部门可以将其列入限制或者禁止个人信息提供清单，予以公告，并采取限制或者禁止向其提供个人信息等措施。

第四十三条　任何国家或者地区在个人信息保护方面对中华人民共和国采取歧视性的禁止、限制或者其他类似措施的，中华人民共和国可以根据实际情况对该国家或者地区对等采取措施。

第四章　个人在个人信息处理活动中的权利

第四十四条　个人对其个人信息的处理享有知情权、决定权，有权限制或者拒绝他人对其个人信息进行处理；法律、行政法规另有规定的除外。

第四十五条　个人有权向个人信息处理者查阅、复制其个人信息；有本法第十八条第一款、第三十五条规定情形的除外。

个人请求查阅、复制其个人信息的，个人信息处理者应当及时提供。

个人请求将个人信息转移至其指定的个人信息处理者，符合国家网信部门规定条件的，个人信息处理者应当提供转移的途径。

第四十六条　个人发现其个人信息不准确或者不完整的，有权请求个人信息处理者更正、补充。

个人请求更正、补充其个人信息的，个人信息处理者应当对其个人信息予以核实，并及时更正、补充。

第四十七条　有下列情形之一的，个人信息处理者应当主动删除个人信息；个人信息处理者未删除的，个人有权请求删除：

（一）处理目的已实现、无法实现或者为实现处理目的不再必要；

（二）个人信息处理者停止提供产品或者服务，或者保存期限已届满；

（三）个人撤回同意；

（四）个人信息处理者违反法律、行政法规或者违反约定处理个人信息；

（五）法律、行政法规规定的其他情形。

法律、行政法规规定的保存期限未届满，或者删除个人信息从技术上难以实现的，个人信息处理者应当停止除存储和采取必要的安全保护措施之外的处理。

第四十八条　个人有权要求个人信息处理者对其个人信息处理规则进行解释说明。

第四十九条　自然人死亡的，其近亲属为了自身的合法、正当利益，可以对死者的相关个人信息行使本章规定的查阅、复制、更正、删除等权利；死者生前另有安排的除外。

第五十条　个人信息处理者应当建立便捷的个人行使权利的申请受理和处理机制。拒绝个人行使权利的请求的，应当说明理由。

个人信息处理者拒绝个人行使权利的请求的，个人可以依法向人民法院提起诉讼。

第五章　个人信息处理者的义务

第五十一条　个人信息处理者应当根据个人信息的处理目的、处理方式、个人信息的种类以及对个人权益的影响、可能存在的安全风险等，采取下列措施确保个人信息处理活动符合法律、行政法规的规定，并防止未经授权的访问以及个人信息泄露、篡改、丢失：

（一）制定内部管理制度和操作规程；

（二）对个人信息实行分类管理；

（三）采取相应的加密、去标识化等安全技术措施；

（四）合理确定个人信息处理的操作权限，并定期对从业人员进行安全教育和培训；

（五）制定并组织实施个人信息安全事件应急预案；

（六）法律、行政法规规定的其他措施。

第五十二条　处理个人信息达到国家网信部门规定数量的个人信息处理者应当指定个人信息保护负责人，负责对个人信息处理活动以及采取的保护措施等进行监督。

个人信息处理者应当公开个人信息保护负责人的联系方式，并将个人信息保护负责人的姓名、联系方式等报送履行个人信息保护职责的部门。

第五十三条　本法第三条第二款规定的中华人民共和国境外的个人信息处理者，应当在中华人民共和国境内设立专门机构或者指定代表，负责处理个人信息保护相关事务，并将有关机构的名称或者代表的姓名、联系方式等报送履行个人信息保护职责的部门。

第五十四条　个人信息处理者应当定期对其处理个人信息遵守法律、行政法规的情况进行合规审计。

第五十五条　有下列情形之一的，个人信息处理者应当事前进行个人信息保护影响评估，并对处理情况进行记录：

（一）处理敏感个人信息；

（二）利用个人信息进行自动化决策；

（三）委托处理个人信息、向其他个人信息处理者提供个人信息、公开个人信息；

（四）向境外提供个人信息；

（五）其他对个人权益有重大影响的个人信息处理活动。

第五十六条 个人信息保护影响评估应当包括下列内容：

（一）个人信息的处理目的、处理方式等是否合法、正当、必要；

（二）对个人权益的影响及安全风险；

（三）所采取的保护措施是否合法、有效并与风险程度相适应。

个人信息保护影响评估报告和处理情况记录应当至少保存三年。

第五十七条 发生或者可能发生个人信息泄露、篡改、丢失的，个人信息处理者应当立即采取补救措施，并通知履行个人信息保护职责的部门和个人。通知应当包括下列事项：

（一）发生或者可能发生个人信息泄露、篡改、丢失的信息种类、原因和可能造成的危害；

（二）个人信息处理者采取的补救措施和个人可以采取的减轻危害的措施；

（三）个人信息处理者的联系方式。

个人信息处理者采取措施能够有效避免信息泄露、篡改、丢失造成危害的，个人信息处理者可以不通知个人；履行个人信息保护职责的部门认为可能造成危害的，有权要求个人信息处理者通知个人。

第五十八条 提供重要互联网平台服务、用户数量巨大、业务类型复杂的个人信息处理者，应当履行下列义务：

（一）按照国家规定建立健全个人信息保护合规制度体系，成立主要由外部成员组成的独立机构对个人信息保护情况进行监督；

（二）遵循公开、公平、公正的原则，制定平台规则，明确平台内产品或者服务提供者处理个人信息的规范和保护个人信息的义务；

（三）对严重违反法律、行政法规处理个人信息的平台内的产品或者服务提供者，停止提供服务；

（四）定期发布个人信息保护社会责任报告，接受社会监督。

第五十九条 接受委托处理个人信息的受托人，应当依照本法和有关法律、行政法规的规定，采取必要措施保障所处理的个人信息的安全，并协助个人信息处理者履行本法规定的义务。

第六章 履行个人信息保护职责的部门

第六十条 国家网信部门负责统筹协调个人信息保护工作和相关监督管理工作。国务院有关部门依照本法和有关法律、行政法规的规定，在各自职责范围内负责个人信息保护和监督管理工作。

县级以上地方人民政府有关部门的个人信息保护和监督管理职责，按照国家有关规定确定。

前两款规定的部门统称为履行个人信息保护职责的部门。

第六十一条 履行个人信息保护职责的部门履行下列个人信息保护职责：

（一）开展个人信息保护宣传教育，指导、监督个人信息处理者开展个人信息保护工作；

（二）接受、处理与个人信息保护有关的投诉、举报；

（三）组织对应用程序等个人信息保护情况进行测评，并公布测评结果；

（四）调查、处理违法个人信息处理活动；

（五）法律、行政法规规定的其他职责。

第六十二条　国家网信部门统筹协调有关部门依据本法推进下列个人信息保护工作：

（一）制定个人信息保护具体规则、标准；

（二）针对小型个人信息处理者、处理敏感个人信息以及人脸识别、人工智能等新技术、新应用，制定专门的个人信息保护规则、标准；

（三）支持研究开发和推广应用安全、方便的电子身份认证技术，推进网络身份认证公共服务建设；

（四）推进个人信息保护社会化服务体系建设，支持有关机构开展个人信息保护评估、认证服务；

（五）完善个人信息保护投诉、举报工作机制。

第六十三条　履行个人信息保护职责的部门履行个人信息保护职责，可以采取下列措施：

（一）询问有关当事人，调查与个人信息处理活动有关的情况；

（二）查阅、复制当事人与个人信息处理活动有关的合同、记录、账簿以及其他有关资料；

（三）实施现场检查，对涉嫌违法的个人信息处理活动进行调查；

（四）检查与个人信息处理活动有关的设备、物品；对有证据证明是用于违法个人信息处理活动的设备、物品，向本部门主要负责人书面报告并经批准，可以查封或者扣押。

履行个人信息保护职责的部门依法履行职责，当事人应当予以协助、配合，不得拒绝、阻挠。

第六十四条　履行个人信息保护职责的部门在履行职责中，发现个人信息处理活动存在较大风险或者发生个人信息安全事件的，可以按照规定的权限和程序对该个人信息处理者的法定代表人或者主要负责人进行约谈，或者要求个人信息处理者委托专业机构对其个人信息处理活动进行合规审计。个人信息处理者应当按照要求采取措施，进行整改，消除隐患。

履行个人信息保护职责的部门在履行职责中，发现违法处理个人信息涉嫌犯罪的，应当及时移送公安机关依法处理。

第六十五条 任何组织、个人有权对违法个人信息处理活动向履行个人信息保护职责的部门进行投诉、举报。收到投诉、举报的部门应当依法及时处理，并将处理结果告知投诉、举报人。

履行个人信息保护职责的部门应当公布接受投诉、举报的联系方式。

第七章 法律责任

第六十六条 违反本法规定处理个人信息，或者处理个人信息未履行本法规定的个人信息保护义务的，由履行个人信息保护职责的部门责令改正，给予警告，没收违法所得，对违法处理个人信息的应用程序，责令暂停或者终止提供服务；拒不改正的，并处一百万元以下罚款；对直接负责的主管人员和其他直接责任人员处一万元以上十万元以下罚款。

有前款规定的违法行为，情节严重的，由省级以上履行个人信息保护职责的部门责令改正，没收违法所得，并处五千万元以下或者上一年度营业额百分之五以下罚款，并可以责令暂停相关业务或者停业整顿、通报有关主管部门吊销相关业务许可或者吊销营业执照；对直接负责的主管人员和其他直接责任人员处十万元以上一百万元以下罚款，并可以决定禁止其在一定期限内担任相关企业的董事、监事、高级管理人员和个人信息保护负责人。

第六十七条 有本法规定的违法行为的，依照有关法律、行政法规的规定记入信用档案，并予以公示。

第六十八条 国家机关不履行本法规定的个人信息保护义务的，由其上级机关或者履行个人信息保护职责的部门责令改正；对直接负责的主管人员和其他直接责任人员依法给予处分。

履行个人信息保护职责的部门的工作人员玩忽职守、滥用职权、徇私舞弊，尚不构成犯罪的，依法给予处分。

第六十九条 处理个人信息侵害个人信息权益造成损害，个人信息处理者不能证明自己没有过错的，应当承担损害赔偿等侵权责任。

前款规定的损害赔偿责任按照个人因此受到的损失或者个人信息处理者因此获得的利益确定；个人因此受到的损失和个人信息处理者因此获得的利益难以确定的，根据实际情况确定赔偿数额。

第七十条 个人信息处理者违反本法规定处理个人信息，侵害众多个人的权益的，人民检察院、法律规定的消费者组织和由国家网信部门确定的组织可以依法向人民法院提起诉讼。

第七十一条 违反本法规定，构成违反治安管理行为的，依法给予治安管理处罚；构成犯罪的，依法追究刑事责任。

第八章 附 则

第七十二条 自然人因个人或者家庭事务处理个人信息的，不适用本法。

法律对各级人民政府及其有关部门组织实施的统计、档案管理活动中的个人信息处理有规定的，适用其规定。

第七十三条　本法下列用语的含义：

（一）个人信息处理者，是指在个人信息处理活动中自主决定处理目的、处理方式的组织、个人。

（二）自动化决策，是指通过计算机程序自动分析、评估个人的行为习惯、兴趣爱好或者经济、健康、信用状况等，并进行决策的活动。

（三）去标识化，是指个人信息经过处理，使其在不借助额外信息的情况下无法识别特定自然人的过程。

（四）匿名化，是指个人信息经过处理无法识别特定自然人且不能复原的过程。

第七十四条　本法自 2021 年 11 月 1 日起施行。

第二部分

条文梳理

本部分所涉规范缩略表

（本表按法律文件效力级别分类，同级法律文件按简称
首字母顺序排列）

简称	全称	发文字号	实施日期	发布部门	效力级别
《宪法》	《中华人民共和国宪法》（2018年修正）	全国人民代表大会公告第1号	2018.03.11	全国人民代表大会	宪法
《民法典》	《中华人民共和国民法典》	中华人民共和国主席令第45号	2021.01.01	全国人民代表大会	法律
《刑法》	《中华人民共和国刑法》（2020年修正）	中华人民共和国主席令第66号	2021.03.01	全国人民代表大会	法律
《安全生产法》	《中华人民共和国安全生产法》（2021年修正）	中华人民共和国主席令第88号	2021.09.01	全国人大常委会	法律
《保险法》	《中华人民共和国保险法》（2015年修正）	中华人民共和国主席令第26号	2015.04.24	全国人大常委会	法律
《兵役法》	《中华人民共和国兵役法》（2021年修订）	中华人民共和国主席令第95号	2021.10.01	全国人大常委会	法律

续表

简称	全称	发文字号	实施日期	发布部门	效力级别
《传染病防治法》	《中华人民共和国传染病防治法》（2013年修正）	中华人民共和国主席令第5号	2013.06.29	全国人大常委会	法律
《档案法》	《中华人民共和国档案法》（2020年修订）	中华人民共和国主席令第47号	2021.01.01	全国人大常委会	法律
《电子商务法》	《中华人民共和国电子商务法》	中华人民共和国主席令第7号	2019.01.01	全国人大常委会	法律
《法律援助法》	《中华人民共和国法律援助法》	中华人民共和国主席令第93号	2022.01.01	全国人大常委会	法律
《反恐怖主义法》	《中华人民共和国反恐怖主义法》（2018年修正）	中华人民共和国主席令第6号	2018.04.27	全国人大常委会	法律
《反外国制裁法》	《中华人民共和国反外国制裁法》	中华人民共和国主席令第90号	2021.06.10	全国人大常委会	法律
《反洗钱法》	《中华人民共和国反洗钱法》	中华人民共和国主席令第56号	2007.01.01	全国人大常委会	法律
《个人所得税法》	《中华人民共和国个人所得税法》（2018年修正）	中华人民共和国主席令第9号	2019.01.01	全国人大常委会	法律

续表

简称	全称	发文字号	实施日期	发布部门	效力级别
《国家安全法》	《中华人民共和国国家安全法》	中华人民共和国主席令第 29 号	2015.07.01	全国人大常委会	法律
《公司法》	《中华人民共和国公司法》（2018 年修正）	中华人民共和国主席令第 15 号	2018.10.26	全国人大常委会	法律
《广告法》	《中华人民共和国广告法》（2021 年修正）	中华人民共和国主席令第 81 号	2021.04.29	全国人大常委会	法律
《居民身份证法》	《中华人民共和国居民身份证法》（2011 年修正）	中华人民共和国主席令第 51 号	2012.01.01	全国人大常委会	法律
《劳动合同法》	《中华人民共和国劳动合同法》（2012 年修正）	中华人民共和国主席令第 73 号	2013.07.01	全国人大常委会	法律
《旅游法》	《中华人民共和国旅游法》（2018 年修正）	中华人民共和国主席令第 16 号	2018.10.26	全国人大常委会	法律
《民事诉讼法》	《中华人民共和国民事诉讼法》（2017 年修正）	中华人民共和国主席令第 71 号	2017.07.01	全国人大常委会	法律
《社会保险法》	《中华人民共和国社会保险法》（2018 年修正）	中华人民共和国主席令第 25 号	2018.12.29	全国人大常委会	法律

续表

简称	全称	发文字号	实施日期	发布部门	效力级别
《社区矫正法》	《中华人民共和国社区矫正法》	中华人民共和国主席令第 40 号	2020.07.01	全国人大常委会	法律
《涉外民事关系法律适用法》	《中华人民共和国涉外民事关系法律适用法》	中华人民共和国主席令第 36 号	2011.04.01	全国人大常委会	法律
《食品安全法》	《中华人民共和国食品安全法》（2021 年修正）	中华人民共和国主席令第 81 号	2021.04.29	全国人大常委会	法律
《数据安全法》	《中华人民共和国数据安全法》	中华人民共和国主席令第 84 号	2021.09.01	全国人大常委会	法律
《税收征收管理法》	《中华人民共和国税收征收管理法》（2015 年修正）	中华人民共和国主席令第 23 号	2015.04.24	全国人大常委会	法律
《统计法》	《中华人民共和国统计法》（2009 年修订）	中华人民共和国主席令第 15 号	2010.01.01	全国人大常委会	法律
《退役军人保障法》	《中华人民共和国退役军人保障法》	中华人民共和国主席令第 63 号	2021.01.01	全国人大常委会	法律
《网络安全法》	《中华人民共和国网络安全法》	中华人民共和国主席令第 53 号	2017.06.01	全国人大常委会	法律

续表

简称	全称	发文字号	实施日期	发布部门	效力级别
《未成年人保护法》	《中华人民共和国未成年人保护法》（2020年修订）	中华人民共和国主席令第57号	2021.06.01	全国人大常委会	法律
《消费者权益保护法》	《中华人民共和国消费者权益保护法》（2013年修正）	中华人民共和国主席令第7号	2014.03.15	全国人大常委会	法律
《刑事诉讼法》	《中华人民共和国刑事诉讼法》（2018年修正）	中华人民共和国主席令第10号	2018.10.26	全国人大常委会	法律
《行政处罚法》	《中华人民共和国行政处罚法》（2021年修订）	中华人民共和国主席令第70号	2021.07.15	全国人大常委会	法律
《行政诉讼法》	《中华人民共和国行政诉讼法》（2017年修正）	中华人民共和国主席令第71号	2017.07.01	全国人大常委会	法律
《医师法》	《中华人民共和国医师法》	中华人民共和国主席令第94号	2022.03.01	全国人大常委会	法律
《邮政法》	《中华人民共和国邮政法》（2015年修正）	中华人民共和国主席令第25号	2015.04.24	全国人大常委会	法律
《证券法》	《中华人民共和国证券法》（2019年修订）	中华人民共和国主席令第37号	2020.03.01	全国人大常委会	法律

续表

简称	全称	发文字号	实施日期	发布部门	效力级别
《职业病防治法》	《中华人民共和国职业病防治法》(2018年修正)	中华人民共和国主席令第24号	2018.12.29	全国人大常委会	法律
《资产评估法》	《中华人民共和国资产评估法》	中华人民共和国主席令第46号	2016.12.01	全国人大常委会	法律
《加强网络信息保护的决定》	《全国人民代表大会常务委员会关于加强网络信息保护的决定》	–	2012.12.28	全国人大常委会	法律
《艾滋病防治条例》	《艾滋病防治条例》(2019年修订)	中华人民共和国国务院令第709号	2019.03.02	国务院	行政法规
《地图管理条例》	–	中华人民共和国国务院令第664号	2016.01.01	国务院	行政法规
《关键信息基础设施安全保护条例》	–	中华人民共和国国务院令第745号	2021.09.01	国务院	行政法规
《个人所得税法实施条例》	《中华人民共和国个人所得税法实施条例》(2018年修订)	中华人民共和国国务院令第707号	2019.01.01	国务院	行政法规

续表

简称	全称	发文字号	实施日期	发布部门	效力级别
《互联网信息服务管理办法》	《互联网信息服务管理办法》（2011年修订）	中华人民共和国国务院令第588号	2011.01.08	国务院	行政法规
《机动车交通事故责任强制保险条例》	《机动车交通事故责任强制保险条例》（2019年修订）	中华人民共和国国务院令第709号	2019.03.02	国务院	行政法规
《快递暂行条例》	《快递暂行条例》（2019年修订）	中华人民共和国国务院令第709号	2019.03.02	国务院	行政法规
《人力资源市场暂行条例》	–	中华人民共和国国务院令第700号	2018.10.01	国务院	行政法规
《人类遗传资源管理条例》	《中华人民共和国人类遗传资源管理条例》	中华人民共和国国务院令第717号	2019.07.01	国务院	行政法规
《统计法实施条例》	《中华人民共和国统计法实施条例》	中华人民共和国国务院令第681号	2017.08.01	国务院	行政法规
《政府信息公开条例》	《中华人民共和国政府信息公开条例》（2019年修订）	中华人民共和国国务院令第711号	2019.05.15	国务院	行政法规

续表

简称	全称	发文字号	实施日期	发布部门	效力级别
《征信业管理条例》	–	中华人民共和国国务院令第 631 号	2013.03.15	国务院	行政法规
《湖南省人力资源市场条例》	《湖南省人力资源市场条例》（2021 年修正）	湖南省第十三届人民代表大会常务委员会公告第 69 号	2021.03.31	湖南省人民代表大会常务委员会	地方性法规
《吉林省劳动合同条例》	《吉林省劳动合同条例》（2017 年修改）	吉林省第十二届人民代表大会常务委员会公告第 77 号	2017.03.24	吉林省人民代表大会常务委员会	地方性法规
《江苏省劳动合同条例》	《江苏省劳动合同条例》（2013 年修订）	江苏省第十一届人民代表大会常务委员会公告第 124 号	2013.05.01	江苏省人民代表大会常务委员会	地方性法规
《陕西省人力资源市场条例》	–	陕西省人民代表大会常务委员会公告〔13 届〕第 5 号	2019.01.01	陕西省人民代表大会常务委员会	地方性法规
《上海市劳动合同条例》	–	上海市人民代表大会常务委员会公告第 58 号	2002.05.01	上海市人民代表大会常务委员会	地方性法规

简称	全称	发文字号	实施日期	发布部门	效力级别
《浙江省电子商务条例》	-	浙江省第十三届人民代表大会常务委员会公告第57号	2022.03.01	浙江省人民代表大会常务委员会	地方性法规
《深圳数据条例》	《深圳经济特区数据条例》	深圳市第七届人民代表大会常务委员会公告第10号	2022.01.01	深圳市人民代表大会常务委员会	经济特区法规
《电话用户登记规定》	《电话用户真实身份信息登记规定》	中华人民共和国工业和信息化部令第25号	2013.09.01	工业和信息化部	部门规章
《电信和互联网用户个人信息保护规定》	-	中华人民共和国工业和信息化部令第24号	2013.09.01	工业和信息化部	部门规章
《儿童个人信息网络保护规定》	-	国家互联网信息办公室令第4号	2019.10.01	国家互联网信息办公室	部门规章
《个人信用信息基础数据库管理暂行办法》	-	中国人民银行令〔2005〕第3号	2005.10.01	中国人民银行	部门规章

续表

简称	全称	发文字号	实施日期	发布部门	效力级别
《规范互联网信息服务市场秩序若干规定》	—	中华人民共和国工业和信息化部令第 20 号	2012.03.15	工业和信息化部	部门规章
《金融机构客户身份识别和客户身份资料及交易记录保存管理办法》	—	中国人民银行、中国银行业监督管理委员会、中国证券监督管理委员会、中国保险监督管理委员会令〔2007〕第2号	2007.08.01	中国人民银行、中国银行业监督管理委员会、中国证券监督管理委员会、中国保险监督管理委员会	部门规章
《金融消费者权益保护实施办法》	《中国人民银行金融消费者权益保护实施办法》	中国人民银行令〔2020〕第5号	2020.11.01	中国人民银行	部门规章
《就业服务与就业管理规定》	《就业服务与就业管理规定》（2018年修订）	中华人民共和国人力资源和社会保障部令第38号	2018.12.14	劳动和社会保障部	部门规章
《网络交易监督管理办法》	—	国家市场监督管理总局令第37号	2021.05.01	国家市场监督管理总局	部门规章

简称	全称	发文字号	实施日期	发布部门	效力级别
《网络食品安全违法行为查处办法》	《网络食品安全违法行为查处办法》（2021年修改）	国家市场监督管理总局令第38号	2021.06.01	国家市场监督管理总局	部门规章
《网络预约出租汽车经营服务管理暂行办法》	《网络预约出租汽车经营服务管理暂行办法》（2019年修正）	中华人民共和国交通运输部令2019年第46号	2019.12.28	交通运输部、工业和信息化部、公安部、商务部、国家市场监督管理总局、国家互联网信息办公室	部门规章
《网络招聘服务管理规定》	-	中华人民共和国人力资源和社会保障部令第44号	2021.03.01	人力资源和社会保障部	部门规章
《医疗机构管理条例实施细则》	《医疗机构管理条例实施细则》（2017年修正）	-	2017.04.01	国家卫生和计划生育委员会	部门规章
《上海市公共数据开放暂行办法》	-	上海市人民政府令第21号	2019.10.01	上海市人民政府	地方政府规章

续表

简称	全称	发文字号	实施日期	发布部门	效力级别
《浙江省公共数据和电子政务管理办法》	-	浙江省人民政府令第354号	2017.05.01	浙江省人民政府	地方政府规章
《App违法违规收集使用个人信息行为认定方法》	-	国信办秘字〔2019〕191号	2019.11.28	国家互联网信息办公室、工业和信息化部、公安部、国家市场监督管理总局	部门规范性文件
《常见类型移动互联网应用程序必要个人信息范围规定》	-	国信办秘字〔2021〕14号	2021.05.01	国家互联网信息办公室、工业和信息化部、公安部、国家市场监督管理总局	部门规范性文件
《关于印发银行业金融机构数据治理指引的通知》	《中国银行保险监督管理委员会关于印发银行业金融机构数据治理指引的通知》	银保监发〔2018〕22号	2018.05.21	中国银行保险监督管理委员会	部门规范性文件

续表

简称	全称	发文字号	实施日期	发布部门	效力级别
《关于银行业金融机构做好个人金融信息保护工作的通知》	《中国人民银行关于银行业金融机构做好个人金融信息保护工作的通知》	银发〔2011〕17号	2011.05.01	中国人民银行	部门规范性文件
《互联网个人信息安全保护指南》	–	–	2019.04.10	公安部网络安全保卫局、北京网络行业协会、公安部第三研究所	部门规范性文件
《寄递服务用户个人信息安全管理规定》	–	国邮发〔2014〕52号	2014.03.19	国家邮政局	部门规范性文件
《人口健康信息管理办法（试行）》		国卫规划发〔2014〕24号	2014.05.05	国家卫生和计划生育委员会	部门规范性文件

简称	全称	发文字号	实施日期	发布部门	效力级别
《关于办理非法利用信息网络、帮助信息网络犯罪活动等刑事案件的解释》	《最高人民法院、最高人民检察院关于办理非法利用信息网络、帮助信息网络犯罪活动等刑事案件适用法律若干问题的解释》	法释〔2019〕15号	2019.11.01	最高人民法院、最高人民检察院	司法解释
《关于办理侵犯公民个人信息刑事案件的解释》	《最高人民法院、最高人民检察院关于办理侵犯公民个人信息刑事案件适用法律若干问题的解释》	法释〔2017〕10号	2017.06.01	最高人民法院、最高人民检察院	司法解释
《精神损害赔偿解释》	《最高人民法院关于确定民事侵权精神损害赔偿责任若干问题的解释》(2020年修正)	法释〔2020〕17号	2021.01.01	最高人民法院	司法解释
《利用信息网络侵害人身权益案件规定》	《最高人民法院关于审理利用信息网络侵害人身权益民事纠纷案件适用法律若干问题的规定》(2020年修正)	法释〔2020〕17号	2021.01.01	最高人民法院	司法解释

简称	全称	发文字号	实施日期	发布部门	效力级别
《民诉法解释》	《最高人民法院关于适用〈中华人民共和国民事诉讼法〉的解释》（2020年修正）	法释〔2020〕20号	2021.01.01	最高人民法院	司法解释
《人脸识别规定》	《最高人民法院关于审理使用人脸识别技术处理个人信息相关民事案件适用法律若干问题的规定》	法释〔2021〕15号	2021.08.01	最高人民法院	司法解释
《公益诉讼办案规则》	《人民检察院公益诉讼办案规则》	高检发释字〔2021〕2号	2021.07.01	最高人民检察院	司法解释
《关于审理政府信息公开行政案件若干问题的规定》	《最高人民法院关于审理政府信息公开行政案件若干问题的规定》	法释〔2011〕17号	2011.08.13	最高人民法院	司法解释
《个人信息安全规范》	《信息安全技术　个人信息安全规范》	GB/T 35273-2020	2020.10.01	国家市场监督管理总局、国家标准化管理委员会	国家标准

简称	全称	发文字号	实施日期	发布部门	效力级别
《个人信息去标识化指南》	《信息安全技术 个人信息去标识化指南》	GB/T 37964-2019	2020.03.01	国家市场监督管理总局、国家标准化管理委员会	国家标准
《个人信息保护指南》	《信息安全技术 公共及商用服务信息系统个人信息保护指南》	GB/Z 28828-2012	2013.02.01	国家质量监督检验检疫总局、国家标准化管理委员会	国家标准

第一章　总　则

第一条　为了保护个人信息权益，规范个人信息处理活动，促进个人信息合理利用，根据宪法，制定本法。

关联条文

—— **宪法** ——

《宪法》第 33 条第 2 款、第 3 款　中华人民共和国公民在法律面前一律平等。

国家尊重和保障人权。

第 38 条　中华人民共和国公民的人格尊严不受侵犯。禁止用任何方法对公民进行侮辱、诽谤和诬告陷害。

第 37 条　中华人民共和国公民的人身自由不受侵犯。

任何公民，非经人民检察院批准或者决定或者人民法院决定，并由公安机关执行，不受逮捕。

禁止非法拘禁和以其他方法非法剥夺或者限制公民的人身自由，禁止非法搜查公民的身体。

第 40 条　中华人民共和国公民的通信自由和通信秘密受法律的保护。除因国家安全或者追查刑事犯罪的需要，由公安机关或者检察机关依照法律规定的程序对通信进行检查外，任何组织或者个人不得以任何理由侵犯公民的通信自由和通信秘密。

法律及相关司法解释

《民法典》第3条 民事主体的人身权利、财产权利以及其他合法权益受法律保护，任何组织或者个人不得侵犯。

第109条 自然人的人身自由、人格尊严受法律保护。

《数据安全法》第1条 为了规范数据处理活动，保障数据安全，促进数据开发利用，保护个人、组织的合法权益，维护国家主权、安全和发展利益，制定本法。

第7条 国家保护个人、组织与数据有关的权益，鼓励数据依法合理有效利用，保障数据依法有序自由流动，促进以数据为关键要素的数字经济发展。

第13条 国家统筹发展和安全，坚持以数据开发利用和产业发展促进数据安全，以数据安全保障数据开发利用和产业发展。

第28条 开展数据处理活动以及研究开发数据新技术，应当有利于促进经济社会发展，增进人民福祉……

《网络安全法》第1条 为了保障网络安全，维护网络空间主权和国家安全、社会公共利益，保护公民、法人和其他组织的合法权益，促进经济社会信息化健康发展，制定本法。

《加强网络信息保护的决定》 为了保护网络信息安全，保障公民、法人和其他组织的合法权益，维护国家安全和社会公共利益，特作如下决定。

《人脸识别规定》 为正确审理使用人脸识别技术处理个人信息相关民事案件，保护当事人合法权益，促进数字经济健康发展，根据《中华人民共和国民法典》《中华人民共和国网络安全法》《中华人民共和国消费者权益保护法》《中华人民共和国电子商务法》《中华人民共和国民事诉讼法》等法律的规定，结合审判实践，制定本规定。

经济特区法规

《深圳数据条例》第1条　为了规范数据处理活动，保护自然人、法人和非法人组织的合法权益，促进数据作为生产要素开放流动和开发利用，加快建设数字经济、数字社会、数字政府，根据有关法律、行政法规的基本原则，结合深圳经济特区实际，制定本条例。

第9条　处理个人数据应当充分尊重和保障自然人与个人数据相关的各项合法权益。

部门规章

《电信和互联网用户个人信息保护规定》第1条　为了保护电信和互联网用户的合法权益，维护网络信息安全，根据《全国人民代表大会常务委员会关于加强网络信息保护的决定》、《中华人民共和国电信条例》和《互联网信息服务管理办法》等法律、行政法规，制定本规定。

批注

> **第二条**　自然人的个人信息受法律保护，任何组织、个人不得侵害自然人的个人信息权益。

关联条文

法律

《民法典》第3条　民事主体的人身权利、财产权利以及其他合法权益受法律保护，任何组织或者个人不得侵犯。

第 991 条 民事主体的人格权受法律保护，任何组织或者个人不得侵害。

第 990 条 人格权是民事主体享有的生命权、身体权、健康权、姓名权、名称权、肖像权、名誉权、荣誉权、隐私权等权利。

除前款规定的人格权外，自然人享有基于人身自由、人格尊严产生的其他人格权益。

第 111 条第 1 句 自然人的个人信息受法律保护。

第 1034 条第 1 款 自然人的个人信息受法律保护。

《消费者权益保护法》第 14 条 消费者在购买、使用商品和接受服务时，享有人格尊严、民族风俗习惯得到尊重的权利，享有个人信息依法得到保护的权利。

《加强网络信息保护的决定》第 1 条第 1 款 国家保护能够识别公民个人身份和涉及公民个人隐私的电子信息。

经济特区法规

《深圳数据条例》第 3 条第 1 款 自然人对个人数据享有法律、行政法规及本条例规定的人格权益。

第 4 条 自然人、法人和非法人组织对其合法处理数据形成的数据产品和服务享有法律、行政法规及本条例规定的财产权益。但是，不得危害国家安全和公共利益，不得损害他人的合法权益。

第 9 条 处理个人数据应当充分尊重和保障自然人与个人数据相关的各项合法权益。

批注

第三条　在中华人民共和国境内处理自然人个人信息的活动，适用本法。

在中华人民共和国境外处理中华人民共和国境内自然人个人信息的活动，有下列情形之一的，也适用本法：

（一）以向境内自然人提供产品或者服务为目的；

（二）分析、评估境内自然人的行为；

（三）法律、行政法规规定的其他情形。

关联条文

—— 法律 ——

《涉外民事关系法律适用法》第4条　中华人民共和国法律对涉外民事关系有强制性规定的，直接适用该强制性规定。

第5条　外国法律的适用将损害中华人民共和国社会公共利益的，适用中华人民共和国法律。

《电子商务法》第2条第1款　中华人民共和国境内的电子商务活动，适用本法。

《数据安全法》第2条　在中华人民共和国境内开展数据处理活动及其安全监管，适用本法。

在中华人民共和国境外开展数据处理活动，损害中华人民共和国国家安全、公共利益或者公民、组织合法权益的，依法追究法律责任。

《网络安全法》第2条　在中华人民共和国境内建设、运营、维护和使用网络，以及网络安全的监督管理，适用本法。

第75条　境外的机构、组织、个人从事攻击、侵入、干扰、破坏等危害中华人民共和国的关键信息基础设施的活动，造成严重后果的，依法追究法律责任；国务院公安部门和有关部门并可以决定对该机构、组织、个人采取冻结财产或者其他必要的制裁措施。

— 部门规章 —

《电信和互联网用户个人信息保护规定》第2条　在中华人民共和国境内提供电信服务和互联网信息服务过程中收集、使用用户个人信息的活动，适用本规定。

《网络交易监督管理办法》第2条　在中华人民共和国境内，通过互联网等信息网络（以下简称通过网络）销售商品或者提供服务的经营活动以及市场监督管理部门对其进行监督管理，适用本办法。

在网络社交、网络直播等信息网络活动中销售商品或者提供服务的经营活动，适用本办法。

批注

> **第四条**　个人信息是以电子或者其他方式记录的与已识别或者可识别的自然人有关的各种信息，不包括匿名化处理后的信息。
>
> 个人信息的处理包括个人信息的收集、存储、使用、加工、传输、提供、公开、删除等。

关联条文

个人信息及数据

— 法律及相关司法解释 —

《民法典》第1034条第2款　个人信息是以电子或者其他

方式记录的能够单独或者与其他信息结合识别特定自然人的各种信息,包括自然人的姓名、出生日期、身份证件号码、生物识别信息、住址、电话号码、电子邮箱、健康信息、行踪信息等。

《人脸识别规定》第1条第3款 本规定所称人脸信息属于民法典第一千零三十四条规定的"生物识别信息"。

《数据安全法》第3条第1款 本法所称数据,是指任何以电子或者其他方式对信息的记录。

《网络安全法》第76条 本法下列用语的含义:

......

(四)网络数据,是指通过网络收集、存储、传输、处理和产生的各种电子数据。

(五)个人信息,是指以电子或者其他方式记录的能够单独或者与其他信息结合识别自然人个人身份的各种信息,包括但不限于自然人的姓名、出生日期、身份证件号码、个人生物识别信息、住址、电话号码等。

《关于办理侵犯公民个人信息刑事案件的解释》第1条

刑法第二百五十三条之一规定的"公民个人信息",是指以电子或者其他方式记录的能够单独或者与其他信息结合识别特定自然人身份或者反映特定自然人活动情况的各种信息,包括姓名、身份证件号码、通信通讯联系方式、住址、账号密码、财产状况、行踪轨迹等。

———— 经济特区法规 ————

《深圳数据条例》第2条 本条例中下列用语的含义:

(一)数据,是指任何以电子或者其他方式对信息的记录。

(二)个人数据,是指载有可识别特定自然人信息的数据,不包括匿名化处理后的数据。

......

━━━ 部门规章 ━━━

《电信和互联网用户个人信息保护规定》第 4 条 本规定所称用户个人信息，是指电信业务经营者和互联网信息服务提供者在提供服务的过程中收集的用户姓名、出生日期、身份证件号码、住址、电话号码、账号和密码等能够单独或者与其他信息结合识别用户的信息以及用户使用服务的时间、地点等信息。

《规范互联网信息服务市场秩序若干规定》第 11 条第 1 款

未经用户同意，互联网信息服务提供者不得收集与用户相关、能够单独或者与其他信息结合识别用户的信息（以下简称"用户个人信息"），不得将用户个人信息提供给他人，但是法律、行政法规另有规定的除外。

━━━ 部门规范性文件 ━━━

《互联网个人信息安全保护指南》3.1 个人信息

以电子或者其他方式记录的能够单独或者与其他信息结合识别自然人个人身份的各种信息，包括但不限于自然人的姓名、出生日期、身份证件号码、个人生物识别信息、住址、电话号码等。

［中华人民共和国网络安全法，第七十六条（五）］

注：个人信息还包括通信通讯联系方式、通信记录和内容、账号密码、财产信息、征信信息、行踪轨迹、住宿信息、健康生理信息、交易信息等。

《寄递服务用户个人信息安全管理规定》第 3 条 本规定所称寄递服务用户个人信息（以下简称寄递用户信息），是指用户在使用寄递服务过程中的个人信息，包括寄（收）件人的姓名、地址、身份证件号码、电话号码、单位名称，以及寄递详情单号、时间、物品明细等内容。

──➤ 国家标准 ◄──

《个人信息安全规范》3.1 个人信息 personal information

以电子或者其他方式记录的能够单独或者与其他信息结合识别特定自然人身份或者反映特定自然人活动情况的各种信息。

注1：个人信息包括姓名、出生日期、身份证件号码、个人生物识别信息、住址、通信通讯联系方式、通信记录和内容、账号密码、财产信息、征信信息、行踪轨迹、住宿信息、健康生理信息、交易信息等。

注2：关于个人信息的判定方法和类型参见附录A。

注3：个人信息控制者通过个人信息或其他信息加工处理后形成的信息，例如，用户画像或特征标签，能够单独或者与其他信息结合识别特定自然人身份或者反映特定自然人活动情况的，属于个人信息。

《个人信息安全规范》 附录A

个人信息是指以电子或者其他方式记录的能够单独或者与其他信息结合识别特定自然人身份或者反映特定自然人活动情况的各种信息，如姓名、出生日期、身份证件号码、个人生物识别信息、住址、通信通讯联系方式、通信记录和内容、账号密码、财产信息、征信信息、行踪轨迹、住宿信息、健康生理信息、交易信息等。

判定某项信息是否属于个人信息，应考虑以下两条路径：一是识别，即从信息到个人，由信息本身的特殊性识别出特定自然人，个人信息应有助于识别出特定个人。二是关联，即从个人到信息，如已知特定自然人，由该特定自然人在其活动中产生的信息（如个人位置信息、个人通话记录、个人浏览记录等）即为个人信息。符合上述两种情形之一的信息，均应判定为个人信息。

表 A.1 给出了个人信息举例。

表 A.1　个人信息举例

个人基本资料	个人姓名、生日、性别、民族、国籍、家庭关系、住址、个人电话号码、电子邮件地址等
个人身份信息	身份证、军官证、护照、驾驶证、工作证、出入证、社保卡、居住证等
个人生物识别信息	个人基因、指纹、声纹、掌纹、耳廓、虹膜、面部识别特征等
网络身份标识信息	个人信息主体账号、IP 地址、个人数字证书等
个人健康生理信息	个人因生病医治等产生的相关记录，如病症、住院志、医嘱单、检验报告、手术及麻醉记录、护理记录、用药记录、药物食物过敏信息、生育信息、以往病史、诊治情况、家族病史、现病史、传染病史等，以及与个人身体健康状况相关的信息，如体重、身高、肺活量等
个人教育工作信息	个人职业、职位、工作单位、学历、学位、教育经历、工作经历、培训记录、成绩单等
个人财产信息	银行账户、鉴别信息（口令）、存款信息（包括资金数量、支付收款记录等）、房产信息、信贷记录、征信信息、交易和消费记录、流水记录等，以及虚拟货币、虚拟交易、游戏类兑换码等虚拟财产信息

续表

个人通信信息	通信记录和内容、短信、彩信、电子邮件，以及描述个人通信的数据（通常称为元数据）等
联系人信息	通讯录、好友列表、群列表、电子邮件地址列表等
个人上网记录	指通过日志储存的个人信息主体操作记录，包括网站浏览记录、软件使用记录、点击记录、收藏列表等
个人常用设备信息	指包括硬件序列号、设备 MAC 地址、软件列表、唯一设备识别码（如 IMEI/Android ID/IDFA/Open UDID/GUID/SIM 卡 IMSI 信息等）等在内的描述个人常用设备基本情况的信息
个人位置信息	包括行踪轨迹、精准定位信息、住宿信息、经纬度等
其他信息	婚史、宗教信仰、性取向、未公开的违法犯罪记录等

《个人信息安全规范》7.3　个人信息使用的目的限制

对个人信息控制者的要求包括：

……

b）如所收集的个人信息进行加工处理而产生的信息，能够单独或与其他信息结合识别特定自然人身份或者反映特定自然人活动情况的，应将其认定为个人信息。……

《个人信息保护指南》3.2　个人信息 personal information

可为信息系统所处理、与特定自然人相关、能够单独或通过与其他信息结合识别该特定自然人的计算机数据。

注：个人信息可以分为个人敏感信息和个人一般信息。

3.8　个人一般信息 personal general information

除个人敏感信息以外的个人信息。

个人信息及数据处理

— 法律及相关司法解释 —

《民法典》第 1035 条第 2 款 个人信息的处理包括个人信息的收集、存储、使用、加工、传输、提供、公开等。

《人脸识别规定》第 1 条第 2 款 人脸信息的处理包括人脸信息的收集、存储、使用、加工、传输、提供、公开等。

《数据安全法》第 3 条第 2 款 数据处理，包括数据的收集、存储、使用、加工、传输、提供、公开等。

— 经济特区法规 —

《深圳数据条例》第 2 条 本条例中下列用语的含义：

……

（六）数据处理，是指数据的收集、存储、使用、加工、传输、提供、开放等活动。

……

— 部门规章 —

《金融消费者权益保护实施办法》第 28 条第 2 款 消费者金融信息的处理包括消费者金融信息的收集、存储、使用、加工、传输、提供、公开等。

— 部门规范性文件 —

《互联网个人信息安全保护指南》3.3 个人信息持有

对个人信息及相关资源、环境、管理体系等进行计划、组织、协调、控制的相关活动或行为。

3.5 个人信息收集

获得对个人信息的控制权的行为，包括由个人信息主体主动提供、通过与个人信息主体交互或记录个人信息主体行为等自动采集，以及通过共享、转让、搜集公开信息间接获取等方式。

[GB/T 35273-2017，定义3.5]

3.6 个人信息使用

通过自动或非自动方式对个人信息进行操作，例如记录、组织、排列、存储、改编或变更、检索、咨询、披露、传播或以其他方式提供、调整或组合、限制、删除等。

3.7 个人信息删除

在实现日常业务功能所涉及的系统中去除个人信息的行为，使其保持不可被检索、访问的状态。

[GB/T 35273-2017，定义3.9]

—— **国家标准** ——

《个人信息安全规范》3.5 收集 collect

获得个人信息的控制权的行为。

注1：包括由个人信息主体主动提供、通过与个人信息主体交互或记录个人信息主体行为等自动采集行为，以及通过共享、转让、搜集公开信息等间接获取个人信息等行为。

注2：如果产品或服务的提供者提供工具供个人信息主体使用，提供者不对个人信息进行访问的，则不属于本标准所称的收集。例如，离线导航软件在终端获取个人信息主体位置信息后，如果不回传至软件提供者，则不属于个人信息主体位置信息的收集。

3.10 删除 delete

在实现日常业务功能所涉及的系统中去除个人信息的行为，使其保持不可被检索、访问的状态。

3.11 公开披露 public disclosure

向社会或不特定人群发布信息的行为。

3.12 转让 transfer of control

将个人信息控制权由一个控制者向另一个控制者转移的过程。

3.13 共享 sharing

个人信息控制者向其他控制者提供个人信息，且双方分别对个人信息拥有独立控制权的过程。

《个人信息保护指南》3.9 个人信息处理 personal information handling

处置个人信息的行为，包括收集、加工、转移、删除。

5.1 概述

信息系统中个人信息的处理过程可分为收集、加工、转移、删除4个主要环节。对个人信息的保护贯穿于4个环节中：

a）收集指对个人信息进行获取并记录。

b）加工指对个人信息进行的操作，如录入、存储、修改、标注、比对、挖掘、屏蔽等。

c）转移指将个人信息提供给个人信息获得者的行为，如向公众公开、向特定群体披露、由于委托他人加工而将个人信息复制到其他信息系统等。

d）删除指使个人信息在信息系统中不再可用。

第五条 处理个人信息应当遵循合法、正当、必要和诚信原则，不得通过误导、欺诈、胁迫等方式处理个人信息。

关联条文

合法、正当、必要原则

法律

《民法典》第 1035 条第 1 款 处理个人信息的，应当遵循合法、正当、必要原则，不得过度处理，并符合下列条件：……

《数据安全法》第 8 条 开展数据处理活动，应当遵守法律、法规……

第 32 条第 1 款 任何组织、个人收集数据，应当采取合法、正当的方式……

《网络安全法》第 41 条第 1 款 网络运营者收集、使用个人信息，应当遵循合法、正当、必要的原则……

《未成年人保护法》第 72 条第 1 款第 1 句 信息处理者通过网络处理未成年人个人信息的，应当遵循合法、正当和必要的原则。

《消费者权益保护法》第 29 条第 1 款第 1 句 经营者收集、使用消费者个人信息，应当遵循合法、正当、必要的原则，……

《加强网络信息保护的决定》第 2 条第 1 款 网络服务提供者和其他企业事业单位在业务活动中收集、使用公民个人电子信息，应当遵循合法、正当、必要的原则……

地方性法规

《浙江省电子商务条例》第 23 条　电子商务经营者收集、存储、使用、加工、传输、提供、公开、删除相关数据，应当遵守网络安全、数据安全、个人信息保护等法律、法规的规定以及国家标准的强制性要求……

经济特区法规

《深圳数据条例》第 10 条　处理个人数据应当符合下列要求：

（一）处理个人数据的目的明确、合理，方式合法、正当；

……

部门规章

《儿童个人信息网络保护规定》第 7 条　网络运营者收集、存储、使用、转移、披露儿童个人信息的，应当遵循正当必要、知情同意、目的明确、安全保障、依法利用的原则。

《电信和互联网用户个人信息保护规定》第 5 条　电信业务经营者、互联网信息服务提供者在提供服务的过程中收集、使用用户个人信息，应当遵循合法、正当、必要的原则。

《金融消费者权益保护实施办法》第 29 条第 1 款第 1 句　银行、支付机构处理消费者金融信息，应当遵循合法、正当、必要原则，经金融消费者或者其监护人明示同意，但是法律、行政法规另有规定的除外。

《网络交易监督管理办法》第 13 条第 1 款第 1 句　网络交易经营者收集、使用消费者个人信息，应当遵循合法、正当、必要的原则，明示收集、使用信息的目的、方式和范围，并经消费者同意。

—◆— 部门规范性文件 —◆—

《互联网个人信息安全保护指南》6.1 收集

个人信息的收集行为应满足以下要求：

a）个人信息收集前，应当遵循合法、正当、必要的原则向被收集的个人信息主体公开收集、使用规则，明示收集、使用信息的目的、方式和范围等信息；

……

—◆— 国家标准 —◆—

《个人信息安全规范》4 个人信息安全基本原则

个人信息控制者开展个人信息处理活动应遵循合法、正当、必要的原则，具体包括：

……

5.1 收集个人信息的合法性

对个人信息控制者的要求包括：

a）不应以欺诈、诱骗、误导的方式收集个人信息；

b）不应隐瞒产品或服务所具有的收集个人信息的功能；

c）不应从非法渠道获取个人信息。

诚信原则

《民法典》第 7 条 民事主体从事民事活动，应当遵循诚信原则，秉持诚实，恪守承诺。

《数据安全法》第 8 条 开展数据处理活动，应当……诚实守信……

《深圳数据条例》第 17 条 数据处理者不得通过误导、欺骗、胁迫或者其他违背自然人真实意愿的方式获取其同意。

《个人信息保护指南》4.2　基本原则

个人信息管理者在使用信息系统对个人信息进行处理时，宜遵循以下基本原则：

……

g）诚信履行原则——按照收集时的承诺，或基于法定事由处理个人信息，在达到既定目的后不再继续处理个人信息。

……

批注

> **第六条**　处理个人信息应当具有明确、合理的目的，并应当与处理目的直接相关，采取对个人权益影响最小的方式。
>
> 收集个人信息，应当限于实现处理目的的最小范围，不得过度收集个人信息。

关联条文

目的限定及必要性

《数据安全法》第32条第2款　法律、行政法规对收集、使用数据的目的、范围有规定的，应当在法律、行政法规规定的目的和范围内收集、使用数据。

《统计法》第25条　统计调查中获得的能够识别或者推断单个统计调查对象身份的资料，任何单位和个人不得对外提供、泄露，不得用于统计以外的目的。

《深圳数据条例》第3条第2款　处理个人数据应当具有明确、合理的目的，并遵循最小必要和合理期限原则。

第10条　处理个人数据应当符合下列要求：

（一）处理个人数据的目的明确、合理，方式合法、正当；

（二）限于实现处理目的所必要的最小范围、采取对个人权益影响最小的方式，不得进行与处理目的无关的个人数据处理；

……

《儿童个人信息网络保护规定》第 14 条第 1 句 网络运营者使用儿童个人信息，不得违反法律、行政法规的规定和双方约定的目的、范围。

《个人信息安全规范》4 个人信息安全基本原则

个人信息控制者开展个人信息处理活动应遵循合法、正当、必要的原则，具体包括：

……

b）目的明确——具有明确、清晰、具体的个人信息处理目的。

……

d）最小必要——只处理满足个人信息主体授权同意的目的所需的最少个人信息类型和数量。目的达成后，应及时删除个人信息。

……

《个人信息保护指南》4.2 基本原则

个人信息管理者在使用信息系统对个人信息进行处理时，宜遵循以下基本原则：

a）目的明确原则——处理个人信息具有特定、明确、合理的目的，不扩大使用范围，不在个人信息主体不知情的情况下改变处理个人信息的目的。

b）最少够用原则——只处理与处理目的有关的最少信息，达到处理目的后，在最短时间内删除个人信息。

……

5.3.1 不违背收集阶段已告知的使用目的，或超出告知范围对个人信息进行加工。

5.4.1 不违背收集阶段告知的转移目的，或超出告知的转移范围转移个人信息。

目的限定

《征信业管理条例》第20条 信息使用者应当按照与个人信息主体约定的用途使用个人信息，不得用作约定以外的用途，不得未经个人信息主体同意向第三方提供。

《个人信息安全规范》7.3 个人信息使用的目的限制

对个人信息控制者的要求包括：

a）使用个人信息时，不应超出与收集个人信息时所声称的目的具有直接或合理关联的范围。因业务需要，确需超出上述范围使用个人信息的，应再次征得个人信息主体明示同意。

注1：将所收集的个人信息用于学术研究或得出对自然、科学、社会、经济等现象总体状态的描述，属于与收集目的具有合理关联的范围之内。但对外提供学术研究或描述的结果时，需对结果中所包含的个人信息进行去标识化处理。

……

《个人信息保护指南》5.2.1 收集个人信息要具有特定、明确、合理的目的。

必要性

《网络安全法》第41条第2款 网络运营者不得收集与其提供的服务无关的个人信息，不得违反法律、行政法规的规定和双方的约定收集、使用个人信息，并应当依照法律、行政法规的规定和与用户的约定，处理其保存的个人信息。

《深圳数据条例》第11条 本条例第十条第二项所称限于

实现处理目的所必要的最小范围、采取对个人权益影响最小的方式，包括但是不限于下列情形：

（一）处理个人数据的种类、范围应当与处理目的有直接关联，不处理该个人数据则处理目的无法实现；

（二）处理个人数据的数量应当为实现处理目的所必需的最少数量；

（三）处理个人数据的频率应当为实现处理目的所必需的最低频率；

（四）个人数据存储期限应当为实现处理目的所必需的最短时间，超出存储期限的，应当对个人数据予以删除或者匿名化，法律、法规另有规定或者经自然人同意的除外；

（五）建立最小授权的访问控制策略，使被授权访问个人数据的人员仅能访问完成职责所需的最少个人数据，且仅具备完成职责所需的最少数据处理权限。

《常见类型移动互联网应用程序必要个人信息范围规定》第3条 本规定所称必要个人信息，是指保障 App 基本功能服务正常运行所必需的个人信息，缺少该信息 App 即无法实现基本功能服务。具体是指消费侧用户个人信息，不包括服务供给侧用户个人信息。

第 5 条 常见类型 App 的必要个人信息范围：

（一）地图导航类，基本功能服务为"定位和导航"，必要个人信息为：位置信息、出发地、到达地。

（二）网络约车类，基本功能服务为"网络预约出租汽车服务、巡游出租汽车电召服务"，必要个人信息包括：

1. 注册用户移动电话号码；

2. 乘车人出发地、到达地、位置信息、行踪轨迹；

3. 支付时间、支付金额、支付渠道等支付信息（网络预约出租汽车服务)。

(三) 即时通信类，基本功能服务为"提供文字、图片、语音、视频等网络即时通信服务"，必要个人信息包括：

1. 注册用户移动电话号码；

2. 账号信息：账号、即时通信联系人账号列表。

(四) 网络社区类，基本功能服务为"博客、论坛、社区等话题讨论、信息分享和关注互动"，必要个人信息为：注册用户移动电话号码。

(五) 网络支付类，基本功能服务为"网络支付、提现、转账等功能"，必要个人信息包括：

1. 注册用户移动电话号码；

2. 注册用户姓名、证件类型和号码、证件有效期限、银行卡号码。

(六) 网上购物类，基本功能服务为"购买商品"，必要个人信息包括：

1. 注册用户移动电话号码；

2. 收货人姓名 (名称)、地址、联系电话；

3. 支付时间、支付金额、支付渠道等支付信息。

(七) 餐饮外卖类，基本功能服务为"餐饮购买及外送"，必要个人信息包括：

1. 注册用户移动电话号码；

2. 收货人姓名 (名称)、地址、联系电话；

3. 支付时间、支付金额、支付渠道等支付信息。

(八) 邮件快件寄递类，基本功能服务为"信件、包裹、印刷品等物品寄递服务"，必要个人信息包括：

1. 寄件人姓名、证件类型和号码等身份信息；

2. 寄件人地址、联系电话；

3. 收件人姓名（名称）、地址、联系电话；

4. 寄递物品的名称、性质、数量。

（九）交通票务类，基本功能服务为"交通相关的票务服务及行程管理（如票务购买、改签、退票、行程管理等）"，必要个人信息包括：

1. 注册用户移动电话号码；

2. 旅客姓名、证件类型和号码、旅客类型。旅客类型通常包括儿童、成人、学生等；

3. 旅客出发地、目的地、出发时间、车次/船次/航班号、席别/舱位等级、座位号（如有）、车牌号及车牌颜色（ETC服务）；

4. 支付时间、支付金额、支付渠道等支付信息。

（十）婚恋相亲类，基本功能服务为"婚恋相亲"，必要个人信息包括：

1. 注册用户移动电话号码；

2. 婚恋相亲人的性别、年龄、婚姻状况。

（十一）求职招聘类，基本功能服务为"求职招聘信息交换"，必要个人信息包括：

1. 注册用户移动电话号码；

2. 求职者提供的简历。

（十二）网络借贷类，基本功能服务为"通过互联网平台实现的用于消费、日常生产经营周转等的个人申贷服务"，必要个人信息包括：

1. 注册用户移动电话号码；

2. 借款人姓名、证件类型和号码、证件有效期限、银行卡号码。

（十三）房屋租售类，基本功能服务为"个人房源信息发布、房屋出租或买卖"，必要个人信息包括：

1. 注册用户移动电话号码；

2. 房源基本信息：房屋地址、面积/户型、期望售价或租金。

（十四）二手车交易类，基本功能服务为"二手车买卖信息交换"，必要个人信息包括：

1. 注册用户移动电话号码；

2. 购买方姓名、证件类型和号码；

3. 出售方姓名、证件类型和号码、车辆行驶证号、车辆识别号码。

（十五）问诊挂号类，基本功能服务为"在线咨询问诊、预约挂号"，必要个人信息包括：

1. 注册用户移动电话号码；

2. 挂号时需提供患者姓名、证件类型和号码、预约挂号的医院和科室；

3. 问诊时需提供病情描述。

（十六）旅游服务类，基本功能服务为"旅游服务产品信息的发布与订购"，必要个人信息包括：

1. 注册用户移动电话号码；

2. 出行人旅游目的地、旅游时间；

3. 出行人姓名、证件类型和号码、联系方式。

（十七）酒店服务类，基本功能服务为"酒店预订"，必要个人信息包括：

1. 注册用户移动电话号码；

2. 住宿人姓名和联系方式、入住和退房时间、入住酒店名称。

（十八）网络游戏类，基本功能服务为"提供网络游戏产品和服务"，必要个人信息为：注册用户移动电话号码。

（十九）学习教育类，基本功能服务为"在线辅导、网络课堂等"，必要个人信息为：注册用户移动电话号码。

（二十）本地生活类，基本功能服务为"家政维修、家居装修、二手闲置物品交易等日常生活服务"，必要个人信息为：注册用户移动电话号码。

（二十一）女性健康类，基本功能服务为"女性经期管理、备孕育儿、美容美体等健康管理服务"，无须个人信息，即可使用基本功能服务。

（二十二）用车服务类，基本功能服务为"共享单车、共享汽车、租赁汽车等服务"，必要个人信息包括：

1. 注册用户移动电话号码；

2. 使用共享汽车、租赁汽车服务用户的证件类型和号码，驾驶证件信息；

3. 支付时间、支付金额、支付渠道等支付信息；

4. 使用共享单车、分时租赁汽车服务用户的位置信息。

（二十三）投资理财类，基本功能服务为"股票、期货、基金、债券等相关投资理财服务"，必要个人信息包括：

1. 注册用户移动电话号码；

2. 投资理财用户姓名、证件类型和号码、证件有效期限、证件影印件；

3. 投资理财用户资金账户、银行卡号码或支付账号。

（二十四）手机银行类，基本功能服务为"通过手机等移动智能终端设备进行银行账户管理、信息查询、转账汇款等服务"，必要个人信息包括：

1. 注册用户移动电话号码；

2. 用户姓名、证件类型和号码、证件有效期限、证件影印件、银行卡号码、银行预留移动电话号码；

3. 转账时需提供收款人姓名、银行卡号码、开户银行信息。

（二十五）邮箱云盘类，基本功能服务为"邮箱、云盘等"，必要个人信息为：注册用户移动电话号码。

（二十六）远程会议类，基本功能服务为"通过网络提供音频或视频会议"，必要个人信息为：注册用户移动电话号码。

（二十七）网络直播类，基本功能服务为"向公众持续提供实时视频、音频、图文等形式信息浏览服务"，无须个人信息，即可使用基本功能服务。

（二十八）在线影音类，基本功能服务为"影视、音乐搜索和播放"，无须个人信息，即可使用基本功能服务。

（二十九）短视频类，基本功能服务为"不超过一定时长的视频搜索、播放"，无须个人信息，即可使用基本功能服务。

（三十）新闻资讯类，基本功能服务为"新闻资讯的浏览、搜索"，无须个人信息，即可使用基本功能服务。

（三十一）运动健身类，基本功能服务为"运动健身训练"，无须个人信息，即可使用基本功能服务。

（三十二）浏览器类，基本功能服务为"浏览互联网信息资源"，无须个人信息，即可使用基本功能服务。

（三十三）输入法类，基本功能服务为"文字、符号等输入"，无须个人信息，即可使用基本功能服务。

（三十四）安全管理类，基本功能服务为"查杀病毒、清理恶意插件、修复漏洞等"，无须个人信息，即可使用基本功能服务。

（三十五）电子图书类，基本功能服务为"电子图书搜索、阅读"，无须个人信息，即可使用基本功能服务。

（三十六）拍摄美化类，基本功能服务为"拍摄、美颜、滤镜等"，无须个人信息，即可使用基本功能服务。

（三十七）应用商店类，基本功能服务为"App 搜索、下载"，无须个人信息，即可使用基本功能服务。

（三十八）实用工具类，基本功能服务为"日历、天气、词典翻译、计算器、遥控器、手电筒、指南针、时钟闹钟、文件传输、文件管理、壁纸铃声、截图录屏、录音、文档处理、智能家居助手、星座性格测试等"，无须个人信息，即可使用基本功能服务。

（三十九）演出票务类，基本功能服务为"演出购票"，必要个人信息包括：

1. 注册用户移动电话号码；

2. 观演场次、座位号（如有）；

3. 支付时间、支付金额、支付渠道等支付信息。

《儿童个人信息网络保护规定》第 11 条　网络运营者不得收集与其提供的服务无关的儿童个人信息……

第 12 条　网络运营者存储儿童个人信息，不得超过实现其收集、使用目的所必需的期限。

《金融消费者权益保护实施办法》第 29 条第 1 款第 2 句

银行、支付机构不得收集与业务无关的消费者金融信息，……

《网络预约出租汽车经营服务管理暂行办法》第 26 条第 2 款

网约车平台公司采集驾驶员、约车人和乘客的个人信息，不得超越提供网约车业务所必需的范围。

《App 违法违规收集使用个人信息行为认定方法》第 4 条

以下行为可被认定为"违反必要原则，收集与其提供的服务无关的个人信息"

1. 收集的个人信息类型或打开的可收集个人信息权限与现有业务功能无关；

2. 因用户不同意收集非必要个人信息或打开非必要权限，拒绝提供业务功能；

3. App 新增业务功能申请收集的个人信息超出用户原有同意范围，若用户不同意，则拒绝提供原有业务功能，新增业务功能取代原有业务功能的除外；

4. 收集个人信息的频度等超出业务功能实际需要；

5. 仅以改善服务质量、提升用户体验、定向推送信息、研发新产品等为由，强制要求用户同意收集个人信息；

6. 要求用户一次性同意打开多个可收集个人信息的权限，用户不同意则无法使用。

《互联网个人信息安全保护指南》6.1　收集

个人信息的收集行为应满足以下要求：

······

c）个人信息收集应执行收集前签署的约定和协议，不应超范围收集；

······

6.3　应用

个人信息的应用应满足以下要求：

a）对个人信息的应用，应符合与个人信息主体签署的相关协议和规定，不应超范围应用个人信息；

注：经过处理无法识别特定个人且不能复原的个人信息数据，可以超出与信息主体签署的相关使用协议和约定，但应提供适当的保护措施进行保护。

······

d）应对个人信息的接触者设置相应的访问控制措施，包括：

1）对被授权访问个人信息数据的工作人员按照最小授权的原则，只能访问最少够用的信息，只具有完成职责所需的最少的数据操作权限；

2) 对个人信息的重要操作设置内部审批流程，如批量修改、拷贝、下载等；

3) 对特定人员超限制处理个人信息时配置相应的责任人或负责机构进行审批，并对这种行为进行记录。

……

《人口健康信息管理办法（试行）》第8条　责任单位应当按照"一数一源、最少够用"的原则采集人口健康信息，所采集的信息应当符合业务应用和管理要求，保证服务和管理对象在本单位信息系统中身份标识的唯一性，基本数据项的一致性，所采集的信息应当严格实行信息复核程序，避免重复采集、多头采集。

《个人信息安全规范》5.2　收集个人信息的最小必要

对个人信息控制者的要求包括：

a) 收集的个人信息的类型应与实现产品或服务的业务功能有直接关联；直接关联是指没有上述个人信息的参与，产品或服务的功能无法实现。

b) 自动采集个人信息的频率应是实现产品或服务的业务功能所必需的最低频率。

c) 间接获取个人信息的数量应是实现产品或服务的业务功能所必需的最少数量。

3.17　业务功能 business function

满足个人信息主体的具体使用需求的服务类型。

注：如地图导航、网络约车、即时通信、网络社区、网络支付、新闻资讯、网上购物、快递配送、交通票务等。

《个人信息保护指南》5.2.4　只收集能够达到已告知目的的最少信息。

批注

> **第七条** 处理个人信息应当遵循公开、透明原则，公开个人信息处理规则，明示处理的目的、方式和范围。

关联条文

——— 法律 ———

《民法典》第 1035 条第 1 款 处理个人信息的，应当……符合下列条件：

……

（二）公开处理信息的规则；

（三）明示处理信息的目的、方式和范围；

……

《网络安全法》第 41 条第 1 款 网络运营者收集、使用个人信息，应当……公开收集、使用规则，明示收集、使用信息的目的、方式和范围……

《消费者权益保护法》第 29 条第 1 款第 2 句 经营者收集、使用消费者个人信息，应当公开其收集、使用规则，……

《加强网络信息保护的决定》第 2 条第 1 款 网络服务提供者和其他企业事业单位在业务活动中收集、使用公民个人电子信息，应当……明示收集、使用信息的目的、方式和范围……

——— 行政法规 ———

《地图管理条例》第 35 条第 1 款 互联网地图服务单位收集、使用用户个人信息的，应当明示收集、使用信息的目的、方式和范围……

经济特区法规

《深圳数据条例》第 10 条 处理个人数据应当符合下列要求：

......

（三）依法告知个人数据处理的种类、范围、目的、方式等，并依法征得同意；

......

部门规章

《网络交易监督管理办法》第 13 条第 1 款第 2 句 网络交易经营者收集、使用消费者个人信息，应当公开其收集、使用规则，......

部门规范性文件

《互联网个人信息安全保护指南》6.1 收集

个人信息的收集行为应满足以下要求：

a）个人信息收集前，应当遵循合法、正当、必要的原则向被收集的个人信息主体公开收集、使用规则，明示收集、使用信息的目的、方式和范围等信息；

......

国家标准

《个人信息安全规范》4 个人信息安全基本原则

个人信息控制者开展个人信息处理活动应遵循合法、正当、必要的原则，具体包括：

......

c）选择同意——向个人信息主体明示个人信息处理目的、

方式、范围等规则，征求其授权同意。

......

e）公开透明——以明确、易懂和合理的方式公开处理个人信息的范围、目的、规则等，并接受外部监督。

......

《个人信息保护指南》4.2 基本原则

个人信息管理者在使用信息系统对个人信息进行处理时，宜遵循以下基本原则：

......

c）公开告知原则——对个人信息主体要尽到告知、说明和警示的义务。以明确、易懂和适宜的方式如实向个人信息主体告知处理个人信息的目的、个人信息的收集和使用范围、个人信息保护措施等信息。

......

5.2.5 要采用已告知的手段和方式直接向个人信息主体收集，不采取隐蔽手段或以间接方式收集个人信息。

批注

> **第八条** 处理个人信息应当保证个人信息的质量，避免因个人信息不准确、不完整对个人权益造成不利影响。

关联条文

——※ **法律** ※——

《社会保险法》第 74 条第 2 款、第 3 款 社会保险经办机构应当及时为用人单位建立档案，完整、准确地记录参加社会保险的人员、缴费等社会保险数据，妥善保管登记、申报的原始凭证和支付结算的会计凭证。

社会保险经办机构应当及时、完整、准确地记录参加社会保险的个人缴费和用人单位为其缴费，以及享受社会保险待遇等个人权益记录，定期将个人权益记录单免费寄送本人。

《统计法》第 6 条第 2 款　地方各级人民政府、政府统计机构和有关部门以及各单位的负责人，不得自行修改统计机构和统计人员依法搜集、整理的统计资料，不得以任何方式要求统计机构、统计人员及其他机构、人员伪造、篡改统计资料，不得对依法履行职责或者拒绝、抵制统计违法行为的统计人员打击报复。

第 21 条第 2 款　统计资料的审核、签署人员应当对其审核、签署的统计资料的真实性、准确性和完整性负责。

—— 行政法规 ——

《征信业管理条例》第 23 条第 1 款　征信机构应当采取合理措施，保障其提供信息的准确性。

—— 经济特区法规 ——

《深圳数据条例》第 10 条　处理个人数据应当符合下列要求：

……

（四）保证个人数据的准确性和必要的完整性，避免因个人数据不准确、不完整给当事人造成损害；

……

—— 部门规章 ——

《个人信用信息基础数据库管理暂行办法》第 6 条　商业银行应当遵守中国人民银行发布的个人信用数据库标准及其有关要

求，准确、完整、及时地向个人信用数据库报送个人信用信息。

—》 部门规范性文件 《—

《关于印发银行业金融机构数据治理指引的通知》第 29 条
银行业金融机构应当确立数据质量管理目标，建立控制机制，确保数据的真实性、准确性、连续性、完整性和及时性。

《人口健康信息管理办法（试行）》第 10 条第 1 款 责任单位应当结合服务和管理工作需要，及时更新与维护人口健康信息，确保信息处于最新、连续、有效状态。

—》 国家标准 《—

《个人信息安全规范》4 个人信息安全基本原则
个人信息控制者开展个人信息处理活动应遵循合法、正当、必要的原则，具体包括：

......

g）主体参与——向个人信息主体提供能够查询、更正、删除其个人信息，以及撤回授权同意、注销账户、投诉等方法。

《个人信息保护指南》4.2 基本原则
个人信息管理者在使用信息系统对个人信息进行处理时，宜遵循以下基本原则：

......

e）质量保证原则——保证处理过程中的个人信息完整、准确、可用，并处于最新状态。

......

5.3.5 保证加工过程中信息系统持续稳定运行，个人信息处于完整、可用状态，且保持最新。

批注

第九条　个人信息处理者应当对其个人信息处理活动负责，并采取必要措施保障所处理的个人信息的安全。

关联条文

《数据安全法》第 8 条　开展数据处理活动，应当……履行数据安全保护义务，承担社会责任……

《加强网络信息保护的决定》第 4 条第 1 句　网络服务提供者和其他企业事业单位应当采取技术措施和其他必要措施，确保信息安全，防止在业务活动中收集的公民个人电子信息泄露、毁损、丢失。

《深圳数据条例》第 10 条　处理个人数据应当符合下列要求：
……

（五）确保个人数据安全，防止个人数据泄露、毁损、丢失、篡改和非法使用。

《个人信息安全规范》4　个人信息安全基本原则

个人信息控制者开展个人信息处理活动应遵循合法、正当、必要的原则，具体包括：

a）权责一致——采取技术和其他必要的措施保障个人信息的安全，对其个人信息处理活动对个人信息主体合法权益造成的损害承担责任。

……

f）确保安全——具备与所面临的安全风险相匹配的安全能力，并采取足够的管理措施和技术手段，保护个人信息的保密性、完整性、可用性。

……

《个人信息保护指南》4.2 基本原则

个人信息管理者在使用信息系统对个人信息进行处理时，宜遵循以下基本原则：

......

f) 安全保障原则——采取适当的、与个人信息遭受损害的可能性和严重性相适应的管理措施和技术手段，保护个人信息安全，防止未经个人信息管理者授权的检索、披露及丢失、泄露、损毁和篡改个人信息。

......

h) 责任明确原则——明确个人信息处理过程中的责任，采取相应的措施落实相关责任，并对个人信息处理过程进行记录以便于追溯。

批注

第十条 任何组织、个人不得非法收集、使用、加工、传输他人个人信息，不得非法买卖、提供或者公开他人个人信息；不得从事危害国家安全、公共利益的个人信息处理活动。

关联条文

—— 法律 ——

《民法典》第8条 民事主体从事民事活动，不得违反法律，不得违背公序良俗。

第111条第2句 任何组织或者个人需要获取他人个人信息的，应当依法取得并确保信息安全，不得非法收集、使用、加工、传输他人个人信息，不得非法买卖、提供或者公开他人个人信息。

第1038条第1款 信息处理者不得泄露或者篡改其收集、存储的个人信息；未经自然人同意，不得向他人非法提供其个人信息，但是经过加工无法识别特定个人且不能复原的除外。

第1039条 国家机关、承担行政职能的法定机构及其工作人员对于履行职责过程中知悉的自然人的隐私和个人信息，应当予以保密，不得泄露或者向他人非法提供。

《传染病防治法》第12条第1款第2句 疾病预防控制机构、医疗机构不得泄露涉及个人隐私的有关信息、资料。

《数据安全法》第8条 开展数据处理活动，应当……尊重社会公德和伦理，遵守商业道德和职业道德……不得危害国家安全、公共利益，不得损害个人、组织的合法权益。

第28条 开展数据处理活动以及研究开发数据新技术，应当……符合社会公德和伦理。

第32条第1款 任何组织、个人收集数据……不得窃取或者以其他非法方式获取数据。

《统计法》第9条 统计机构和统计人员对在统计工作中知悉的国家秘密、商业秘密和个人信息，应当予以保密。

《网络安全法》第12条第2款 任何个人和组织使用网络应当遵守宪法法律，遵守公共秩序，尊重社会公德，不得危害网络安全，不得利用网络从事危害国家安全、荣誉和利益，煽动颠覆国家政权、推翻社会主义制度，煽动分裂国家、破坏国家统一，宣扬恐怖主义、极端主义，宣扬民族仇恨、民族歧视，传播暴力、淫秽色情信息，编造、传播虚假信息扰乱经济秩序和社会秩序，以及侵害他人名誉、隐私、知识产权和其他合法权益等活动。

第 44 条 任何个人和组织不得窃取或者以其他非法方式获取个人信息，不得非法出售或者非法向他人提供个人信息。

《加强网络信息保护的决定》第 1 条第 2 款 任何组织和个人不得窃取或者以其他非法方式获取公民个人电子信息，不得出售或者非法向他人提供公民个人电子信息。

—— 地方性法规 ——

《浙江省电子商务条例》第 23 条 电子商务经营者收集、存储、使用、加工、传输、提供、公开、删除相关数据……不得损害国家利益、社会公共利益或者他人合法权益。

—— 经济特区法规 ——

《深圳数据条例》第 4 条 自然人、法人和非法人组织对其合法处理数据形成的数据产品和服务享有法律、行政法规及本条例规定的财产权益。但是，不得危害国家安全和公共利益，不得损害他人的合法权益。

第 91 条 市网信部门以及其他数据监督管理部门及其工作人员，应当对在履行职责过程中知悉的个人数据、商业秘密和需要保守秘密的其他数据严格保密，不得泄露、出售或者非法向他人提供。

第十一条 国家建立健全个人信息保护制度，预防和惩治侵害个人信息权益的行为，加强个人信息保护宣传教育，推动形成政府、企业、相关社会组织、公众共同参与个人信息保护的良好环境。

关联条文

《电子商务法》第8条 电子商务行业组织按照本组织章程开展行业自律，建立健全行业规范，推动行业诚信建设，监督、引导本行业经营者公平参与市场竞争。

《数据安全法》第9条 国家支持开展数据安全知识宣传普及，提高全社会的数据安全保护意识和水平，推动有关部门、行业组织、科研机构、企业、个人等共同参与数据安全保护工作，形成全社会共同维护数据安全和促进发展的良好环境。

第10条 相关行业组织按照章程，依法制定数据安全行为规范和团体标准，加强行业自律，指导会员加强数据安全保护，提高数据安全保护水平，促进行业健康发展。

《网络安全法》第6条 国家倡导诚实守信、健康文明的网络行为，推动传播社会主义核心价值观，采取措施提高全社会的网络安全意识和水平，形成全社会共同参与促进网络安全的良好环境。

第17条 国家推进网络安全社会化服务体系建设，鼓励有关企业、机构开展网络安全认证、检测和风险评估等安全服务。

第十二条　国家积极参与个人信息保护国际规则的制定，促进个人信息保护方面的国际交流与合作，推动与其他国家、地区、国际组织之间的个人信息保护规则、标准等互认。

关联条文

《数据安全法》第 11 条　国家积极开展数据安全治理、数据开发利用等领域的国际交流与合作，参与数据安全相关国际规则和标准的制定，促进数据跨境安全、自由流动。

《网络安全法》第 7 条　国家积极开展网络空间治理、网络技术研发和标准制定、打击网络违法犯罪等方面的国际交流与合作，推动构建和平、安全、开放、合作的网络空间，建立多边、民主、透明的网络治理体系。

第二章 个人信息处理规则

第一节 一般规定

第十三条 符合下列情形之一的，个人信息处理者方可处理个人信息：

（一）取得个人的同意；

（二）为订立、履行个人作为一方当事人的合同所必需，或者按照依法制定的劳动规章制度和依法签订的集体合同实施人力资源管理所必需；

（三）为履行法定职责或者法定义务所必需；

（四）为应对突发公共卫生事件，或者紧急情况下为保护自然人的生命健康和财产安全所必需；

（五）为公共利益实施新闻报道、舆论监督等行为，在合理的范围内处理个人信息；

（六）依照本法规定在合理的范围内处理个人自行公开或者其他已经合法公开的个人信息；

（七）法律、行政法规规定的其他情形。

依照本法其他有关规定，处理个人信息应当取得个人同意，但是有前款第二项至第七项规定情形的，不需取得个人同意。

关联条文

信息主体同意

──► 法律 ◄──

《民法典》第 1035 条第 1 款 处理个人信息的，应当……符合下列条件：

（一）征得该自然人或者其监护人同意，但是法律、行政法规另有规定的除外；

……

《网络安全法》第 22 条第 3 款 网络产品、服务具有收集用户信息功能的，其提供者应当向用户明示并取得同意；……

《消费者权益保护法》第 29 条第 1 款 经营者收集、使用消费者个人信息，应当……经消费者同意。……

──► 部门规章 ◄──

《电信和互联网用户个人信息保护规定》第 9 条第 1 款

未经用户同意，电信业务经营者、互联网信息服务提供者不得收集、使用用户个人信息。

《金融消费者权益保护实施办法》第 29 条第 1 款第 1 句

银行、支付机构处理消费者金融信息，应当……经金融消费者或者其监护人明示同意，但是法律、行政法规另有规定的除外。

《网络交易监督管理办法》第 13 条第 1 款第 1 句 网络交易经营者收集、使用消费者个人信息，应当……经消费者同意。

—————— **经济特区法规** ——————

《深圳数据条例》第 16 条第 1 款　数据处理者应当在处理个人数据前，征得自然人的同意……

合同必需

—————— **行政法规** ——————

《快递暂行条例》第 22 条　寄件人交寄快件，应当如实提供以下事项：

（一）寄件人姓名、地址、联系电话；

（二）收件人姓名（名称）、地址、联系电话；

（三）寄递物品的名称、性质、数量。

除信件和已签订安全协议用户交寄的快件外，经营快递业务的企业收寄快件，应当对寄件人身份进行查验，并登记身份信息，但不得在快递运单上记录除姓名（名称）、地址、联系电话以外的用户身份信息。寄件人拒绝提供身份信息或者提供身份信息不实的，经营快递业务的企业不得收寄。

—————— **经济特区法规** ——————

《深圳数据条例》第 21 条　处理个人数据有下列情形之一的，可以在处理前不征得自然人的同意：

……

（二）为了订立或者履行自然人作为一方当事人的合同所必需；

……

《个人信息安全规范》5.6 征得授权同意的例外

以下情形中，个人信息控制者收集、使用个人信息不必征得个人信息主体的授权同意：

……

g）根据个人信息主体要求签订和履行合同所必需的；

注：个人信息保护政策的主要功能为公开个人信息控制者收集、使用个人信息范围和规则，不宜将其视为合同。

……

i）维护所提供产品或服务的安全稳定运行所必需的，如发现、处置产品或服务的故障；

……

人力资源管理

—❈— 法律 —❈—

《劳动合同法》第8条 用人单位招用劳动者时，应当如实告知劳动者工作内容、工作条件、工作地点、职业危害、安全生产状况、劳动报酬，以及劳动者要求了解的其他情况；用人单位有权了解劳动者与劳动合同直接相关的基本情况，劳动者应当如实说明。

《职业病防治法》第26条第1款 用人单位应当实施由专人负责的职业病危害因素日常监测，并确保监测系统处于正常运行状态。

第35条第1款 对从事接触职业病危害的作业的劳动者，用人单位应当按照国务院卫生行政部门的规定组织上岗前、在岗期间和离岗时的职业健康检查，并将检查结果书面告知劳动者。职业健康检查费用由用人单位承担。

第 36 条　用人单位应当为劳动者建立职业健康监护档案，并按照规定的期限妥善保存。

职业健康监护档案应当包括劳动者的职业史、职业病危害接触史、职业健康检查结果和职业病诊疗等有关个人健康资料。

劳动者离开用人单位时，有权索取本人职业健康监护档案复印件，用人单位应当如实、无偿提供，并在所提供的复印件上签章。

第 47 条第 1 款　用人单位应当如实提供职业病诊断、鉴定所需的劳动者职业史和职业病危害接触史、工作场所职业病危害因素检测结果等资料；卫生行政部门应当监督检查和督促用人单位提供上述资料；劳动者和有关机构也应当提供与职业病诊断、鉴定有关的资料。

第 50 条　用人单位和医疗卫生机构发现职业病病人或者疑似职业病病人时，应当及时向所在地卫生行政部门报告。确诊为职业病的，用人单位还应当向所在地劳动保障行政部门报告。接到报告的部门应当依法作出处理。

第 55 条第 1 款　医疗卫生机构发现疑似职业病病人时，应当告知劳动者本人并及时通知用人单位。

《安全生产法》第 44 条第 2 款　生产经营单位应当关注从业人员的身体、心理状况和行为习惯，加强对从业人员的心理疏导、精神慰藉，严格落实岗位安全生产责任，防范从业人员行为异常导致事故发生。

———— **行政法规** ————

《人力资源市场暂行条例》第 23 条　个人求职，应当如实提供本人基本信息以及与应聘岗位相关的知识、技能、工作经历等情况。

地方性法规

《上海市劳动合同条例》第 8 条第 2 款 用人单位在招用劳动者时，有权了解劳动者健康状况、知识技能和工作经历等情况，劳动者应当如实说明。

《湖南省人力资源市场条例》第 12 条第 2 款 求职者求职应当如实提供个人基本情况，出示与求职就业有关的证件和证明材料；从事国家规定的技术工种或者特种作业工种的，还应当出示相应的职业资格证书。

《江苏省劳动合同条例》第 11 条第 2 款 劳动者应当按照用人单位的要求，如实说明与劳动合同直接相关的就业现状、健康状况、竞业限制等情况，如实提供自己的居民身份、学历、工作经历、职业技能等证明。

《吉林省劳动合同条例》第 10 条 用人单位招用劳动者时，应当如实告知劳动者工作内容、工作条件、工作地点、职业危害、安全生产状况、劳动报酬，以及劳动者要求了解的其他情况；用人单位可以了解劳动者健康状况、知识技能和工作经历等与劳动合同直接相关的基本情况，查验解除或者终止劳动合同证明。

《陕西省人力资源市场条例》第 27 条 个人求职时，应当如实提供个人基本信息、有效的身份证明以及与应聘岗位相关的知识技能、工作经历、就业现状等信息，不得有隐瞒、欺诈等行为。

部门规章

《就业服务与就业管理规定》第 7 条 劳动者求职时，应当如实向公共就业服务机构或职业中介机构、用人单位提供个人基本情况以及与应聘岗位直接相关的知识技能、工作经历、就业现状等情况，并出示相关证明。

第 19 条第 2 款　用人单位招用人员，除国家法律、行政法规和国务院卫生行政部门规定禁止乙肝病原携带者从事的工作外，不得强行将乙肝病毒血清学指标作为体检标准。

《网络招聘服务管理规定》第 16 条　劳动者通过人力资源服务机构进行网络求职，应当如实提供本人基本信息以及与应聘岗位相关的知识、技能、工作经历等情况。

———— **经济特区法规** ————

《深圳数据条例》第 21 条　处理个人数据有下列情形之一的，可以在处理前不征得自然人的同意：

......

（三）数据处理者因人力资源管理、商业秘密保护所必需，在合理范围内处理其员工个人数据；

......

法定职责

参见本法第 34 条【关联条文】部分。

法定义务

———— **法律** ————

《民法典》第 669 条　订立借款合同，借款人应当按照贷款人的要求提供与借款有关的业务活动和财务状况的真实情况。

《旅游法》第 15 条第 1 款　旅游者购买、接受旅游服务时，应当向旅游经营者如实告知与旅游活动相关的个人健康信息，遵守旅游活动中的安全警示规定。

《保险法》第 16 条第 1 款　订立保险合同，保险人就保险标的或者被保险人的有关情况提出询问的，投保人应当如实告知。

《电子商务法》第 27 条第 1 款　电子商务平台经营者应当要求申请进入平台销售商品或者提供服务的经营者提交其身份、地址、联系方式、行政许可等真实信息，进行核验、登记，建立登记档案，并定期核验更新。

第 28 条　电子商务平台经营者应当按照规定向市场监督管理部门报送平台内经营者的身份信息……

电子商务平台经营者应当依照税收征收管理法律、行政法规的规定，向税务部门报送平台内经营者的身份信息和与纳税有关的信息……

《反恐怖主义法》第 20 条　铁路、公路、水上、航空的货运和邮政、快递等物流运营单位应当实行安全查验制度，对客户身份进行查验……

前款规定的物流运营单位，应当实行运输、寄递客户身份、物品信息登记制度。

第 21 条　电信、互联网、金融、住宿、长途客运、机动车租赁等业务经营者、服务提供者，应当对客户身份进行查验。对身份不明或者拒绝身份查验的，不得提供服务。

第 33 条　重点目标的管理单位应当对重要岗位人员进行安全背景审查。对有不适合情形的人员，应当调整工作岗位，并将有关情况通报公安机关。

《反洗钱法》第 16 条　金融机构应当按照规定建立客户身份识别制度。

金融机构在与客户建立业务关系或者为客户提供规定金额

以上的现金汇款、现钞兑换、票据兑付等一次性金融服务时，应当要求客户出示真实有效的身份证件或者其他身份证明文件，进行核对并登记。

客户由他人代理办理业务的，金融机构应当同时对代理人和被代理人的身份证件或者其他身份证明文件进行核对并登记。

与客户建立人身保险、信托等业务关系，合同的受益人不是客户本人的，金融机构还应当对受益人的身份证件或者其他身份证明文件进行核对并登记。

金融机构不得为身份不明的客户提供服务或者与其进行交易，不得为客户开立匿名账户或者假名账户。

金融机构对先前获得的客户身份资料的真实性、有效性或者完整性有疑问的，应当重新识别客户身份。

任何单位和个人在与金融机构建立业务关系或者要求金融机构为其提供一次性金融服务时，都应当提供真实有效的身份证件或者其他身份证明文件。

《个人所得税法》第 9 条第 2 款 ……扣缴义务人扣缴税款时，纳税人应当向扣缴义务人提供纳税人识别号。

《社会保险法》第 50 条第 1 款 用人单位应当及时为失业人员出具终止或者解除劳动关系的证明，并将失业人员的名单自终止或者解除劳动关系之日起十五日内告知社会保险经办机构。

《数据安全法》第 33 条 从事数据交易中介服务的机构提供服务，应当要求数据提供方说明数据来源，审核交易双方的身份，并留存审核、交易记录。

《网络安全法》第 24 条第 1 款 网络运营者为用户办理网络接入、域名注册服务，办理固定电话、移动电话等入网手续，或者为用户提供信息发布、即时通讯等服务，在与用户签订协议或者确认提供服务时，应当要求用户提供真实身份信息。用户不提供真实身份信息的，网络运营者不得为其提供相关服务。

《未成年人保护法》第 75 条第 2 款 国家建立统一的未成年人网络游戏电子身份认证系统。网络游戏服务提供者应当要求未成年人以真实身份信息注册并登录网络游戏。

《证券法》第 80 条第 1 款、第 2 款 发生可能对上市公司、股票在国务院批准的其他全国性证券交易场所交易的公司的股票交易价格产生较大影响的重大事件，投资者尚未得知时，公司应当立即将有关该重大事件的情况向国务院证券监督管理机构和证券交易场所报送临时报告，并予公告，说明事件的起因、目前的状态和可能产生的法律后果。

前款所称重大事件包括：

......

（七）公司的董事、三分之一以上监事或者经理发生变动，董事长或者经理无法履行职责；

（八）持有公司百分之五以上股份的股东或者实际控制人持有股份或者控制公司的情况发生较大变化，公司的实际控制人及其控制的其他企业从事与公司相同或者相似业务的情况发生较大变化；

......

第 88 条 证券公司向投资者销售证券、提供服务时，应当按照规定充分了解投资者的基本情况、财产状况、金融资产状况、投资知识和经验、专业能力等相关信息；如实说明证券、服务的重要内容，充分揭示投资风险；销售、提供与投资者上述状况相匹配的证券、服务。

投资者在购买证券或者接受服务时，应当按照证券公司明示的要求提供前款所列真实信息。拒绝提供或者未按照要求提供信息的，证券公司应当告知其后果，并按照规定拒绝向其销售证券、提供服务。

证券公司违反第一款规定导致投资者损失的,应当承担相应的赔偿责任。

第 107 条第 1 款 证券公司为投资者开立账户,应当按照规定对投资者提供的身份信息进行核对。

第 151 条第 1 款 证券登记结算机构应当向证券发行人提供证券持有人名册及有关资料。

《资产评估法》第 12 条 评估专业人员享有下列权利:

(一)要求委托人提供相关的权属证明、财务会计信息和其他资料,以及为执行公允的评估程序所需的必要协助;

(二)依法向有关国家机关或者其他组织查阅从事业务所需的文件、证明和资料;

(三)拒绝委托人或者其他组织、个人对评估行为和评估结果的非法干预;

(四)依法签署评估报告;

(五)法律、行政法规规定的其他权利。

《加强网络信息保护的决定》第 6 条 网络服务提供者为用户办理网站接入服务,办理固定电话、移动电话等入网手续,或者为用户提供信息发布服务,应当在与用户签订协议或者确认提供服务时,要求用户提供真实身份信息。

—— 行政法规 ——

《互联网信息服务管理办法》第 14 条第 1 款 从事新闻、出版以及电子公告等服务项目的互联网信息服务提供者,应当记录提供的信息内容及其发布时间、互联网地址或者域名;互联网接入服务提供者应当记录上网用户的上网时间、用户账号、互联网地址或者域名、主叫电话号码等信息。

《机动车交通事故责任强制保险条例》第11条 投保人投保时，应当向保险公司如实告知重要事项。

重要事项包括机动车的种类、厂牌型号、识别代码、牌照号码、使用性质和机动车所有人或者管理人的姓名（名称）、性别、年龄、住所、身份证或者驾驶证号码（组织机构代码）、续保前该机动车发生事故的情况以及国务院保险监督管理机构规定的其他事项。

《艾滋病防治条例》第38条第1款 艾滋病病毒感染者和艾滋病病人应当履行下列义务：

......

（三）就医时，将感染或者发病的事实如实告知接诊医生；

......

—— 部门规章 ——

《金融机构客户身份识别和客户身份资料及交易记录保存管理办法》第3条 金融机构应当勤勉尽责，建立健全和执行客户身份识别制度，遵循"了解你的客户"的原则，针对具有不同洗钱或者恐怖融资风险特征的客户、业务关系或者交易，采取相应的措施，了解客户及其交易目的和交易性质，了解实际控制客户的自然人和交易的实际受益人。

金融机构应当按照安全、准确、完整、保密的原则，妥善保存客户身份资料和交易记录，确保能足以重现每项交易，以提供识别客户身份、监测分析交易情况、调查可疑交易活动和查处洗钱案件所需的信息。

━━━ **国家标准** ━━━

《个人信息安全规范》5.6 征得授权同意的例外

以下情形中，个人信息控制者收集、使用个人信息不必征得个人信息主体的授权同意：

a）与个人信息控制者履行法律法规规定的义务相关的；

……

保护自然人重要权益

━━━ **法律及相关司法解释** ━━━

《民法典》第 1036 条 处理个人信息，有下列情形之一的，行为人不承担民事责任：

……

（三）为维护公共利益或者该自然人合法权益，合理实施的其他行为。

《人脸识别规定》第 5 条 有下列情形之一，信息处理者主张其不承担民事责任的，人民法院依法予以支持：

（一）为应对突发公共卫生事件，或者紧急情况下为保护自然人的生命健康和财产安全所必需而处理人脸信息的；

……

《民法典》第 182 条 因紧急避险造成损害的，由引起险情发生的人承担民事责任。

危险由自然原因引起的，紧急避险人不承担民事责任，可以给予适当补偿。

紧急避险采取措施不当或者超过必要的限度，造成不应有的损害的，紧急避险人应当承担适当的民事责任。

——∙∷ **国家标准** ∷∙——

《个人信息安全规范》5.6 征得授权同意的例外

以下情形中，个人信息控制者收集、使用个人信息不必征得个人信息主体的授权同意：

……

e）出于维护个人信息主体或其他个人的生命、财产等重大合法权益但又很难得到本人授权同意的；

……

维护公共利益

——∙∷ **法律及相关司法解释** ∷∙——

《民法典》第999条 为公共利益实施新闻报道、舆论监督等行为的，可以合理使用民事主体的姓名、名称、肖像、个人信息等；……

第1036条 处理个人信息，有下列情形之一的，行为人不承担民事责任：

……

（三）为维护公共利益或者该自然人合法权益，合理实施的其他行为。

《人脸识别规定》第5条 有下列情形之一，信息处理者主张其不承担民事责任的，人民法院依法予以支持：

……

（二）为维护公共安全，依据国家有关规定在公共场所使用人脸识别技术的；

（三）为公共利益实施新闻报道、舆论监督等行为在合理的范围内处理人脸信息的；

......

—— 经济特区法规 ——

《深圳数据条例》第 21 条　处理个人数据有下列情形之一的，可以在处理前不征得自然人的同意：

......

（四）公共管理和服务机构为了依法履行公共管理职责或者提供公共服务所必需；

（五）新闻单位依法进行新闻报道所必需；

......

—— 国家标准 ——

《个人信息安全规范》5.6　征得授权同意的例外

以下情形中，个人信息控制者收集、使用个人信息不必征得个人信息主体的授权同意：

......

b）与国家安全、国防安全直接相关的；

c）与公共安全、公共卫生、重大公共利益直接相关的；

......

j）个人信息控制者为新闻单位，且其开展合法的新闻报道所必需的；

k）个人信息控制者为学术研究机构，出于公共利益开展统计或学术研究所必要，且其对外提供学术研究或描述的结果时，对结果中所包含的个人信息进行去标识化处理的。

已合法公开个人信息

法律

《民法典》第 1036 条 处理个人信息，有下列情形之一的，行为人不承担民事责任：

......

（二）合理处理该自然人自行公开的或者其他已经合法公开的信息，但是该自然人明确拒绝或者处理该信息侵害其重大利益的除外；

......

经济特区法规

《深圳数据条例》第 21 条 处理个人数据有下列情形之一的，可以在处理前不征得自然人的同意：

（一）处理自然人自行公开或者其他已经合法公开的个人数据，且符合该个人数据公开时的目的；

......

国家标准

《个人信息安全规范》5.6 征得授权同意的例外

以下情形中，个人信息控制者收集、使用个人信息不必征得个人信息主体的授权同意：

......

f）所涉及的个人信息是个人信息主体自行向社会公众公开的；

......

h）从合法公开披露的信息中收集个人信息的，如合法的新闻报道、政府信息公开等渠道；

……

法律、行政法规规定的其他情形

《民法典》第998条　认定行为人承担侵害除生命权、身体权和健康权外的人格权的民事责任，应当考虑行为人和受害人的职业、影响范围、过错程度，以及行为的目的、方式、后果等因素。

《人脸识别规定》第3条　人民法院认定信息处理者承担侵害自然人人格权益的民事责任，应当适用民法典第九百九十八条的规定，并结合案件具体情况综合考量受害人是否为未成年人、告知同意情况以及信息处理的必要程度等因素。

批注

> **第十四条**　基于个人同意处理个人信息的，该同意应当由个人在充分知情的前提下自愿、明确作出。法律、行政法规规定处理个人信息应当取得个人单独同意或者书面同意的，从其规定。
>
> 个人信息的处理目的、处理方式和处理的个人信息种类发生变更的，应当重新取得个人同意。

关联条文

—— 法律及相关司法解释 ——

《人脸识别规定》第4条　有下列情形之一，信息处理者以已征得自然人或者其监护人同意为由抗辩的，人民法院不予支持：

（一）信息处理者要求自然人同意处理其人脸信息才提供产品或者服务的，但是处理人脸信息属于提供产品或者服务所必需的除外；

（二）信息处理者以与其他授权捆绑等方式要求自然人同意处理其人脸信息的；

（三）强迫或者变相强迫自然人同意处理其人脸信息的其他情形。

第 11 条 信息处理者采用格式条款与自然人订立合同，要求自然人授予其无期限限制、不可撤销、可任意转授权等处理人脸信息的权利，该自然人依据民法典第四百九十七条请求确认格式条款无效的，人民法院依法予以支持。

《民法典》第 497 条 有下列情形之一的，该格式条款无效：

（一）具有本法第一编第六章第三节和本法第五百零六条规定的无效情形；

（二）提供格式条款一方不合理地免除或者减轻其责任、加重对方责任、限制对方主要权利；

（三）提供格式条款一方排除对方主要权利。

—— 行政法规 ——

《人类遗传资源管理条例》第 12 条 采集我国人类遗传资源，应当事先告知人类遗传资源提供者采集目的、采集用途、对健康可能产生的影响、个人隐私保护措施及其享有的自愿参与和随时无条件退出的权利，征得人类遗传资源提供者书面同意。

在告知人类遗传资源提供者前款规定的信息时，必须全面、完整、真实、准确，不得隐瞒、误导、欺骗。

《征信业管理条例》第 18 条第 1 款 向征信机构查询个人

信息的，应当取得信息主体本人的书面同意并约定用途。但是，法律规定可以不经同意查询的除外。

第 19 条　征信机构或者信息提供者、信息使用者采用格式合同条款取得个人信息主体同意的，应当在合同中作出足以引起信息主体注意的提示，并按照信息主体的要求作出明确说明。

第 29 条第 2 款　从事信贷业务的机构向金融信用信息基础数据库或者其他主体提供信贷信息，应当事先取得信息主体的书面同意，并适用本条例关于信息提供者的规定。

——— 经济特区法规 ———

《深圳数据条例》第 16 条　数据处理者应当在处理个人数据前，征得自然人的同意，并在其同意范围内处理个人数据，但是法律、行政法规以及本条例另有规定的除外。

前款规定应当征得同意的事项发生变更的，应当重新征得同意。

——— 部门规章 ———

《儿童个人信息网络保护规定》第 14 条第 2 句　因业务需要，确需超出约定的目的、范围使用的，应当再次征得儿童监护人的同意。

《个人信用信息基础数据库管理暂行办法》第 13 条　除本办法第十二条第（四）项规定之外，商业银行查询个人信用报告时应当取得被查询人的书面授权。书面授权可以通过在贷款、贷记卡、准贷记卡以及担保申请书中增加相应条款取得。

《网络交易监督管理办法》第 13 条第 2 款第 1 句　网络交易经营者不得采用一次概括授权、默认授权、与其他授权捆绑、停止安装使用等方式，强迫或者变相强迫消费者同意收集、使用与经营活动无直接关系的信息。

第 17 条　网络交易经营者以直接捆绑或者提供多种可选项方式向消费者搭售商品或者服务的，应当以显著方式提醒消费者注意。提供多种可选项方式的，不得将搭售商品或者服务的任何选项设定为消费者默认同意，不得将消费者以往交易中选择的选项在后续独立交易中设定为消费者默认选择。

《网络预约出租汽车经营服务管理暂行办法》第 26 条第 1 款

网约车平台公司应当通过其服务平台以显著方式将驾驶员、约车人和乘客等个人信息的采集和使用的目的、方式和范围进行告知。未经信息主体明示同意，网约车平台公司不得使用前述个人信息用于开展其他业务。

—→ 部门规范性文件 ←—

《App 违法违规收集使用个人信息行为认定方法》第 3 条

以下行为可被认定为"未经用户同意收集使用个人信息"

1. 征得用户同意前就开始收集个人信息或打开可收集个人信息的权限；

2. 用户明确表示不同意后，仍收集个人信息或打开可收集个人信息的权限，或频繁征求用户同意、干扰用户正常使用；

3. 实际收集的个人信息或打开的可收集个人信息权限超出用户授权范围；

4. 以默认选择同意隐私政策等非明示方式征求用户同意；

5. 未经用户同意更改其设置的可收集个人信息权限状态，如 App 更新时自动将用户设置的权限恢复到默认状态；

6. 利用用户个人信息和算法定向推送信息，未提供非定向推送信息的选项；

7. 以欺诈、诱骗等不正当方式误导用户同意收集个人信息或打开可收集个人信息的权限，如故意欺瞒、掩饰收集使用个人信息的真实目的；

8. 未向用户提供撤回同意收集个人信息的途径、方式；

9. 违反其所声明的收集使用规则，收集使用个人信息。

《关于银行业金融机构做好个人金融信息保护工作的通知》第4条第2款　银行业金融机构通过格式条款取得客户书面授权或同意的，应当在协议中明确该授权或同意所适用的向他人提供个人金融信息的范围和具体情形。同时，还应当在协议的醒目位置使用通俗易懂的语言明确提示该授权或同意的可能后果，并在客户签署协议时提醒其注意上述提示。

—✦ **国家标准** ✦—

《个人信息安全规范》3.6　明示同意 explicit consent

个人信息主体通过书面、口头等方式主动作出纸质或电子形式的声明，或者自主作出肯定性动作，对其个人信息进行特定处理作出明确授权的行为。

注：肯定性动作包括个人信息主体主动勾选、主动点击"同意""注册""发送""拨打"、主动填写或提供等。

3.7　授权同意 consent

个人信息主体对其个人信息进行特定处理作出明确授权的行为。

注：包括通过积极的行为作出授权（即明示同意），或者通过消极的不作为而作出授权（如信息采集区域内的个人信息主体在被告知信息收集行为后没有离开该区域）。

《个人信息保护指南》3.10　默许同意 tacit consent

在个人信息主体无明确反对的情况下，认为个人信息主体同意。

3.11 明示同意 expressed consent

个人信息主体明确授权同意，并保留证据。

5.2.3 处理个人信息前要征得个人信息主体的同意，包括默许同意或明示同意。收集个人一般信息时，可认为个人信息主体默许同意，如果个人信息主体明确反对，要停止收集或删除个人信息；收集个人敏感信息时，要得到个人信息主体的明示同意。

批注

第十五条 基于个人同意处理个人信息的，个人有权撤回其同意。个人信息处理者应当提供便捷的撤回同意的方式。

个人撤回同意，不影响撤回前基于个人同意已进行的个人信息处理活动的效力。

关联条文

—法律及相关司法解释—

《人脸识别规定》第 11 条 信息处理者采用格式条款与自然人订立合同，要求自然人授予其无期限限制、不可撤销、可任意转授权等处理人脸信息的权利，该自然人依据民法典第四百九十七条请求确认格式条款无效的，人民法院依法予以支持。

《民法典》第 497 条 有下列情形之一的，该格式条款无效：

（一）具有本法第一编第六章第三节和本法第五百零六条规定的无效情形；

（二）提供格式条款一方不合理地免除或者减轻其责任、加重对方责任、限制对方主要权利；

（三）提供格式条款一方排除对方主要权利。

⟶ 经济特区法规 ⟵

《深圳数据条例》第 22 条　自然人有权撤回部分或者全部其处理个人数据的同意。

自然人撤回同意的，数据处理者不得继续处理该自然人撤回同意范围内的个人数据。但是，不影响数据处理者在自然人撤回同意前基于同意进行的合法数据处理。法律、法规另有规定的，从其规定。

第 23 条　处理个人数据应当采用易获取的方式提供自然人撤回其同意的途径，不得利用服务协议或者技术等手段对自然人撤回同意进行不合理限制或者附加不合理条件。

⟶ 国家标准 ⟵

《个人信息安全规范》8.4　个人信息主体撤回授权同意

对个人信息控制者的要求包括：

a）应向个人信息主体提供撤回收集、使用其个人信息的授权同意的方法。撤回授权同意后，个人信息控制者后续不应再处理相应的个人信息。

b）应保障个人信息主体拒绝接收基于其个人信息推送商业广告的权利。对外共享、转让、公开披露个人信息，应向个人信息主体提供撤回授权同意的方法。

注：撤回授权同意不影响撤回前基于授权同意的个人信息处理。

> **第十六条** 个人信息处理者不得以个人不同意处理其个人信息或者撤回同意为由，拒绝提供产品或者服务；处理个人信息属于提供产品或者服务所必需的除外。

关联条文

—— 司法解释 ——

《人脸识别规定》第 4 条 有下列情形之一，信息处理者以已征得自然人或者其监护人同意为由抗辩的，人民法院不予支持：

（一）信息处理者要求自然人同意处理其人脸信息才提供产品或者服务的，但是处理人脸信息属于提供产品或者服务所必需的除外；

（二）信息处理者以与其他授权捆绑等方式要求自然人同意处理其人脸信息的；

（三）强迫或者变相强迫自然人同意处理其人脸信息的其他情形。

第 10 条第 1 款 物业服务企业或者其他建筑物管理人以人脸识别作为业主或者物业使用人出入物业服务区域的唯一验证方式，不同意的业主或者物业使用人请求其提供其他合理验证方式的，人民法院依法予以支持。

—— 经济特区法规 ——

《深圳数据条例》第 12 条 数据处理者不得以自然人不同意处理个人数据为由，拒绝向其提供相关核心功能或者服务。但是，该个人数据为提供相关核心功能或者服务所必需的除外。

━━ 部门规章 ━━

《金融消费者权益保护实施办法》第 29 条第 1 款第 3 句

银行、支付机构不得以金融消费者不同意处理其金融信息为由拒绝提供金融产品或者服务，但处理其金融信息属于提供金融产品或者服务所必需的除外。

《网络交易监督管理办法》第 13 条第 2 款第 1 句 网络交易经营者不得采用一次概括授权、默认授权、与其他授权捆绑、停止安装使用等方式，强迫或者变相强迫消费者同意收集、使用与经营活动无直接关系的信息。

━━ 部门规范性文件 ━━

《常见类型移动互联网应用程序必要个人信息范围规定》第 4 条 App 不得因为用户不同意提供非必要个人信息，而拒绝用户使用其基本功能服务。

《关于银行业金融机构做好个人金融信息保护工作的通知》第 5 条 银行业金融机构不得将客户授权或同意其将个人信息用于营销、对外提供等作为与客户建立业务关系的先决条件，但该业务关系的性质决定需要预先做出相关授权或同意的除外。

《互联网个人信息安全保护指南》6.1 收集

个人信息的收集行为应满足以下要求：

……

b）个人信息收集应获得个人信息主体的同意和授权，不应收集与其提供的服务无关的个人信息，不应通过捆绑产品或服务各项业务功能等方式强迫收集个人信息；

……

批注

第十七条　个人信息处理者在处理个人信息前，应当以显著方式、清晰易懂的语言真实、准确、完整地向个人告知下列事项：

（一）个人信息处理者的名称或者姓名和联系方式；

（二）个人信息的处理目的、处理方式，处理的个人信息种类、保存期限；

（三）个人行使本法规定权利的方式和程序；

（四）法律、行政法规规定应当告知的其他事项。

前款规定事项发生变更的，应当将变更部分告知个人。

个人信息处理者通过制定个人信息处理规则的方式告知第一款规定事项的，处理规则应当公开，并且便于查阅和保存。

关联条文

——法律——

《民法典》第 496 条第 2 款　采用格式条款订立合同的，提供格式条款的一方应当遵循公平原则确定当事人之间的权利和义务，并采取合理的方式提示对方注意免除或者减轻其责任等与对方有重大利害关系的条款，按照对方的要求，对该条款予以说明。提供格式条款的一方未履行提示或者说明义务，致使对方没有注意或者理解与其有重大利害关系的条款的，对方可以主张该条款不成为合同的内容。

《保险法》第 17 条　订立保险合同，采用保险人提供的格式条款的，保险人向投保人提供的投保单应当附格式条款，保险人应当向投保人说明合同的内容。

对保险合同中免除保险人责任的条款，保险人在订立合同时应当在投保单、保险单或者其他保险凭证上作出足以引起投保人注意的提示，并对该条款的内容以书面或者口头形式向投保人作出明确说明；未作提示或者明确说明的，该条款不产生效力。

《电子商务法》第 17 条　电子商务经营者应当全面、真实、准确、及时地披露商品或者服务信息，保障消费者的知情权和选择权。电子商务经营者不得以虚构交易、编造用户评价等方式进行虚假或者引人误解的商业宣传，欺骗、误导消费者。

第 50 条第 1 款　电子商务经营者应当清晰、全面、明确地告知用户订立合同的步骤、注意事项、下载方法等事项，并保证用户能够便利、完整地阅览和下载。

《消费者权益保护法》第 26 条第 1 款　经营者在经营活动中使用格式条款的，应当以显著方式提请消费者注意商品或者服务的数量和质量、价款或者费用、履行期限和方式、安全注意事项和风险警示、售后服务、民事责任等与消费者有重大利害关系的内容，并按照消费者的要求予以说明。

经济特区法规

《深圳数据条例》第 14 条第 1 款　处理个人数据应当在处理前以通俗易懂、明确具体、易获取的方式向自然人完整、真实、准确地告知下列事项：

（一）数据处理者的姓名或者名称以及联系方式；

（二）处理个人数据的种类和范围；

（三）处理个人数据的目的和方式；

（四）存储个人数据的期限；

（五）处理个人数据可能存在的安全风险以及对其个人数据

采取的安全保护措施；

（六）自然人依法享有的相关权利以及行使权利的方式；

（七）法律、法规规定应当告知的其他事项。

———— 部门规章 ————

《电信和互联网用户个人信息保护规定》第8条 电信业务经营者、互联网信息服务提供者应当制定用户个人信息收集、使用规则，并在其经营或者服务场所、网站等予以公布。

第9条第2款 电信业务经营者、互联网信息服务提供者收集、使用用户个人信息的，应当明确告知用户收集、使用信息的目的、方式和范围，查询、更正信息的渠道以及拒绝提供信息的后果等事项。

《儿童个人信息网络保护规定》第10条 网络运营者征得同意时，应当同时提供拒绝选项，并明确告知以下事项：

（一）收集、存储、使用、转移、披露儿童个人信息的目的、方式和范围；

（二）儿童个人信息存储的地点、期限和到期后的处理方式；

（三）儿童个人信息的安全保障措施；

（四）拒绝的后果；

（五）投诉、举报的渠道和方式；

（六）更正、删除儿童个人信息的途径和方法；

（七）其他应当告知的事项。

前款规定的告知事项发生实质性变化的，应当再次征得儿童监护人的同意。

《规范互联网信息服务市场秩序若干规定》第11条第2款

互联网信息服务提供者经用户同意收集用户个人信息的，应当明确告知用户收集和处理用户个人信息的方式、内容和用途，不得收集其提供服务所必需以外的信息，不得将用户个人信息用于其提供服务之外的目的。

《金融消费者权益保护实施办法》第 31 条　银行、支付机构应当履行《中华人民共和国消费者权益保护法》第二十九条规定的明示义务，公开收集、使用消费者金融信息的规则，明示收集、使用消费者金融信息的目的、方式和范围，并留存有关证明资料。

银行、支付机构通过格式条款取得消费者金融信息收集、使用同意的，应当在格式条款中明确收集消费者金融信息的目的、方式、内容和使用范围，并在协议中以显著方式尽可能通俗易懂地向金融消费者提示该同意的可能后果。

—— 部门规范性文件 ——

《App 违法违规收集使用个人信息行为认定方法》第 1 条

以下行为可被认定为"未公开收集使用规则"

1. 在 App 中没有隐私政策，或者隐私政策中没有收集使用个人信息规则；

2. 在 App 首次运行时未通过弹窗等明显方式提示用户阅读隐私政策等收集使用规则；

3. 隐私政策等收集使用规则难以访问，如进入 App 主界面后，需多于 4 次点击等操作才能访问到；

4. 隐私政策等收集使用规则难以阅读，如文字过小过密、颜色过淡、模糊不清，或未提供简体中文版等。

第 2 条　以下行为可被认定为"未明示收集使用个人信息的目的、方式和范围"

1. 未逐一列出 App（包括委托的第三方或嵌入的第三方代码、插件）收集使用个人信息的目的、方式、范围等；

2. 收集使用个人信息的目的、方式、范围发生变化时，未以适当方式通知用户，适当方式包括更新隐私政策等收集使用规则并提醒用户阅读等；

3. 在申请打开可收集个人信息的权限，或申请收集用户身份证号、银行账号、行踪轨迹等个人敏感信息时，未同步告知用户其目的，或者目的不明确、难以理解；

4. 有关收集使用规则的内容晦涩难懂、冗长繁琐，用户难以理解，如使用大量专业术语等。

国家标准

《个人信息安全规范》5.4 收集个人信息时的授权同意

对个人信息控制者的要求包括：

a）收集个人信息，应向个人信息主体告知收集、使用个人信息的目的、方式和范围等规则，并获得个人信息主体的授权同意。

注1：如产品或服务仅提供一项收集、使用个人信息的业务功能时，个人信息控制者可通过个人信息保护政策的形式，实现向个人信息主体的告知；产品或服务提供多项收集、使用个人信息的业务功能的，除个人信息保护政策外，个人信息控制者宜在实际开始收集特定个人信息时，向个人信息主体提供收集、使用该个人信息的目的、方式和范围，以便个人信息主体在作出具体的授权同意前，能充分考虑对其的具体影响。

……

e）间接获取个人信息时：

1）应要求个人信息提供方说明个人信息来源，并对其个人信息来源的合法性进行确认；

2）应了解个人信息提供方已获得的个人信息处理的授权同意范围，包括使用目的，个人信息主体是否授权同意转让、共

享、公开披露、删除等;

3）如开展业务所需进行的个人信息处理活动超出已获得的授权同意范围的,应在获取个人信息后的合理期限内或处理个人信息前,征得个人信息主体的明示同意,或通过个人信息提供方征得个人信息主体的明示同意。

5.5　个人信息保护政策

对个人信息控制者的要求包括:

a）应制定个人信息保护政策,内容应包括但不限于:

1）个人信息控制者的基本情况,包括主体身份、联系方式。

2）收集、使用个人信息的业务功能,以及各业务功能分别收集的个人信息类型。涉及个人敏感信息的,需明确标识或突出显示。

3）个人信息收集方式、存储期限、涉及数据出境情况等个人信息处理规则。

4）对外共享、转让、公开披露个人信息的目的、涉及的个人信息类型、接收个人信息的第三方类型,以及各自的安全和法律责任。

5）个人信息主体的权利和实现机制,如查询方法、更正方法、删除方法、注销账户的方法、撤回授权同意的方法、获取个人信息副本的方法、对信息系统自动决策结果进行投诉的方法等。

6）提供个人信息后可能存在的安全风险,及不提供个人信息可能产生的影响。

7）遵循的个人信息安全基本原则,具备的数据安全能力,以及采取的个人信息安全保护措施,必要时可公开数据安全和个人信息保护相关的合规证明。

8）处理个人信息主体询问、投诉的渠道和机制,以及外部纠纷解决机构及联络方式。

……

f）在 a）所载事项发生变化时，应及时更新个人信息保护政策并重新告知个人信息主体。

……

《个人信息保护指南》5.2.2 收集前要采用个人信息主体易知悉的方式，向个人信息主体明确告知和警示如下事项：

a）处理个人信息的目的；

b）个人信息的收集方式和手段、收集的具体内容和留存时限；

c）个人信息的使用范围，包括披露或向其他组织和机构提供其个人信息的范围；

d）个人信息的保护措施；

e）个人信息管理者的名称、地址、联系方式等相关信息；

f）个人信息主体提供个人信息后可能存在的风险；

g）个人信息主体不提供个人信息可能出现的后果；

h）个人信息主体的投诉渠道；

i）如需将个人信息转移或委托于其他组织和机构，要向个人信息主体明确告知包括但不限于以下信息：转移或委托的目的，转移或委托个人信息的具体内容和使用范围，接受委托的个人信息获得者的名称、地址、联系方式等。

批注

第十八条 个人信息处理者处理个人信息，有法律、行政法规规定应当保密或者不需要告知的情形的，可以不向个人告知前条第一款规定的事项。

紧急情况下为保护自然人的生命健康和财产安全无法及时向个人告知的，个人信息处理者应当在紧急情况消除后及时告知。

关联条文

《征信业管理条例》第 15 条 信息提供者向征信机构提供个人不良信息，应当事先告知信息主体本人。但是，依照法律、行政法规规定公开的不良信息除外。

> 第十九条 除法律、行政法规另有规定外，个人信息的保存期限应当为实现处理目的所必要的最短时间。

关联条文

—— 法律及相关司法解释 ——

《电子商务法》第 31 条 电子商务平台经营者应当记录、保存平台上发布的商品和服务信息、交易信息，并确保信息的完整性、保密性、可用性。商品和服务信息、交易信息保存时间自交易完成之日起不少于三年；法律、行政法规另有规定的，依照其规定。

《反恐怖主义法》第 32 条第 3 款 重点目标的管理单位应当建立公共安全视频图像信息系统值班监看、信息保存使用、运行维护等管理制度，保障相关系统正常运行。采集的视频图像信息保存期限不得少于九十日。

《网络安全法》第 21 条 国家实行网络安全等级保护制度。网络运营者应当按照网络安全等级保护制度的要求，履行下列安全保护义务，保障网络免受干扰、破坏或者未经授权的访问，防止网络数据泄露或者被窃取、篡改：

……

（三）采取监测、记录网络运行状态、网络安全事件的技术措施，并按照规定留存相关的网络日志不少于六个月；

......

《证券法》第 137 条第 2 款 证券公司应当妥善保存客户开户资料、委托记录、交易记录和与内部管理、业务经营有关的各项信息，任何人不得隐匿、伪造、篡改或者毁损。上述信息的保存期限不得少于二十年。

第 162 条 证券服务机构应当妥善保存客户委托文件、核查和验证资料、工作底稿以及与质量控制、内部管理、业务经营有关的信息和资料，任何人不得泄露、隐匿、伪造、篡改或者毁损。上述信息和资料的保存期限不得少于十年，自业务委托结束之日起算。

《人脸识别规定》第 11 条 信息处理者采用格式条款与自然人订立合同，要求自然人授予其无期限限制、不可撤销、可任意转授权等处理人脸信息的权利，该自然人依据民法典第四百九十七条请求确认格式条款无效的，人民法院依法予以支持。

《民法典》第 497 条 有下列情形之一的，该格式条款无效：

（一）具有本法第一编第六章第三节和本法第五百零六条规定的无效情形；

（二）提供格式条款一方不合理地免除或者减轻其责任、加重对方责任、限制对方主要权利；

（三）提供格式条款一方排除对方主要权利。

——◆ 行政法规 ◆——

《互联网信息服务管理办法》第 14 条第 2 款 互联网信息服务提供者和互联网接入服务提供者的记录备份应当保存 60 日，并在国家有关机关依法查询时，予以提供。

《征信业管理条例》第 16 条　征信机构对个人不良信息的保存期限，自不良行为或者事件终止之日起为 5 年；超过 5 年的，应当予以删除。

在不良信息保存期限内，信息主体可以对不良信息作出说明，征信机构应当予以记载。

《统计法实施条例》第 22 条　统计调查中取得的统计调查对象的原始资料，应当至少保存 2 年。

汇总性统计资料应当至少保存 10 年，重要的汇总性统计资料应当永久保存。法律法规另有规定的，从其规定。

── 经济特区法规 ──

《深圳数据条例》第 25 条第 3 款　数据处理者根据本条第一款规定删除个人数据的，可以留存告知和同意的证据，但是不得超过其履行法定义务或者处理纠纷需要的必要限度。

── 部门规章 ──

《电话用户登记规定》第 11 条　电信业务经营者在向电话用户提供服务期间及终止向其提供服务后两年内，应当留存用户办理入网手续时提供的身份信息和相关材料。

《网络预约出租汽车经营服务管理暂行办法》第 27 条第 1 款
网约车平台公司应当遵守国家网络和信息安全有关规定，所采集的个人信息和生成的业务数据，应当在中国内地存储和使用，保存期限不少于 2 年，除法律法规另有规定外，上述信息和数据不得外流。

《金融机构客户身份识别和客户身份资料及交易记录保存管理办法》第 29 条　金融机构应当按照下列期限保存客户身份资料和交易记录：

（一）客户身份资料，自业务关系结束当年或者一次性交易记账当年计起至少保存 5 年。

（二）交易记录，自交易记账当年计起至少保存 5 年。

如客户身份资料和交易记录涉及正在被反洗钱调查的可疑交易活动，且反洗钱调查工作在前款规定的最低保存期届满时仍未结束的，金融机构应将其保存至反洗钱调查工作结束。

同一介质上存有不同保存期限客户身份资料或者交易记录的，应当按最长期限保存。同一客户身份资料或者交易记录采用不同介质保存的，至少应当按照上述期限要求保存一种介质的客户身份资料或者交易记录。

法律、行政法规和其他规章对客户身份资料和交易记录有更长保存期限要求的，遵守其规定。

《网络食品安全违法行为查处办法》第 13 条 网络食品交易第三方平台提供者和通过自建网站交易食品的生产经营者应当记录、保存食品交易信息，保存时间不得少于产品保质期满后 6 个月；没有明确保质期的，保存时间不得少于 2 年。

《医疗机构管理条例实施细则》第 53 条 医疗机构的门诊病历的保存期不得少于十五年；住院病历的保存期不得少于三十年。

———— 部门规范性文件 ————

《互联网个人信息安全保护指南》6.2 保存

个人信息的保存行为应满足以下要求：

……

c）应对保存的个人信息根据收集、使用目的、被收集人授权设置相应的保存时限；

……

── **国家标准** ──

《个人信息安全规范》6.1　个人信息存储时间最小化

对个人信息控制者的要求包括：

a）个人信息存储期限应为实现个人信息主体授权使用的目的所必需的最短时间，法律法规另有规定或者个人信息主体另行授权同意的除外；

b）超出上述个人信息存储期限后，应对个人信息进行删除或匿名化处理。

> 　　**第二十条**　两个以上的个人信息处理者共同决定个人信息的处理目的和处理方式的，应当约定各自的权利和义务。但是，该约定不影响个人向其中任何一个个人信息处理者要求行使本法规定的权利。
>
> 　　个人信息处理者共同处理个人信息，侵害个人信息权益造成损害的，应当依法承担连带责任。

批　注

关联条文

── **法律及相关司法解释** ──

《人脸识别规定》第7条第1款　多个信息处理者处理人脸信息侵害自然人人格权益，该自然人主张多个信息处理者按照过错程度和造成损害结果的大小承担侵权责任的，人民法院依法予以支持；符合民法典第一千一百六十八条、第一千一百六十九条第一款、第一千一百七十条、第一千一百七十一条等规定的相应情形，该自然人主张多个信息处理者承担连带责任的，人民法院依法予以支持。

《民法典》第1168条 二人以上共同实施侵权行为，造成他人损害的，应当承担连带责任。

第1169条 教唆、帮助他人实施侵权行为的，应当与行为人承担连带责任。

教唆、帮助无民事行为能力人、限制民事行为能力人实施侵权行为的，应当承担侵权责任；该无民事行为能力人、限制民事行为能力人的监护人未尽到监护职责的，应当承担相应的责任。

第1170条 二人以上实施危及他人人身、财产安全的行为，其中一人或者数人的行为造成他人损害，能够确定具体侵权人的，由侵权人承担责任；不能确定具体侵权人的，行为人承担连带责任。

第1171条 二人以上分别实施侵权行为造成同一损害，每个人的侵权行为都足以造成全部损害的，行为人承担连带责任。

———— 部门规范性文件 ————

《寄递服务用户个人信息安全管理规定》第9条 以加盟方式经营快递业务企业应当在加盟协议中订立寄递用户信息安全保障条款，明确被加盟人与加盟人的安全责任。加盟人发生信息安全事故时，被加盟人应当依法承担相应安全管理责任。

———— 国家标准 ————

《个人信息安全规范》9.6 共同个人信息控制者

对个人信息控制者的要求包括：

a) 当个人信息控制者与第三方为共同个人信息控制者时，

个人信息控制者应通过合同等形式与第三方共同确定应满足的个人信息安全要求，以及在个人信息安全方面自身和第三方应分别承担的责任和义务，并向个人信息主体明确告知；

b) 如未向个人信息主体明确告知第三方身份，以及在个人信息安全方面自身和第三方应分别承担的责任和义务，个人信息控制者应承担因第三方引起的个人信息安全责任。

注：如个人信息控制者在提供产品或服务的过程中部署了收集个人信息的第三方插件（例如，网站经营者与在其网页或应用程序中部署统计分析工具、软件开发工具包 SDK、调用地图 API 接口），且该第三方并未单独向个人信息主体征得收集个人信息的授权同意，则个人信息控制者与该第三方在个人信息收集阶段为共同个人信息控制者。

第二十一条　个人信息处理者委托处理个人信息的，应当与受托人约定委托处理的目的、期限、处理方式、个人信息的种类、保护措施以及双方的权利和义务等，并对受托人的个人信息处理活动进行监督。

受托人应当按照约定处理个人信息，不得超出约定的处理目的、处理方式等处理个人信息；委托合同不生效、无效、被撤销或者终止的，受托人应当将个人信息返还个人信息处理者或者予以删除，不得保留。

未经个人信息处理者同意，受托人不得转委托他人处理个人信息。

关联条文

——— 法律 ———

《民法典》第 923 条 受托人应当亲自处理委托事务。经委托人同意，受托人可以转委托。转委托经同意或者追认的，委托人可以就委托事务直接指示转委托的第三人，受托人仅就第三人的选任及其对第三人的指示承担责任。转委托未经同意或者追认的，受托人应当对转委托的第三人的行为承担责任；但是，在紧急情况下受托人为了维护委托人的利益需要转委托第三人的除外。

《档案法》第 24 条 档案馆和机关、团体、企业事业单位以及其他组织委托档案整理、寄存、开发利用和数字化等服务的，应当与符合条件的档案服务企业签订委托协议，约定服务的范围、质量和技术标准等内容，并对受托方进行监督。

受托方应当建立档案服务管理制度，遵守有关安全保密规定，确保档案的安全。

《数据安全法》第 40 条 国家机关委托他人建设、维护电子政务系统，存储、加工政务数据，应当经过严格的批准程序，并应当监督受托方履行相应的数据安全保护义务。受托方应当依照法律、法规的规定和合同约定履行数据安全保护义务，不得擅自留存、使用、泄露或者向他人提供政务数据。

——— 经济特区法规 ———

《深圳数据条例》第 81 条 数据处理者委托他人代为处理数据的，应当与其订立数据安全保护合同，明确双方安全保护责任。

受托方完成处理任务后，应当及时有效销毁其存储的数据，但是法律、法规另有规定或者双方另有约定的除外。

———— 部门规章 ————

《电话用户登记规定》第 14 条 电信业务经营者委托他人代理电话入网手续、登记电话用户真实身份信息的，应当对代理人的用户真实身份信息登记和保护工作进行监督和管理，不得委托不符合本规定有关用户真实身份信息登记和保护要求的代理人代办相关手续。

《电信和互联网用户个人信息保护规定》第 11 条 电信业务经营者、互联网信息服务提供者委托他人代理市场销售和技术服务等直接面向用户的服务性工作，涉及收集、使用用户个人信息的，应当对代理人的用户个人信息保护工作进行监督和管理，不得委托不符合本规定有关用户个人信息保护要求的代理人代办相关服务。

《儿童个人信息网络保护规定》第 16 条 网络运营者委托第三方处理儿童个人信息的，应当对受委托方及委托行为等进行安全评估，签署委托协议，明确双方责任、处理事项、处理期限、处理性质和目的等，委托行为不得超出授权范围。

前款规定的受委托方，应当履行以下义务：

（一）按照法律、行政法规的规定和网络运营者的要求处理儿童个人信息；

（二）协助网络运营者回应儿童监护人提出的申请；

（三）采取措施保障信息安全，并在发生儿童个人信息泄露安全事件时，及时向网络运营者反馈；

（四）委托关系解除时及时删除儿童个人信息；

（五）不得转委托；

（六）其他依法应当履行的儿童个人信息保护义务。

=== 部门规范性文件 ===

《关于银行业金融机构做好个人金融信息保护工作的通知》
第7条 银行业金融机构通过外包开展业务的，应当充分审查、评估外包服务供应商保护个人金融信息的能力，并将其作为选择外包服务供应商的重要指标。

银行业金融机构与外包服务供应商签订服务协议时，应当明确其保护个人金融信息的职责和保密义务，并采取必要措施保证外包服务供应商履行上述职责和义务，确保个人金融信息安全。银行业金融机构应要求外包服务供应商在外包业务终止后，及时销毁因外包业务而获得的个人金融信息。

《互联网个人信息安全保护指南》6.5 第三方委托处理

a）在对个人信息委托处理时，不应超出该信息主体授权同意的范围；

b）在对个人信息的相关处理进行委托时，应对委托行为进行个人信息安全影响评估；

c）对个人信息进行委托处理时，应签订相关协议要求受托方符合本文件；

d）应向受托方进行对个人信息数据的使用和访问的授权；

e）受托方对个人信息的相关数据进行处理完成之后，应对存储的个人信息数据的内容进行删除。

《寄递服务用户个人信息安全管理规定》第13条 邮政企业、快递企业受网络购物、电视购物和邮购等经营者委托提供寄递服务的，在与委托方签订协议时，应当订立寄递用户信息安全保障条款，明确信息使用范围和方式、信息交换安全保护措施、信息泄露责任划分等内容。

第14条 邮政企业、快递企业委托第三方录入寄递用户信息的，应当确认其具有信息安全保障能力，并订立信息安全保障条款，明确责任划分。第三方发生信息安全事故导致寄递用户信息泄露、丢失的，邮政企业、快递企业应当依法承担相应责任。

《人口健康信息管理办法（试行）》第 11 条 委托其他机构存储、运维人口健康信息的，委托单位承担人口健康信息的管理和安全责任。

受委托的存储、运维机构应当严格按照委托协议做好人口健康信息管理的技术支持，禁止超权限采集、开发和利用人口健康信息。

—— 国家标准 ——

《个人信息安全规范》9.1 委托处理

个人信息控制者委托第三方处理个人信息时，应符合以下要求：

a）个人信息控制者作出委托行为，不应超出已征得个人信息主体授权同意的范围或应遵守 5.6 所列情形。

b）个人信息控制者应对委托行为进行个人信息安全影响评估，确保受委托者达到 11.5 的数据安全能力要求。

c）受委托者应：

1）严格按照个人信息控制者的要求处理个人信息。受委托者因特殊原因未按照个人信息控制者的要求处理个人信息的，应及时向个人信息控制者反馈。

2）受委托者确需再次委托时，应事先征得个人信息控制者的授权。

3）协助个人信息控制者响应个人信息主体基于 8.1~8.6 提出的请求。

4）受委托者在处理个人信息过程中无法提供足够的安全保

护水平或发生了安全事件的，应及时向个人信息控制者反馈。

5）在委托关系解除时不再存储相关个人信息。

d）个人信息控制者应对受委托者进行监督，方式包括但不限于：

1）通过合同等方式规定受委托者的责任和义务。

2）对受委托者进行审计。

e）个人信息控制者应准确记录和存储委托处理个人信息的情况。

f）个人信息控制者得知或者发现受委托者未按照委托要求处理个人信息，或未能有效履行个人信息安全保护责任的，应立即要求受托者停止相关行为，且采取或要求受委托者采取有效补救措施（如更改口令、回收权限、断开网络连接等）控制或消除个人信息面临的安全风险。必要时个人信息控制者应终止与受委托者的业务关系，并要求受委托者及时删除从个人信息控制者获得的个人信息。

批注

第二十二条　个人信息处理者因合并、分立、解散、被宣告破产等原因需要转移个人信息的，应当向个人告知接收方的名称或者姓名和联系方式。接收方应当继续履行个人信息处理者的义务。接收方变更原先的处理目的、处理方式的，应当依照本法规定重新取得个人同意。

关联条文

《深圳数据条例》第 72 条第 2 款　数据处理者因合并、分立、收购等变更的，由变更后的数据处理者继续落实数据安全管理责任。

第80条第2款 数据处理者终止或者解散，没有数据承接方的，应当及时有效销毁其控制的数据。法律、法规另有规定的除外。

《互联网个人信息安全保护指南》6.6 共享和转让

个人信息原则上不得共享、转让。如存在个人信息共享和转让行为时，应满足以下要求：

......

g）当个人信息持有者发生收购、兼并、重组、破产等变更时，个人信息持有者应向个人信息主体告知有关情况，并继续履行原个人信息持有者的责任和义务，如变更个人信息使用目的时，应重新取得个人信息主体的明示同意。

《人口健康信息管理办法（试行）》第12条 责任单位发生变更时，应当将所管理的人口健康信息完整、安全地移交给主管部门或承接延续其职能的机构管理，不得造成人口健康信息的损毁、丢失。

《个人信息安全规范》9.3 收购、兼并、重组、破产时的个人信息转让

当个人信息控制者发生收购、兼并、重组、破产等变更时，对个人信息控制者的要求包括：

a）向个人信息主体告知有关情况；

b）变更后的个人信息控制者应继续履行原个人信息控制者的责任和义务，如变更个人信息使用目的时，应重新取得个人信息主体的明示同意；

c）如破产且无承接方的，对数据做删除处理。

《个人信息保护指南》5.4.2 向其他组织和机构转移个人信息前，评估其是否能够按照本指导性技术文件的要求处理个

人信息，并通过合同明确该组织和机构的个人信息保护责任。

5.4.3 保证转移过程中，个人信息不被个人信息获得者之外的任何个人、组织和机构所获知。

5.4.4 保证转移前后，个人信息的完整性和可用性，且保持最新。

批 注

> **第二十三条** 个人信息处理者向其他个人信息处理者提供其处理的个人信息的，应当向个人告知接收方的名称或者姓名、联系方式、处理目的、处理方式和个人信息的种类，并取得个人的单独同意。接收方应当在上述处理目的、处理方式和个人信息的种类等范围内处理个人信息。接收方变更原先的处理目的、处理方式的，应当依照本法规定重新取得个人同意。

关联条文

—— **法律及相关司法解释** ——

《网络安全法》第 42 条第 1 款 ……未经被收集者同意，不得向他人提供个人信息。但是，经过处理无法识别特定个人且不能复原的除外。

《人脸识别规定》第 2 条 信息处理者处理人脸信息有下列情形之一的，人民法院应当认定属于侵害自然人人格权益的行为：

……

（六）违反法律、行政法规的规定或者双方的约定，向他人提供人脸信息；

……

—◆— 行政法规 —◆—

《征信业管理条例》第15条　信息提供者向征信机构提供个人不良信息，应当事先告知信息主体本人。但是，依照法律、行政法规规定公开的不良信息除外。

—◆— 经济特区法规 —◆—

《深圳数据条例》第26条　数据处理者向他人提供其处理的个人数据，应当对个人数据进行去标识化处理，使得被提供的个人数据在不借助其他数据的情况下无法识别特定自然人。法律、法规规定或者自然人与数据处理者约定应当匿名化的，数据处理者应当依照法律、法规规定或者双方约定进行匿名化处理。

第27条　数据处理者向他人提供其处理的个人数据有下列情形之一的，可以不进行去标识化处理：

（一）应公共管理和服务机构依法履行公共管理职责或者提供公共服务的需要且书面要求提供的；

（二）基于自然人的同意向他人提供相关个人数据的；

（三）为了订立或者履行自然人作为一方当事人的合同所必需的；

（四）法律、行政法规规定的其他情形。

第2条　本条例中下列用语的含义：

……

（九）公共管理和服务机构，是指本市国家机关、事业单位和其他依法管理公共事务的组织，以及提供教育、卫生健康、社会福利、供水、供电、供气、环境保护、公共交通和其他公共服务的组织。

—◆ 部门规章 ◆—

《儿童个人信息网络保护规定》第 17 条　网络运营者向第三方转移儿童个人信息的，应当自行或者委托第三方机构进行安全评估。

《网络交易监督管理办法》第 13 条第 3 款　网络交易经营者及其工作人员应当对收集的个人信息严格保密，除依法配合监管执法活动外，未经被收集者授权同意，不得向包括关联方在内的任何第三方提供。

《网络预约出租汽车经营服务管理暂行办法》第 26 条第 3 款第 1 句　除配合国家机关依法行使监督检查权或者刑事侦查权外，网约车平台公司不得向任何第三方提供驾驶员、约车人和乘客的姓名、联系方式、家庭住址、银行账户或者支付账户、地理位置、出行线路等个人信息，不得泄露地理坐标、地理标志物等涉及国家安全的敏感信息。

—◆ 部门规范性文件 ◆—

《App 违法违规收集使用个人信息行为认定方法》第 5 条

以下行为可被认定为"未经同意向他人提供个人信息"

1. 既未经用户同意，也未做匿名化处理，App 客户端直接向第三方提供个人信息，包括通过客户端嵌入的第三方代码、插件等方式向第三方提供个人信息；

2. 既未经用户同意，也未做匿名化处理，数据传输至 App 后台服务器后，向第三方提供其收集的个人信息；

3. App 接入第三方应用，未经用户同意，向第三方应用提供个人信息。

《关于银行业金融机构做好个人金融信息保护工作的通知》第4条

第1款　银行业金融机构不得篡改、违法使用个人金融信息。使用个人金融信息时，应当符合收集该信息的目的，并不得进行以下行为：

（一）出售个人金融信息；

（二）向本金融机构以外的其他机构和个人提供个人金融信息，但为个人办理相关业务所必需并经个人书面授权或同意的，以及法律法规和中国人民银行另有规定的除外；

（三）在个人提出反对的情况下，将个人金融信息用于产生该信息以外的本金融机构其他营销活动。

第8条　银行业金融机构通过接入中国人民银行征信系统、支付系统以及其他系统获取的个人金融信息，应当严格按照系统规定的用途使用，不得违反规定查询和滥用。

《互联网个人信息安全保护指南》6.6　共享和转让

个人信息原则上不得共享、转让。如存在个人信息共享和转让行为时，应满足以下要求：

a）共享和转让行为应经过合法性、必要性评估；

b）在对个人信息进行共享和转让时应进行个人信息安全影响评估，应对受让方的数据安全能力进行评估确保受让方具备足够的数据安全能力，并按照评估结果采取有效的保护个人信息主体的措施；

c）在共享、转让前应向个人信息主体告知转让该信息的目的、规模、公开范围数据接收方的类型等信息；

d）在共享、转让前应得到个人信息主体的授权同意，与国家安全、国防安全、公共安全、公共卫生、重大公共利益或与犯罪侦查、起诉、审判和判决执行等直接相关的情形除外；

e）应记录共享、转让信息内容，将共享、转让情况中包括共享、转让的日期、数据量、目的和数据接收方的基本情况在内的信息进行登记；

f）在共享、转让后应了解接收方对个人信息的保存、使用情况和个人信息主体的权利，例如访问、更正、删除、注销等；

......

《寄递服务用户个人信息安全管理规定》第15条 未经法律明确授权或者用户书面同意，邮政企业、快递企业及其从业人员不得将其掌握的寄递用户信息提供给任何单位或者个人。

《人口健康信息管理办法（试行）》第14条 责任单位应当建立人口健康信息综合利用工作制度，授权利用有关信息。

利用单位或者个人不得超出授权范围利用和发布人口健康信息。

—— **国家标准** ——

《个人信息安全规范》9.2 个人信息共享、转让

个人信息控制者共享、转让个人信息时，应充分重视风险。共享、转让个人信息，非因收购、兼并、重组、破产原因的，应符合以下要求：

a）事先开展个人信息安全影响评估，并依评估结果采取有效的保护个人信息主体的措施。

b）向个人信息主体告知共享、转让个人信息的目的、数据接收方的类型以及可能产生的后果，并事先征得个人信息主体的授权同意。共享、转让经去标识化处理的个人信息，且确保数据接收方无法重新识别或者关联个人信息主体的除外。

c）共享、转让个人敏感信息前，除 b）中告知的内容外，还应向个人信息主体告知涉及的个人敏感信息类型、数据接收方的身份和数据安全能力，并事先征得个人信息主体的明示同意。

d）通过合同等方式规定数据接收方的责任和义务。

e）准确记录和存储个人信息的共享、转让情况，包括共享、转让的日期、规模、目的，以及数据接收方基本情况等。

f）个人信息控制者发现数据接收方违反法律法规要求或双方约定处理个人信息的，应立即要求数据接收方停止相关行为，且采取或要求数据接收方采取有效补救措施（如更改口令、回收权限、断开网络连接等）控制或消除个人信息面临的安全风险；必要时个人信息控制者应解除与数据接收方的业务关系，并要求数据接收方及时删除从个人信息控制者获得的个人信息。

g）因共享、转让个人信息发生安全事件而对个人信息主体合法权益造成损害的，个人信息控制者应承担相应的责任。

h）帮助个人信息主体了解数据接收方对个人信息的存储、使用等情况，以及个人信息主体的权利，例如，访问、更正、删除、注销账户等。

i）个人生物识别信息原则上不应共享、转让。因业务需要，确需共享、转让的，应单独向个人信息主体告知目的、涉及的个人生物识别信息类型、数据接收方的具体身份和数据安全能力等，并征得个人信息主体的明示同意。

3.12 转让 transfer of control

将个人信息控制权由一个控制者向另一个控制者转移的过程。

3.13 共享 sharing

个人信息控制者向其他控制者提供个人信息，且双方分别对个人信息拥有独立控制权的过程。

9.7 第三方接入管理

当个人信息控制者在其产品或服务中接入具备收集个人信息功能的第三方产品或服务且不适用9.1和9.6时，对个人信息控制者的要求包括：

a）建立第三方产品或服务接入管理机制和工作流程，必要时应建立安全评估等机制设置接入条件；

b）应与第三方产品或服务提供者通过合同等形式明确双方的安全责任及应实施的个人信息安全措施；

c）应向个人信息主体明确标识产品或服务由第三方提供；

d）应妥善留存平台第三方接入有关合同和管理记录，确保可供相关方查阅；

e）应要求第三方根据本标准相关要求向个人信息主体征得收集个人信息的授权同意，必要时核验其实现的方式；

f）应要求第三方产品或服务建立响应个人信息主体请求和投诉等的机制，以供个人信息主体查询、使用；

g）应监督第三方产品或服务提供者加强个人信息安全管理，发现第三方产品或服务没有落实安全管理要求和责任的，应及时督促整改，必要时停止接入；

h）产品或服务嵌入或接入第三方自动化工具（如代码、脚本、接口、算法模型、软件开发工具包、小程序等）的，宜采取以下措施：

1）开展技术检测确保其个人信息收集、使用行为符合约定要求；

2）对第三方嵌入或接入的自动化工具收集个人信息的行为进行审计，发现超出约定的行为，及时切断接入。

批注

第二十四条 个人信息处理者利用个人信息进行自动化决策,应当保证决策的透明度和结果公平、公正,不得对个人在交易价格等交易条件上实行不合理的差别待遇。

通过自动化决策方式向个人进行信息推送、商业营销,应当同时提供不针对其个人特征的选项,或者向个人提供便捷的拒绝方式。

通过自动化决策方式作出对个人权益有重大影响的决定,个人有权要求个人信息处理者予以说明,并有权拒绝个人信息处理者仅通过自动化决策的方式作出决定。

关联条文

法律

《电子商务法》第 18 条 电子商务经营者根据消费者的兴趣爱好、消费习惯等特征向其提供商品或者服务的搜索结果的,应当同时向该消费者提供不针对其个人特征的选项,尊重和平等保护消费者合法权益。

电子商务经营者向消费者发送广告的,应当遵守《中华人民共和国广告法》的有关规定。

《广告法》第 43 条 任何单位或者个人未经当事人同意或者请求,不得向其住宅、交通工具等发送广告,也不得以电子信息方式向其发送广告。

以电子信息方式发送广告的,应当明示发送者的真实身份和联系方式,并向接收者提供拒绝继续接收的方式。

《消费者权益保护法》第 29 条第 3 款 经营者未经消费者同意或者请求,或者消费者明确表示拒绝的,不得向其发送商业性信息。

《加强网络信息保护的决定》第 7 条 任何组织和个人未经电子信息接收者同意或者请求，或者电子信息接收者明确表示拒绝的，不得向其固定电话、移动电话或者个人电子邮箱发送商业性电子信息。

━━ 地方性法规 ━━

《浙江省电子商务条例》第 13 条 电子商务经营者根据消费者的兴趣爱好、消费习惯等特征向其展示页面或者提供商品、服务搜索结果的，应当同时提供不针对消费者个人特征的选项或者向消费者提供便捷的拒绝方式。

第 14 条 电子商务经营者不得利用大数据分析、算法等技术手段，对交易条件相同的消费者在交易价格等方面实行不合理差别待遇。

下列情形不认定为不合理差别待遇：

（一）根据消费者的实际需求，且符合正当的交易习惯和行业惯例，实行不同交易条件的；

（二）针对新用户在合理期限内开展优惠活动的；

（三）基于公平、合理、非歧视规则实施随机性交易的；

（四）能够证明行为具有正当性的其他情形。

本条所称交易条件相同，是指消费者在交易安全、交易成本、信用状况、交易环节、交易方式、交易持续时间等方面不存在实质性差别。

第 17 条第 1 款、第 2 款 网络餐饮、即时配送等行业电子商务平台经营者应当依法保障网约配送员合法权益，制定配送算法规则时应当将保障从业人员交通安全、控制从业人员合理劳动强度等作为重要考虑因素。

省网信、市场监督管理、公安、人力资源社会保障等部门，应当在交通安全、劳动安全等方面加强对电子商务平台经营者制定配送算法规则的指导，认为配送算法规则明显不合理的，应当向电子商务平台经营者提出整改建议。

经济特区法规

《深圳数据条例》第 29 条 数据处理者基于提升产品或者服务质量的目的，对自然人进行用户画像的，应当向其明示用户画像的具体用途和主要规则。

自然人可以拒绝数据处理者根据前款规定对其进行用户画像或者基于用户画像推荐个性化产品或者服务，数据处理者应当以易获取的方式向其提供拒绝的有效途径。

第 30 条 数据处理者不得基于用户画像向未满十四周岁的未成年人推荐个性化产品或者服务。但是，为了维护其合法权益并征得其监护人明示同意的除外。

第 2 条 本条例中下列用语的含义：

……

（八）用户画像，是指为了评估自然人的某些条件而对个人数据进行自动化处理的活动，包括为了评估自然人的工作表现、经济状况、健康状况、个人偏好、兴趣、可靠性、行为方式、位置、行踪等进行的自动化处理。

……

部门规章

《金融消费者权益保护实施办法》第 30 条 银行、支付机构收集消费者金融信息用于营销、用户体验改进或者市场调查的，应当以适当方式供金融消费者自主选择是否同意银行、支付机构将其金融信息用于上述目的；金融消费者不同意的，银行、支付机构不得因此拒绝提供金融产品或者服务。银行、支付机构向金融消费者发送金融营销信息的，应当向其提供拒绝继续接收金融营销信息的方式。

《网络交易监督管理办法》第 16 条 网络交易经营者未经消费者同意或者请求，不得向其发送商业性信息。

网络交易经营者发送商业性信息时，应当明示其真实身份和联系方式，并向消费者提供显著、简便、免费的拒绝继续接收的方式。消费者明确表示拒绝的，应当立即停止发送，不得更换名义后再次发送。

———— 部门规范性文件 ————

《互联网个人信息安全保护指南》6.3 应用

个人信息的应用应满足以下要求：

......

c）完全依靠自动化处理的用户画像技术应用于精准营销、搜索结果排序、个性化推送新闻、定向投放广告等增值应用，可事先不经用户明确授权，但应确保用户有反对或者拒绝的权利；如应用于征信服务、行政司法决策等可能对用户带来法律后果的增值应用，或跨网络运营者使用，应经用户明确授权方可使用其数据；

......

e）应对必须要通过界面（如显示屏幕、纸面）展示的个人信息进行去标识化的处理。

─── **国家标准** ───

《个人信息安全规范》7.4 用户画像的使用限制

对个人信息控制者的要求包括：

a）用户画像中对个人信息主体的特征描述，不应：

1）包含淫秽、色情、赌博、迷信、恐怖、暴力的内容；

2）表达对民族、种族、宗教、残疾、疾病歧视的内容。

b）在业务运营或对外业务合作中使用用户画像的，不应：

1）侵害公民、法人和其他组织的合法权益；

2）危害国家安全、荣誉和利益，煽动颠覆国家政权、推翻社会主义制度，煽动分裂国家、破坏国家统一，宣扬恐怖主义、极端主义，宣扬民族仇恨、民族歧视，传播暴力、淫秽色情信息，编造、传播虚假信息扰乱经济秩序和社会秩序。

c）除为实现个人信息主体授权同意的使用目的所必需外，使用个人信息时应消除明确身份指向性，避免精确定位到特定个人。例如，为准确评价个人信用状况，可使用直接用户画像，而用于推送商业广告目的时，则宜使用间接用户画像。

3.8 用户画像 user profiling

通过收集、汇聚、分析个人信息，对某特定自然人个人特征，如职业、经济、健康、教育、个人喜好、信用、行为等方面作出分析或预测，形成其个人特征模型的过程。

注：直接使用特定自然人的个人信息，形成该自然人的特征模型，称为直接用户画像。使用来源于特定自然人以外的个人信息，如其所在群体的数据，形成该自然人的特征模型，称为间接用户画像。

7.5 个性化展示的使用

对个人信息控制者的要求包括：

a）在向个人信息主体提供业务功能的过程中使用个性化展示的，应显著区分个性化展示的内容和非个性化展示的内容。

注1：显著区分的方式包括但不限于：标明"定推"等字样，或通过不同的栏目、版块、页面分别展示等。

b）在向个人信息主体提供电子商务服务的过程中，根据消费者的兴趣爱好、消费习惯等特征向其提供商品或者服务搜索结果的个性化展示的，应当同时向该消费者提供不针对其个人特征的选项。

注2：基于个人信息主体所选择的特定地理位置进行展示、搜索结果排序，且不因个人信息主体身份不同展示不一样的内容和搜索结果排序，则属于不针对其个人特征的选项。

c）在向个人信息主体推送新闻信息服务的过程中使用个性化展示的，应：

1）为个人信息主体提供简单直观的退出或关闭个性化展示模式的选项；

2）当个人信息主体选择退出或关闭个性化展示模式时，向个人信息主体提供删除或匿名化定向推送活动所基于的个人信息的选项。

d）在向个人信息主体提供业务功能的过程中使用个性化展示的，宜建立个人信息主体对个性化展示所依赖的个人信息（如标签、画像维度等）的自主控制机制，保障个人信息主体调控个性化展示相关性程度的能力。

3.16 个性化展示 personalized display

基于特定个人信息主体的网络浏览历史、兴趣爱好、消费记录和习惯等个人信息，向该个人信息主体展示信息内容、提供商品或服务的搜索结果等活动。

7.7 信息系统自动决策机制的使用

个人信息控制者业务运营所使用的信息系统，具备自动决策机制且能对个人信息主体权益造成显著影响的（例如，自动决定个人征信及贷款额度，或用于面试人员的自动化筛选等），应：

a）在规划设计阶段或首次使用前开展个人信息安全影响评估，并依评估结果采取有效的保护个人信息主体的措施；

b）在使用过程中定期（至少每年一次）开展个人信息安全影响评估，并依评估结果改进保护个人信息主体的措施；

c）向个人信息主体提供针对自动决策结果的投诉渠道，并支持对自动决策结果的人工复核。

批 注

> **第二十五条** 个人信息处理者不得公开其处理的个人信息，取得个人单独同意的除外。

关联条文 ▶

—◦ **法律及相关司法解释** ◦—

《未成年人保护法》第 103 条 公安机关、人民检察院、人民法院、司法行政部门以及其他组织和个人不得披露有关案件中未成年人的姓名、影像、住所、就读学校以及其他可能识别出其身份的信息，但查找失踪、被拐卖未成年人等情形除外。

《数据安全法》第 41 条 国家机关应当遵循公正、公平、便民的原则，按照规定及时、准确地公开政务数据。依法不予公开的除外。

《关于审理政府信息公开行政案件若干问题的规定》第8条

政府信息涉及国家秘密、商业秘密、个人隐私的，人民法院应当认定属于不予公开范围。

政府信息涉及商业秘密、个人隐私，但权利人同意公开，或者不公开可能对公共利益造成重大影响的，不受前款规定的限制。

第11条第2款 诉讼期间，原告申请停止公开涉及其商业秘密、个人隐私的政府信息，人民法院经审查认为公开该政府信息会造成难以弥补的损失，并且停止公开不损害公共利益的，可以依照《中华人民共和国行政诉讼法》第四十四条的规定，裁定暂时停止公开。

《行政诉讼法》第56条 诉讼期间，不停止行政行为的执行。但有下列情形之一的，裁定停止执行：

（一）被告认为需要停止执行的；

（二）原告或者利害关系人申请停止执行，人民法院认为该行政行为的执行会造成难以弥补的损失，并且停止执行不损害国家利益、社会公共利益的；

（三）人民法院认为该行政行为的执行会给国家利益、社会公共利益造成重大损害的；

（四）法律、法规规定停止执行的。

当事人对停止执行或者不停止执行的裁定不服的，可以申请复议一次。

——— 行政法规 ———

《政府信息公开条例》第15条 涉及商业秘密、个人隐私等公开会对第三方合法权益造成损害的政府信息，行政机关不得公开。但是，第三方同意公开或者行政机关认为不公开会对公共利益造成重大影响的，予以公开。

第 32 条　依申请公开的政府信息公开会损害第三方合法权益的，行政机关应当书面征求第三方的意见。第三方应当自收到征求意见书之日起 15 个工作日内提出意见。第三方逾期未提出意见的，由行政机关依照本条例的规定决定是否公开。第三方不同意公开且有合理理由的，行政机关不予公开。行政机关认为不公开可能对公共利益造成重大影响的，可以决定予以公开，并将决定公开的政府信息内容和理由书面告知第三方。

——·部门规章·——

《儿童个人信息网络保护规定》第 18 条　网络运营者不得披露儿童个人信息，但法律、行政法规规定应当披露或者根据与儿童监护人的约定可以披露的除外。

——·地方政府规章·——

《上海市公共数据开放暂行办法》第 11 条　市经济信息化部门应当会同市大数据中心结合公共数据安全要求、个人信息保护要求和应用要求等因素，制定本市公共数据分级分类规则。数据开放主体应当按照分级分类规则，结合行业、区域特点，制定相应的实施细则，并对公共数据进行分级分类，确定开放类型、开放条件和监管措施。

对涉及商业秘密、个人隐私，或者法律法规规定不得开放的公共数据，列入非开放类；对数据安全和处理能力要求较高、时效性较强或者需要持续获取的公共数据，列入有条件开放类；其他公共数据列入无条件开放类。

非开放类公共数据依法进行脱密、脱敏处理，或者相关权利人同意开放的，可以列入无条件开放类或者有条件开放类。

第 22 条 自然人、法人和非法人组织认为开放数据侵犯其商业秘密、个人隐私等合法权益的，可以通过开放平台告知数据开放主体，并提交相关证据材料。

数据开放主体收到相关证据材料后，认为必要的，应当立即中止开放，同时进行核实。根据核实结果，分别采取撤回数据、恢复开放或者处理后再开放等措施，并及时反馈。

《浙江省公共数据和电子政务管理办法》第 26 条 公共数据和电子政务主管部门审核公共数据开放时，对涉及的国家安全、信息风险、社会效益等进行审核，并遵守下列程序规定：

（一）涉及相关法律问题的，应当进行合法性审查。

（二）涉及专业性较强问题的，应当召开专家论证会。

（三）涉及国家秘密的，应当进行保密审查；涉及商业秘密或者个人隐私的，由有权国家机关进行审查。

（四）涉及相关群体切身利益或者公众普遍关注问题的，应当采取听证会、座谈会、征求意见等方式公开听取所涉及公众的意见、建议。公共数据和电子政务主管部门可以制定公共数据开放审核的具体规定。

——⟫ 部门规范性文件 ⟪——

《互联网个人信息安全保护指南》6.7 公开披露

个人信息原则上不得公开披露。如经法律授权或具备合理事由确需公开披露时，应充分重视风险，遵守以下要求：

a）事先开展个人信息安全影响评估，并依评估结果采取有效的保护个人信息主体的措施；

b）向个人信息主体告知公开披露个人信息的目的、类型，并事先征得个人信息主体明示同意，与国家安全、国防安全、公共安全、公共卫生、重大公共利益或与犯罪侦查、起诉、审判和判决执行等直接相关的情形除外；

c）公开披露个人敏感信息前，除 6.7 b）中告知的内容外，还应向个人信息主体告知涉及的个人敏感信息的内容；

d）准确记录和保存个人信息的公开披露的情况，包括公开披露的日期、规模、目的、公开范围等；

e）承担因公开披露个人信息对个人信息主体合法权益造成损害的相应责任；

f）不得公开披露个人生物识别信息和基因、疾病等个人生理信息；

g）不得公开披露我国公民的种族、民族、政治观点、宗教信仰等敏感数据分析结果。

《人口健康信息管理办法（试行）》第 13 条 人口健康信息的利用实行分类管理，逐步实现互联共享。

人口健康信息的利用应当以提高医学研究、科学决策和便民服务水平为目的。

依法应当向社会公开的信息应当及时主动公开；涉及保密信息和个人隐私信息，不得对外提供。

—— **国家标准** ——

《个人信息安全规范》9.4 个人信息公开披露

个人信息原则上不应公开披露。个人信息控制者经法律授权或具备合理事由确需公开披露时，应符合以下要求：

a）事先开展个人信息安全影响评估，并依评估结果采取有效的保护个人信息主体的措施；

b）向个人信息主体告知公开披露个人信息的目的、类型，并事先征得个人信息主体明示同意；

c）公开披露个人敏感信息前，除 b）中告知的内容外，还应向个人信息主体告知涉及的个人敏感信息的内容；

d）准确记录和存储个人信息的公开披露的情况，包括公开披露的日期、规模、目的、公开范围等；

e）承担因公开披露个人信息对个人信息主体合法权益造成损害的相应责任；

f）不应公开披露个人生物识别信息；

g）不应公开披露我国公民的种族、民族、政治观点、宗教信仰等个人敏感数据的分析结果。

3.11 公开披露 public disclosure

向社会或不特定人群发布信息的行为。

批注

> 第二十六条　在公共场所安装图像采集、个人身份识别设备，应当为维护公共安全所必需，遵守国家有关规定，并设置显著的提示标识。所收集的个人图像、身份识别信息只能用于维护公共安全的目的，不得用于其他目的；取得个人单独同意的除外。

关联条文

《人脸识别规定》第2条　信息处理者处理人脸信息有下列情形之一的，人民法院应当认定属于侵害自然人人格权益的行为：

（一）在宾馆、商场、银行、车站、机场、体育场馆、娱乐场所等经营场所、公共场所违反法律、行政法规的规定使用人脸识别技术进行人脸验证、辨识或者分析；

……

（三）基于个人同意处理人脸信息的，未征得自然人或者其监护人的单独同意，或者未按照法律、行政法规的规定征得自然人或者其监护人的书面同意；

......

第 5 条 有下列情形之一，信息处理者主张其不承担民事责任的，人民法院依法予以支持：

......

（二）为维护公共安全，依据国家有关规定在公共场所使用人脸识别技术的；

......

> **第二十七条** 个人信息处理者可以在合理的范围内处理个人自行公开或者其他已经合法公开的个人信息；个人明确拒绝的除外。个人信息处理者处理已公开的个人信息，对个人权益有重大影响的，应当依照本法规定取得个人同意。

批 注

关联条文

《民法典》第 1036 条 处理个人信息，有下列情形之一的，行为人不承担民事责任：

......

（二）合理处理该自然人自行公开的或者其他已经合法公开的信息，但是该自然人明确拒绝或者处理该信息侵害其重大利益的除外；

......

《征信业管理条例》第 15 条 信息提供者向征信机构提供个人不良信息，应当事先告知信息主体本人。但是，依照法律、行政法规规定公开的不良信息除外。

第二节 敏感个人信息的处理规则

批注

> **第二十八条** 敏感个人信息是一旦泄露或者非法使用，容易导致自然人的人格尊严受到侵害或者人身、财产安全受到危害的个人信息，包括生物识别、宗教信仰、特定身份、医疗健康、金融账户、行踪轨迹等信息，以及不满十四周岁未成年人的个人信息。
>
> 只有在具有特定的目的和充分的必要性，并采取严格保护措施的情形下，个人信息处理者方可处理敏感个人信息。

关联条文

敏感个人信息的界定

—— 法律及相关司法解释 ——

《民法典》第 1034 条第 2 款、第 3 款 个人信息是以电子或者其他方式记录的能够单独或者与其他信息结合识别特定自然人的各种信息，包括自然人的姓名、出生日期、身份证件号码、生物识别信息、住址、电话号码、电子邮箱、健康信息、行踪信息等。

个人信息中的私密信息，适用有关隐私权的规定；没有规定的，适用有关个人信息保护的规定。

第 1032 条 自然人享有隐私权。任何组织或者个人不得以刺探、侵扰、泄露、公开等方式侵害他人的隐私权。

隐私是自然人的私人生活安宁和不愿为他人知晓的私密空间、私密活动、私密信息。

第1033条 除法律另有规定或者权利人明确同意外，任何组织或者个人不得实施下列行为：

（一）以电话、短信、即时通讯工具、电子邮件、传单等方式侵扰他人的私人生活安宁；

（二）进入、拍摄、窥视他人的住宅、宾馆房间等私密空间；

（三）拍摄、窥视、窃听、公开他人的私密活动；

（四）拍摄、窥视他人身体的私密部位；

（五）处理他人的私密信息；

（六）以其他方式侵害他人的隐私权。

第1030条 民事主体与征信机构等信用信息处理者之间的关系，适用本编有关个人信息保护的规定和其他法律、行政法规的有关规定。

《人脸识别规定》第1条第3款 本规定所称人脸信息属于民法典第一千零三十四条规定的"生物识别信息"。

《数据安全法》第21条第1款、第2款 国家建立数据分类分级保护制度，根据数据在经济社会发展中的重要程度，以及一旦遭到篡改、破坏、泄露或者非法获取、非法利用，对国家安全、公共利益或者个人、组织合法权益造成的危害程度，对数据实行分类分级保护。国家数据安全工作协调机制统筹协调有关部门制定重要数据目录，加强对重要数据的保护。

关系国家安全、国民经济命脉、重要民生、重大公共利益等数据属于国家核心数据，实行更加严格的管理制度。

—— 经济特区法规 ——

《深圳数据条例》第2条 本条例中下列用语的含义：

......

（三）敏感个人数据，是指一旦泄露、非法提供或者滥用，可能导致自然人受到歧视或者人身、财产安全受到严重危害的个人数据，具体范围依照法律、行政法规的规定确定。

（四）生物识别数据，是指对自然人的身体、生理、行为等生物特征进行处理而得出的能够识别自然人独特标识的个人数据，包括自然人的基因、指纹、声纹、掌纹、耳廓、虹膜、面部识别特征等数据。

……

—— 行政法规 ——

《人类遗传资源管理条例》第2条 本条例所称人类遗传资源包括人类遗传资源材料和人类遗传资源信息。

人类遗传资源材料是指含有人体基因组、基因等遗传物质的器官、组织、细胞等遗传材料。

人类遗传资源信息是指利用人类遗传资源材料产生的数据等信息资料。

—— 部门规章 ——

《个人信用信息基础数据库管理暂行办法》第4条 本办法所称个人信用信息包括个人基本信息、个人信贷交易信息以及反映个人信用状况的其他信息。

前款所称个人基本信息是指自然人身份识别信息、职业和居住地址等信息；个人信贷交易信息是指商业银行提供的自然人在个人贷款、贷记卡、准贷记卡、担保等信用活动中形成的交易记录；反映个人信用状况的其他信息是指除信贷交易信息之外的反映个人信用状况的相关信息。

《金融消费者权益保护实施办法》第28条第1款 本办法所称消费者金融信息，是指银行、支付机构通过开展业务或者其他合法渠道处理的消费者信息，包括个人身份信息、财产信息、账户信息、信用信息、金融交易信息及其他与特定消费者购买、使用金融产品或者服务相关的信息。

部门规范性文件

《关于银行业金融机构做好个人金融信息保护工作的通知》
第1条　本通知所称个人金融信息，是指银行业金融机构在开展业务时，或通过接入中国人民银行征信系统、支付系统以及其他系统获取、加工和保存的以下个人信息：

（一）个人身份信息，包括个人姓名、性别、国籍、民族、身份证件种类号码及有效期限、职业、联系方式、婚姻状况、家庭状况、住所或工作单位地址及照片等；

（二）个人财产信息，包括个人收入状况、拥有的不动产状况、拥有的车辆状况、纳税额、公积金缴存金额等；

（三）个人账户信息，包括账号、账户开立时间、开户行、账户余额、账户交易情况等；

（四）个人信用信息，包括信用卡还款情况、贷款偿还情况以及个人在经济活动中形成的，能够反映其信用状况的其他信息；

（五）个人金融交易信息，包括银行业金融机构在支付结算、理财、保险箱等中间业务过程中获取、保存、留存的个人信息和客户在通过银行业金融机构与保险公司、证券公司、基金公司、期货公司等第三方机构发生业务关系时产生的个人信息等；

（六）衍生信息，包括个人消费习惯、投资意愿等对原始信息进行处理、分析所形成的反映特定个人某些情况的信息；

（七）在与个人建立业务关系过程中获取、保存的其他个人信息。

国家标准

《个人信息安全规范》3.2 个人敏感信息 personal sensitive information

一旦泄露、非法提供或滥用可能危害人身和财产安全，极易导致个人名誉、身心健康受到损害或歧视性待遇等的个人信息。

注1：个人敏感信息包括身份证件号码、个人生物识别信息、银行账户、通信记录和内容、财产信息、征信信息、行踪轨迹、住宿信息、健康生理信息、交易信息、14岁以下（含）儿童的个人信息等。

注2：关于个人敏感信息的判定方法和类型参见附录B。

注3：个人信息控制者通过个人信息或其他信息加工处理后形成的信息，如一旦泄露、非法提供或滥用可能危害人身和财产安全，极易导致个人名誉、身心健康受到损害或歧视性待遇等的，属于个人敏感信息。

《个人信息安全规范》 附录B

个人敏感信息是指一旦泄露、非法提供或滥用可能危害人身和财产安全，极易导致个人名誉、身心健康受到损害或歧视性待遇等的个人信息。通常情况下，14岁以下（含）儿童的个人信息和涉及自然人隐私的信息属于个人敏感信息。可从以下角度判定是否属于个人敏感信息：

泄露：个人信息一旦泄露，将导致个人信息主体及收集、使用个人信息的组织和机构丧失对个人信息的控制能力，造成个人信息扩散范围和用途的不可控。某些个人信息在泄漏后，被以违背个人信息主体意愿的方式直接使用或与其他信息进行关联分析，可能对个人信息主体权益带来重大风险，应判定为个人敏感信息。例如，个人信息主体的身份证复印件被他人用于手机号卡实名登记、银行账户开户办卡等。

非法提供：某些个人信息仅因在个人信息主体授权同意范围外扩散，即可对个人信息主体权益带来重大风险，应判定为个人敏感信息。例如，性取向、存款信息、传染病史等。

滥用：某些个人信息在被超出授权合理界限时使用（如变更处理目的、扩大处理范围等），可能对个人信息主体权益带来重大风险，应判定为个人敏感信息。例如，在未取得个人信息主体授权时，将健康信息用于保险公司营销和确定个体保费高低。

表 B.1 给出了个人敏感信息举例。

表 B.1　个人敏感信息举例

个人财产信息	银行账户、鉴别信息（口令）、存款信息（包括资金数量、支付收款记录等）、房产信息、信贷记录、征信信息、交易和消费记录、流水记录等，以及虚拟货币、虚拟交易、游戏类兑换码等虚拟财产信息
个人健康生理信息	个人因生病医治等产生的相关记录，如病症、住院志、医嘱单、检验报告、手术及麻醉记录、护理记录、用药记录、药物食物过敏信息、生育信息、以往病史、诊治情况、家族病史、现病史、传染病史等
个人生物识别信息	个人基因、指纹、声纹、掌纹、耳廓、虹膜、面部识别特征等
个人身份信息	身份证、军官证、护照、驾驶证、工作证、社保卡、居住证等
其他信息	性取向、婚史、宗教信仰、未公开的违法犯罪记录、通信记录和内容、通讯录、好友列表、群组列表、行踪轨迹、网页浏览记录、住宿信息、精准定位信息等

《个人信息保护指南》3.7 个人敏感信息 personal sensitive information

一旦遭到泄露或修改，会对标识的个人信息主体造成不良影响的个人信息。

注：各行业个人敏感信息的具体内容根据接受服务的个人信息主体意愿和各自业务特点确定。个人敏感信息可以包括身份证号码、手机号码、种族、政治观点、宗教信仰、基因、指纹等。

敏感个人信息的处理

《征信业管理条例》第14条 禁止征信机构采集个人的宗教信仰、基因、指纹、血型、疾病和病史信息以及法律、行政法规规定禁止采集的其他个人信息。

征信机构不得采集个人的收入、存款、有价证券、商业保险、不动产的信息和纳税数额信息。……

《深圳数据条例》第14条第2款 处理敏感个人数据的，应当依照前款规定，以更加显著的标识或者突出显示的形式告知处理敏感个人数据的必要性以及对自然人可能产生的影响。

第73条 处理敏感个人数据或者国家规定的重要数据的，应当按照有关规定设立数据安全管理机构、明确数据安全管理责任人，并实施特别技术保护。

第76条第2款 数据处理者应当针对敏感个人数据、国家规定的重要数据制定并实施去标识化或者匿名化处理等安全措施。

第77条第2句 对敏感个人数据和国家规定的重要数据还应当采取加密存储、授权访问或者其他更加严格的安全保护措施。

《互联网个人信息安全保护指南》6.1 收集

个人信息的收集行为应满足以下要求：

……

d）不应大规模收集或处理我国公民的种族、民族、政治观点、宗教信仰等敏感数据；

e）个人生物识别信息应仅收集和使用摘要信息，避免收集其原始信息；

……

《个人信息安全规范》6.3　个人敏感信息的传输和存储

对个人信息控制者的要求包括：

a）传输和存储个人敏感信息时，应采用加密等安全措施；

注1：采用密码技术时宜遵循密码管理相关国家标准。

b）个人生物识别信息应与个人身份信息分开存储；

c）原则上不应存储原始个人生物识别信息（如样本、图像等），可采取的措施包括但不限于：

1）仅存储个人生物识别信息的摘要信息；

2）在采集终端中直接使用个人生物识别信息实现身份识别、认证等功能；

3）在使用面部识别特征、指纹、掌纹、虹膜等实现识别身份、认证等功能后删除可提取个人生物识别信息的原始图像。

注2：摘要信息通常具有不可逆特点，无法回溯到原始信息。

注3：个人信息控制者履行法律法规规定的义务相关的情形除外。

第二十九条　处理敏感个人信息应当取得个人的单独同意；法律、行政法规规定处理敏感个人信息应当取得书面同意的，从其规定。

关联条文

—— 司法解释 ——

《人脸识别规定》第 2 条　信息处理者处理人脸信息有下列情形之一的，人民法院应当认定属于侵害自然人人格权益的行为：

......

（三）基于个人同意处理人脸信息的，未征得自然人或者其监护人的单独同意，或者未按照法律、行政法规的规定征得自然人或者其监护人的书面同意；

......

—— 行政法规 ——

《征信业管理条例》第 14 条第 2 款　征信机构不得采集个人的收入、存款、有价证券、商业保险、不动产的信息和纳税数额信息。但是，征信机构明确告知信息主体提供该信息可能产生的不利后果，并取得其书面同意的除外。

第 28 条第 2 款　金融信用信息基础数据库为信息主体和取得信息主体本人书面同意的信息使用者提供查询服务。国家机关可以依法查询金融信用信息基础数据库的信息。

第 29 条第 2 款　从事信贷业务的机构向金融信用信息基础数据库或者其他主体提供信贷信息，应当事先取得信息主体的书面同意，并适用本条例关于信息提供者的规定。

—— 经济特区法规 ——

《深圳数据条例》第 18 条　处理敏感个人数据的，应当在处理前征得该自然人的明示同意。

第 19 条　处理生物识别数据的，应当在征得该自然人明示同意时，提供处理其他非生物识别数据的替代方案。但是，处理生物识别数据为处理个人数据目的所必需，且不能为其他个人数据所替代的除外。

基于特定目的处理生物识别数据的，未经自然人明示同意，不得将该生物识别数据用于其他目的。

生物识别数据具体管理办法由市人民政府另行制定。

第73条　处理敏感个人数据或者国家规定的重要数据的，应当按照有关规定设立数据安全管理机构、明确数据安全管理责任人，并实施特别技术保护。

第76条第2款　数据处理者应当针对敏感个人数据、国家规定的重要数据制定并实施去标识化或者匿名化处理等安全措施。

第77条第2句　对敏感个人数据和国家规定的重要数据还应当采取加密存储、授权访问或者其他更加严格的安全保护措施。

—— **部门规章** ——

《**网络交易监督管理办法**》**第13条第2款第2句**　收集、使用个人生物特征、医疗健康、金融账户、个人行踪等敏感信息的，应当逐项取得消费者同意。

—— **国家标准** ——

《**个人信息安全规范**》**5.4**　收集个人信息时的授权同意

对个人信息控制者的要求包括：

……

b）收集个人敏感信息前，应征得个人信息主体的明示同意，并应确保个人信息主体的明示同意是其在完全知情的基础上自主给出的、具体的、清晰明确的意愿表示。

c）收集个人生物识别信息前，应单独向个人信息主体告知收集、使用个人生物识别信息的目的、方式和范围，以及存储时间等规则，并征得个人信息主体的明示同意。

注3：个人生物识别信息包括个人基因、指纹、声纹、掌纹、耳廓、虹膜、面部识别特征等。

……

批注

> **第三十条** 个人信息处理者处理敏感个人信息的，除本法第十七条第一款规定的事项外，还应当向个人告知处理敏感个人信息的必要性以及对个人权益的影响；依照本法规定可以不向个人告知的除外。

关联条文

《征信业管理条例》第14条第2款 征信机构不得采集个人的收入、存款、有价证券、商业保险、不动产的信息和纳税数额信息。但是，征信机构明确告知信息主体提供该信息可能产生的不利后果，并取得其书面同意的除外。

第15条 信息提供者向征信机构提供个人不良信息，应当事先告知信息主体本人。但是，依照法律、行政法规规定公开的不良信息除外。

批注

> **第三十一条** 个人信息处理者处理不满十四周岁未成年人个人信息的，应当取得未成年人的父母或者其他监护人的同意。
> 个人信息处理者处理不满十四周岁未成年人个人信息的，应当制定专门的个人信息处理规则。

关联条文 ▶

《**民法典**》**第27条**　父母是未成年子女的监护人。

未成年人的父母已经死亡或者没有监护能力的，由下列有监护能力的人按顺序担任监护人：

（一）祖父母、外祖父母；

（二）兄、姐；

（三）其他愿意担任监护人的个人或者组织，但是须经未成年人住所地的居民委员会、村民委员会或者民政部门同意。

第34条第1款　监护人的职责是代理被监护人实施民事法律行为，保护被监护人的人身权利、财产权利以及其他合法权益等。

第35条第1款、第2款　监护人应当按照最有利于被监护人的原则履行监护职责。监护人除为维护被监护人利益外，不得处分被监护人的财产。

未成年人的监护人履行监护职责，在作出与被监护人利益有关的决定时，应当根据被监护人的年龄和智力状况，尊重被监护人的真实意愿。

《**未成年人保护法**》**第72条第1款第2句**　处理不满十四周岁未成年人个人信息的，应当征得未成年人的父母或者其他监护人同意，但法律、行政法规另有规定的除外。

第76条　网络直播服务提供者不得为未满十六周岁的未成年人提供网络直播发布者账号注册服务；为年满十六周岁的未成年人提供网络直播发布者账号注册服务时，应当对其身份信息进行认证，并征得其父母或者其他监护人同意。

《**人脸识别规定**》**第2条**　信息处理者处理人脸信息有下列情形之一的，人民法院应当认定属于侵害自然人人格权益的行为：

......

（三）基于个人同意处理人脸信息的，未征得自然人或者其监护人的单独同意，或者未按照法律、行政法规的规定征得自然人或者其监护人的书面同意；

......

《深圳数据条例》第 20 条　处理未满十四周岁的未成年人个人数据的，按照处理敏感个人数据的有关规定执行，并应当在处理前征得其监护人的明示同意。

处理无民事行为能力或者限制民事行为能力的成年人个人数据的，应当在处理前征得其监护人的明示同意。

《个人信息安全规范》5.4　收集个人信息时的授权同意

对个人信息控制者的要求包括：

......

d）收集年满 14 周岁未成年人的个人信息前，应征得未成年人或其监护人的明示同意；不满 14 周岁的，应征得其监护人的明示同意。

......

《个人信息保护指南》5.2.7　不直接向未满 16 周岁的未成年人等限制民事行为能力人或无行为能力人收集个人敏感信息，确需收集其个人敏感信息的，要征得其法定监护人的明示同意。

批注

　　第三十二条　法律、行政法规对处理敏感个人信息规定应当取得相关行政许可或者作出其他限制的，从其规定。

第三节　国家机关处理个人信息的特别规定

> **第三十三条**　国家机关处理个人信息的活动，适用本法；本节有特别规定的，适用本节规定。

> **第三十四条**　国家机关为履行法定职责处理个人信息，应当依照法律、行政法规规定的权限、程序进行，不得超出履行法定职责所必需的范围和限度。

关联条文

—— **法律** ——

《数据安全法》第 32 条第 2 款　法律、行政法规对收集、使用数据的目的、范围有规定的，应当在法律、行政法规规定的目的和范围内收集、使用数据。

第 38 条　国家机关为履行法定职责的需要收集、使用数据，应当在其履行法定职责的范围内依照法律、行政法规规定的条件和程序进行；对在履行职责中知悉的个人隐私、个人信息、商业秘密、保密商务信息等数据应当依法予以保密，不得泄露或者非法向他人提供。

第 35 条　公安机关、国家安全机关因依法维护国家安全或者侦查犯罪的需要调取数据，应当按照国家有关规定，经过严格的批准手续，依法进行，有关组织、个人应当予以配合。

《安全生产法》第 78 条第 1 款第 1 句　负有安全生产监督管理职责的部门应当建立安全生产违法行为信息库，如实记录生产经营单位及其有关从业人员的安全生产违法行为信息；对违法行为情节严重的生产经营单位及其有关从业人员，应当及时向社会公告，并通报行业主管部门、投资主管部门、自然资源主管部门、生态环境主管部门、证券监督管理机构以及有关金融机构。

《兵役法》第18条第2款　县、自治县、不设区的市、市辖区人民政府兵役机关每年组织兵役登记信息核验，会同有关部门对公民兵役登记情况进行查验，确保兵役登记及时，信息准确完整。

《反恐怖主义法》第50条　公安机关调查恐怖活动嫌疑，可以依照有关法律规定对嫌疑人员进行盘问、检查、传唤，可以提取或者采集肖像、指纹、虹膜图像等人体生物识别信息和血液、尿液、脱落细胞等生物样本，并留存其签名。

公安机关调查恐怖活动嫌疑，可以通知了解有关情况的人员到公安机关或者其他地点接受询问。

第51条　公安机关调查恐怖活动嫌疑，有权向有关单位和个人收集、调取相关信息和材料。有关单位和个人应当如实提供。

第52条　公安机关调查恐怖活动嫌疑，经县级以上公安机关负责人批准，可以查询嫌疑人员的存款、汇款、债券、股票、基金份额等财产……

《反洗钱法》第5条　对依法履行反洗钱职责或者义务获得的客户身份资料和交易信息，应当予以保密；非依法律规定，不得向任何单位和个人提供。

反洗钱行政主管部门和其他依法负有反洗钱监督管理职责的部门、机构履行反洗钱职责获得的客户身份资料和交易信息，只能用于反洗钱行政调查。

司法机关依照本法获得的客户身份资料和交易信息，只能用于反洗钱刑事诉讼。

第23条第1款　国务院反洗钱行政主管部门或者其省一级派

出机构发现可疑交易活动，需要调查核实的，可以向金融机构进行调查，金融机构应当予以配合，如实提供有关文件和资料。

《个人所得税法》第 15 条第 1 款、第 3 款　公安、人民银行、金融监督管理等相关部门应当协助税务机关确认纳税人的身份、金融账户信息。教育、卫生、医疗保障、民政、人力资源社会保障、住房城乡建设、公安、人民银行、金融监督管理等相关部门应当向税务机关提供纳税人子女教育、继续教育、大病医疗、住房贷款利息、住房租金、赡养老人等专项附加扣除信息。

有关部门依法将纳税人、扣缴义务人遵守本法的情况纳入信用信息系统，并实施联合激励或者惩戒。

《国家安全法》第 42 条　国家安全机关、公安机关依法搜集涉及国家安全的情报信息，在国家安全工作中依法行使侦查、拘留、预审和执行逮捕以及法律规定的其他职权。

有关军事机关在国家安全工作中依法行使相关职权。

《社会保险法》第 74 条第 2 款、第 3 款　社会保险经办机构应当及时为用人单位建立档案，完整、准确地记录参加社会保险的人员、缴费等社会保险数据，妥善保管登记、申报的原始凭证和支付结算的会计凭证。

社会保险经办机构应当及时、完整、准确地记录参加社会保险的个人缴费和用人单位为其缴费，以及享受社会保险待遇等个人权益记录，定期将个人权益记录单免费寄送本人。

《社区矫正法》第 26 条第 1 款第 1 句　社区矫正机构应当了解掌握社区矫正对象的活动情况和行为表现。

《食品安全法》第 104 条第 1 款第 1 句　医疗机构发现其接收的病人属于食源性疾病病人或者疑似病人的，应当按照规定及时将相关信息向所在地县级人民政府卫生行政部门报告。

第 108 条第 1 款　食品安全事故调查部门有权向有关单位和个

人了解与事故有关的情况，并要求提供相关资料和样品。有关单位和个人应当予以配合，按照要求提供相关资料和样品，不得拒绝。

《统计法》第 6 条第 1 款　统计机构和统计人员依照本法规定独立行使统计调查、统计报告、统计监督的职权，不受侵犯。

第 7 条　国家机关、企业事业单位和其他组织以及个体工商户和个人等统计调查对象，必须依照本法和国家有关规定，真实、准确、完整、及时地提供统计调查所需的资料，不得提供不真实或者不完整的统计资料，不得迟报、拒报统计资料。

第 29 条　统计机构、统计人员应当依法履行职责，如实搜集、报送统计资料，不得伪造、篡改统计资料，不得以任何方式要求任何单位和个人提供不真实的统计资料，不得有其他违反本法规定的行为。

统计人员应当坚持实事求是，恪守职业道德，对其负责搜集、审核、录入的统计资料与统计调查对象报送的统计资料的一致性负责。

《退役军人保障法》第 63 条　县级以上地方人民政府负责地方志工作的机构应当将本行政区域内下列退役军人的名录和事迹，编辑录入地方志：

（一）参战退役军人；

（二）荣获二等功以上奖励的退役军人；

（三）获得省部级或者战区级以上表彰的退役军人；

（四）其他符合条件的退役军人。

《网络安全法》第 14 条第 1 款　任何个人和组织有权对危害网络安全的行为向网信、电信、公安等部门举报。收到举报的部门应当及时依法作出处理；不属于本部门职责的，应当及时移送有权处理的部门。

《未成年人保护法》第 43 条第 1 款　居民委员会、村民委员会应当……建立留守未成年人、困境未成年人的信息档案并给予关爱帮扶。

第62条 密切接触未成年人的单位招聘工作人员时，应当向公安机关、人民检察院查询应聘者是否具有性侵害、虐待、拐卖、暴力伤害等违法犯罪记录；发现其具有前述行为记录的，不得录用。

密切接触未成年人的单位应当每年定期对工作人员是否具有上述违法犯罪记录进行查询。通过查询或者其他方式发现其工作人员具有上述行为的，应当及时解聘。

《刑事诉讼法》第115条 公安机关对已经立案的刑事案件，应当进行侦查，收集、调取犯罪嫌疑人有罪或者无罪、罪轻或者罪重的证据材料。……

第132条 为了确定被害人、犯罪嫌疑人的某些特征、伤害情况或者生理状态，可以对人身进行检查，可以提取指纹信息，采集血液、尿液等生物样本。

犯罪嫌疑人如果拒绝检查，侦查人员认为必要的时候，可以强制检查。

检查妇女的身体，应当由女工作人员或者医师进行。

第136条 为了收集犯罪证据、查获犯罪人，侦查人员可以对犯罪嫌疑人以及可能隐藏罪犯或者犯罪证据的人的身体、物品、住处和其他有关的地方进行搜查。

第137条 任何单位和个人，有义务按照人民检察院和公安机关的要求，交出可以证明犯罪嫌疑人有罪或者无罪的物证、书证、视听资料等证据。

第144条第1款 人民检察院、公安机关根据侦查犯罪的需要，可以依照规定查询、冻结犯罪嫌疑人的存款、汇款、债券、股票、基金份额等财产。有关单位和个人应当配合。

第150条 公安机关在立案后，对于危害国家安全犯罪、恐怖活动犯罪、黑社会性质的组织犯罪、重大毒品犯罪或者其他严重危害社会的犯罪案件，根据侦查犯罪的需要，经过严格的批准手续，可以采取技术侦查措施。

人民检察院在立案后，对于利用职权实施的严重侵犯公民人身权利的重大犯罪案件，根据侦查犯罪的需要，经过严格的批准手续，可以采取技术侦查措施，按照规定交有关机关执行。

追捕被通缉或者批准、决定逮捕的在逃的犯罪嫌疑人、被告人，经过批准，可以采取追捕所必需的技术侦查措施。

《行政处罚法》第48条第1款 具有一定社会影响的行政处罚决定应当依法公开。

《医师法》第21条 县级以上地方人民政府卫生健康主管部门应当将准予注册和注销注册的人员名单及时予以公告……

《邮政法》第36条 因国家安全或者追查刑事犯罪的需要，公安机关、国家安全机关或者检察机关可以依法检查、扣留有关邮件，并可以要求邮政企业提供相关用户使用邮政服务的信息。邮政企业和有关单位应当配合，并对有关情况予以保密。

《证券法》第170条第1款 国务院证券监督管理机构依法履行职责，有权采取下列措施：

……

（三）询问当事人和与被调查事件有关的单位和个人，要求其对与被调查事件有关的事项作出说明；或者要求其按照指定的方式报送与被调查事件有关的文件和资料；

（四）查阅、复制与被调查事件有关的财产权登记、通讯记录等文件和资料；

（五）查阅、复制当事人和与被调查事件有关的单位和个人的证券交易记录、登记过户记录、财务会计资料及其他相关文件和资料；对可能被转移、隐匿或者毁损的文件和资料，可以予以封存、扣押；

（六）查询当事人和与被调查事件有关的单位和个人的资金账户、证券账户、银行账户以及其他具有支付、托管、结算等功能的账户信息，可以对有关文件和资料进行复制；

......

《传染病防治法》第 12 条第 1 款第 1 句 在中华人民共和国领域内的一切单位和个人，必须接受疾病预防控制机构、医疗机构有关传染病的调查、检验、采集样本、隔离治疗等预防、控制措施，如实提供有关情况。

《电子商务法》第 25 条第 1 句 有关主管部门依照法律、行政法规的规定要求电子商务经营者提供有关电子商务数据信息的，电子商务经营者应当提供。

《社会保险法》第 74 条第 1 款 社会保险经办机构通过业务经办、统计、调查获取社会保险工作所需的数据，有关单位和个人应当及时、如实提供。

《税收征收管理法》第 56 条 纳税人、扣缴义务人必须接受税务机关依法进行的税务检查，如实反映情况，提供有关资料，不得拒绝、隐瞒。

---- **行政法规** ----

《人类遗传资源管理条例》第 16 条第 2 款 为公众健康、国家安全和社会公共利益需要，国家可以依法使用保藏单位保藏的人类遗传资源。

---- **经济特区法规** ----

《深圳数据条例》第 21 条 处理个人数据有下列情形之一的，可以在处理前不征得自然人的同意：

......

（四）公共管理和服务机构为了依法履行公共管理职责或者提供公共服务所必需；

......

—— 国家标准 ——

《个人信息安全规范》5.6 征得授权同意的例外

以下情形中，个人信息控制者收集、使用个人信息不必征得个人信息主体的授权同意：

......

d) 与刑事侦查、起诉、审判和判决执行等直接相关的；

......

批 注

第三十五条 国家机关为履行法定职责处理个人信息，应当依照本法规定履行告知义务；有本法第十八条第一款规定的情形，或者告知将妨碍国家机关履行法定职责的除外。

第三十六条 国家机关处理的个人信息应当在中华人民共和国境内存储；确需向境外提供的，应当进行安全评估。安全评估可以要求有关部门提供支持与协助。

第三十七条 法律、法规授权的具有管理公共事务职能的组织为履行法定职责处理个人信息，适用本法关于国家机关处理个人信息的规定。

关联条文

　　《数据安全法》第 43 条　法律、法规授权的具有管理公共事务职能的组织为履行法定职责开展数据处理活动，适用本章规定。

　　《政府信息公开条例》第 54 条　法律、法规授权的具有管理公共事务职能的组织公开政府信息的活动，适用本条例。

第三章　个人信息跨境提供的规则

第三十八条　个人信息处理者因业务等需要，确需向中华人民共和国境外提供个人信息的，应当具备下列条件之一：

（一）依照本法第四十条的规定通过国家网信部门组织的安全评估；

（二）按照国家网信部门的规定经专业机构进行个人信息保护认证；

（三）按照国家网信部门制定的标准合同与境外接收方订立合同，约定双方的权利和义务；

（四）法律、行政法规或者国家网信部门规定的其他条件。

中华人民共和国缔结或者参加的国际条约、协定对向中华人民共和国境外提供个人信息的条件等有规定的，可以按照其规定执行。

个人信息处理者应当采取必要措施，保障境外接收方处理个人信息的活动达到本法规定的个人信息保护标准。

关联条文

——※ 法律 ※——

《档案法》第22条第1款、第2款　非国有企业、社会服务机构等单位和个人形成的档案，对国家和社会具有重要保存价值或者应当保密的，档案所有者应当妥善保管。对保管条件不符合要求或者存在其他原因可能导致档案严重损毁和不安全的，省级以上档案主管部门可以给予帮助，或者经协商采取指定档案馆代为保管等确保档案完整和安全的措施；必要时，可以依法收购或者征购。

前款所列档案，档案所有者可以向国家档案馆寄存或者转让。严禁出卖、赠送给外国人或者外国组织。

第 25 条　属于国家所有的档案和本法第二十二条规定的档案及其复制件，禁止擅自运送、邮寄、携带出境或者通过互联网传输出境。确需出境的，按照国家有关规定办理审批手续。

《数据安全法》第 31 条　关键信息基础设施的运营者在中华人民共和国境内运营中收集和产生的重要数据的出境安全管理，适用《中华人民共和国网络安全法》的规定；其他数据处理者在中华人民共和国境内运营中收集和产生的重要数据的出境安全管理办法，由国家网信部门会同国务院有关部门制定。

《网络安全法》第 37 条　关键信息基础设施的运营者在中华人民共和国境内运营中收集和产生的个人信息和重要数据应当在境内存储。因业务需要，确需向境外提供的，应当按照国家网信部门会同国务院有关部门制定的办法进行安全评估；法律、行政法规另有规定的，依照其规定。

—— 行政法规 ——

《人类遗传资源管理条例》第 7 条　外国组织、个人及其设立或者实际控制的机构不得在我国境内采集、保藏我国人类遗传资源，不得向境外提供我国人类遗传资源。

第 27 条　利用我国人类遗传资源开展国际合作科学研究，

或者因其他特殊情况确需将我国人类遗传资源材料运送、邮寄、携带出境的，应当符合下列条件，并取得国务院科学技术行政部门出具的人类遗传资源材料出境证明：

（一）对我国公众健康、国家安全和社会公共利益没有危害；

（二）具有法人资格；

（三）有明确的境外合作方和合理的出境用途；

（四）人类遗传资源材料采集合法或者来自合法的保藏单位；

（五）通过伦理审查。

利用我国人类遗传资源开展国际合作科学研究，需要将我国人类遗传资源材料运送、邮寄、携带出境的，可以单独提出申请，也可以在开展国际合作科学研究申请中列明出境计划一并提出申请，由国务院科学技术行政部门合并审批。

将我国人类遗传资源材料运送、邮寄、携带出境的，凭人类遗传资源材料出境证明办理海关手续。

第28条　将人类遗传资源信息向外国组织、个人及其设立或者实际控制的机构提供或者开放使用，不得危害我国公众健康、国家安全和社会公共利益；可能影响我国公众健康、国家安全和社会公共利益的，应当通过国务院科学技术行政部门组织的安全审查。

将人类遗传资源信息向外国组织、个人及其设立或者实际控制的机构提供或者开放使用的，应当向国务院科学技术行政部门备案并提交信息备份。

利用我国人类遗传资源开展国际合作科学研究产生的人类遗传资源信息，合作双方可以使用。

《征信业管理条例》第24条　征信机构在中国境内采集的

信息的整理、保存和加工，应当在中国境内进行。

征信机构向境外组织或者个人提供信息，应当遵守法律、行政法规和国务院征信业监督管理部门的有关规定。

经济特区法规

《深圳数据条例》第82条 数据处理者向境外提供个人数据或者国家规定的重要数据，应当按照有关规定申请数据出境安全评估，进行国家安全审查。

部门规范性文件

《关于银行业金融机构做好个人金融信息保护工作的通知》第6条 在中国境内收集的个人金融信息的储存、处理和分析应当在中国境内进行。除法律法规及中国人民银行另有规定外，银行业金融机构不得向境外提供境内个人金融信息。

《互联网个人信息安全保护指南》6.2 保存

个人信息的保存行为应满足以下要求：

a）在境内运营中收集和产生的个人信息应在境内存储，如需出境应遵循国家相关规定；

......

《人口健康信息管理办法（试行）》第10条第2款 不得将人口健康信息在境外的服务器中存储，不得托管、租赁在境外的服务器。

国家标准

《个人信息安全规范》9.8 个人信息跨境传输

在中华人民共和国境内运营中收集和产生的个人信息向境外提供的，个人信息控制者应遵循国家相关规定和相关标准的要求。

《个人信息保护指南》5.4.5 未经个人信息主体的明示同意，或法律法规明确规定，或未经主管部门同意，个人信息管理者不得将个人信息转移给境外个人信息获得者，包括位于境外的个人或境外注册的组织和机构。

批注

第三十九条 个人信息处理者向中华人民共和国境外提供个人信息的，应当向个人告知境外接收方的名称或者姓名、联系方式、处理目的、处理方式、个人信息的种类以及个人向境外接收方行使本法规定权利的方式和程序等事项，并取得个人的单独同意。

关联条文

《个人信息保护指南》5.4.5 未经个人信息主体的明示同意，或法律法规明确规定，或未经主管部门同意，个人信息管理者不得将个人信息转移给境外个人信息获得者，包括位于境外的个人或境外注册的组织和机构。

批注

第四十条 关键信息基础设施运营者和处理个人信息达到国家网信部门规定数量的个人信息处理者，应当将在中华人民共和国境内收集和产生的个人信息存储在境内。确需向境外提供的，应当通过国家网信部门组织的安全评估；法律、行政法规和国家网信部门规定可以不进行安全评估的，从其规定。

关联条文

《数据安全法》第31条 关键信息基础设施的运营者在中华人民共和国境内运营中收集和产生的重要数据的出境安全管理，适用《中华人民共和国网络安全法》的规定；其他数据处理者在中华人民共和国境内运营中收集和产生的重要数据的出境安全管理办法，由国家网信部门会同国务院有关部门制定。

第36条 中华人民共和国主管机关根据有关法律和中华人民共和国缔结或者参加的国际条约、协定，或者按照平等互惠原则，处理外国司法或者执法机构关于提供数据的请求。非经中华人民共和国主管机关批准，境内的组织、个人不得向外国司法或者执法机构提供存储于中华人民共和国境内的数据。

《网络安全法》第37条 关键信息基础设施的运营者在中华人民共和国境内运营中收集和产生的个人信息和重要数据应当在境内存储。因业务需要，确需向境外提供的，应当按照国家网信部门会同国务院有关部门制定的办法进行安全评估；法律、行政法规另有规定的，依照其规定。

第31条第1款 国家对公共通信和信息服务、能源、交通、水利、金融、公共服务、电子政务等重要行业和领域，以及其他一旦遭到破坏、丧失功能或者数据泄露，可能严重危害国家安全、国计民生、公共利益的关键信息基础设施，在网络安全等级保护制度的基础上，实行重点保护。关键信息基础设施的具体范围和安全保护办法由国务院制定。

《关键信息基础设施安全保护条例》第2条 本条例所称关键信息基础设施，是指公共通信和信息服务、能源、交通、水利、金融、公共服务、电子政务、国防科技工业等重要行业和领域的，以及其他一旦遭到破坏、丧失功能或者数据泄露，可能严重危害国家安全、国计民生、公共利益的重要网络设施、信息系统等。

批注

> **第四十一条** 中华人民共和国主管机关根据有关法律和中华人民共和国缔结或者参加的国际条约、协定，或者按照平等互惠原则，处理外国司法或者执法机构关于提供存储于境内个人信息的请求。非经中华人民共和国主管机关批准，个人信息处理者不得向外国司法或者执法机构提供存储于中华人民共和国境内的个人信息。

关联条文

《数据安全法》第 24 条 国家建立数据安全审查制度，对影响或者可能影响国家安全的数据处理活动进行国家安全审查。

依法作出的安全审查决定为最终决定。

第 25 条 国家对与维护国家安全和利益、履行国际义务相关的属于管制物项的数据依法实施出口管制。

第 36 条 中华人民共和国主管机关根据有关法律和中华人民共和国缔结或者参加的国际条约、协定，或者按照平等互惠原则，处理外国司法或者执法机构关于提供数据的请求。非经中华人民共和国主管机关批准，境内的组织、个人不得向外国司法或者执法机构提供存储于中华人民共和国境内的数据。

《证券法》第 177 条第 2 款 境外证券监督管理机构不得在中华人民共和国境内直接进行调查取证等活动。未经国务院证券监督管理机构和国务院有关主管部门同意，任何单位和个人不得擅自向境外提供与证券业务活动有关的文件和资料。

第四十二条 境外的组织、个人从事侵害中华人民共和国公民的个人信息权益，或者危害中华人民共和国国家安全、公共利益的个人信息处理活动的，国家网信部门可以将其列入限制或者禁止个人信息提供清单，予以公告，并采取限制或者禁止向其提供个人信息等措施。

关联条文

《网络安全法》第75条 境外的机构、组织、个人从事攻击、侵入、干扰、破坏等危害中华人民共和国的关键信息基础设施的活动，造成严重后果的，依法追究法律责任；国务院公安部门和有关部门并可以决定对该机构、组织、个人采取冻结财产或者其他必要的制裁措施。

第四十三条 任何国家或者地区在个人信息保护方面对中华人民共和国采取歧视性的禁止、限制或者其他类似措施的，中华人民共和国可以根据实际情况对该国家或者地区对等采取措施。

关联条文

《数据安全法》第26条 任何国家或者地区在与数据和数

据开发利用技术等有关的投资、贸易等方面对中华人民共和国采取歧视性的禁止、限制或者其他类似措施的，中华人民共和国可以根据实际情况对该国家或者地区对等采取措施。

《反外国制裁法》第3条 中华人民共和国反对霸权主义和强权政治，反对任何国家以任何借口、任何方式干涉中国内政。

外国国家违反国际法和国际关系基本准则，以各种借口或者依据其本国法律对我国进行遏制、打压，对我国公民、组织采取歧视性限制措施，干涉我国内政的，我国有权采取相应反制措施。

第4条 国务院有关部门可以决定将直接或者间接参与制定、决定、实施本法第三条规定的歧视性限制措施的个人、组织列入反制清单。

第10条 国家设立反外国制裁工作协调机制，负责统筹协调相关工作。

国务院有关部门应当加强协同配合和信息共享，按照各自职责和任务分工确定和实施有关反制措施。

第11条 我国境内的组织和个人应当执行国务院有关部门采取的反制措施。

对违反前款规定的组织和个人，国务院有关部门依法予以处理，限制或者禁止其从事相关活动。

第13条 对于危害我国主权、安全、发展利益的行为，除本法规定外，有关法律、行政法规、部门规章可以规定采取其他必要的反制措施。

第15条 对于外国国家、组织或者个人实施、协助、支持危害我国主权、安全、发展利益的行为，需要采取必要反制措施的，参照本法有关规定执行。

第四章 个人在个人信息处理活动中的权利

批 注

> **第四十四条** 个人对其个人信息的处理享有知情权、决定权，有权限制或者拒绝他人对其个人信息进行处理；法律、行政法规另有规定的除外。

关联条文

———→ **法律** ←———

《民法典》第 1036 条 处理个人信息，有下列情形之一的，行为人不承担民事责任：

......

（二）合理处理该自然人自行公开的或者其他已经合法公开的信息，但是该自然人明确拒绝或者处理该信息侵害其重大利益的除外；

......

《电子商务法》第 17 条 电子商务经营者应当全面、真实、准确、及时地披露商品或者服务信息，保障消费者的知情权和选择权。电子商务经营者不得以虚构交易、编造用户评价等方式进行虚假或者引人误解的商业宣传，欺骗、误导消费者。

《消费者权益保护法》第 8 条 消费者享有知悉其购买、使用的商品或者接受的服务的真实情况的权利。

消费者有权根据商品或者服务的不同情况，要求经营者提供商品的价格、产地、生产者、用途、性能、规格、等级、主要成份、生产日期、有效期限、检验合格证明、使用方法说明书、售后服务，或者服务的内容、规格、费用等有关情况。

第9条　消费者享有自主选择商品或者服务的权利。

消费者有权自主选择提供商品或者服务的经营者，自主选择商品品种或者服务方式，自主决定购买或者不购买任何一种商品、接受或者不接受任何一项服务。

消费者在自主选择商品或者服务时，有权进行比较、鉴别和挑选。

——✦ 部门规章 ✦——

《规范互联网信息服务市场秩序若干规定》第13条第2款

互联网信息服务提供者不得有下列行为：

（一）无正当理由擅自修改或者删除用户上载信息；

（二）未经用户同意，向他人提供用户上载信息，但是法律、行政法规另有规定的除外；

（三）擅自或者假借用户名义转移用户上载信息，或者欺骗、误导、强迫用户转移其上载信息；

（四）其他危害用户上载信息安全的行为。

《金融消费者权益保护实施办法》第21条第2款　银行、支付机构不得以通知、声明、告示等格式条款的方式作出含有下列内容的规定：

……

（三）排除或者限制金融消费者依法对其金融信息进行查询、删除、修改的权利；

（四）排除或者限制金融消费者选择同业机构提供的金融产

品或者服务的权利；

（五）其他对金融消费者不公平、不合理的规定。

————◆ **国家标准** ◆————

《个人信息安全规范》5.3 多项业务功能的自主选择

当产品或服务提供多项需收集个人信息的业务功能时，个人信息控制者不应违背个人信息主体的自主意愿，强迫个人信息主体接受产品或服务所提供的业务功能及相应的个人信息收集请求。对个人信息控制者的要求包括：

a）不应通过捆绑产品或服务各项业务功能的方式，要求个人信息主体一次性接受并授权同意其未申请或使用的业务功能收集个人信息的请求。

b）应把个人信息主体自主作出的肯定性动作，如主动点击、勾选、填写等，作为产品或服务的特定业务功能的开启条件。个人信息控制者应仅在个人信息主体开启该业务功能后，开始收集个人信息。

c）关闭或退出业务功能的途径或方式应与个人信息主体选择使用业务功能的途径或方式同样方便。个人信息主体选择关闭或退出特定业务功能后，个人信息控制者应停止该业务功能的个人信息收集活动。

d）个人信息主体不授权同意使用、关闭或退出特定业务功能的，不应频繁征求个人信息主体的授权同意。

e）个人信息主体不授权同意使用、关闭或退出特定业务功能的，不应暂停个人信息主体自主选择使用的其他业务功能，或降低其他业务功能的服务质量。

f）不得仅以改善服务质量、提升使用体验、研发新产品、增强安全性等为由，强制要求个人信息主体同意收集个人信息。

8.1 个人信息查询

个人信息控制者应向个人信息主体提供查询下列信息的方法：

a）其所持有的关于该主体的个人信息或个人信息的类型；

b）上述个人信息的来源、所用于的目的；

c）已经获得上述个人信息的第三方身份或类型。

注：个人信息主体提出查询非其主动提供的个人信息时，个人信息控制者可在综合考虑不响应请求可能对个人信息主体合法权益带来的风险和损害，以及技术可行性、实现请求的成本等因素后，作出是否响应的决定，并给出解释说明。

《个人信息保护指南》5.2.6 持续收集个人信息时提供相关功能，允许个人信息主体配置、调整、关闭个人信息收集功能。

批注

第四十五条 个人有权向个人信息处理者查阅、复制其个人信息；有本法第十八条第一款、第三十五条规定情形的除外。

个人请求查阅、复制其个人信息的，个人信息处理者应当及时提供。

个人请求将个人信息转移至其指定的个人信息处理者，符合国家网信部门规定条件的，个人信息处理者应当提供转移的途径。

关联条文

《民法典》第 1029 条 民事主体可以依法查询自己的信用评价；……

第 1037 条第 1 款　自然人可以依法向信息处理者查阅或者复制其个人信息；……

《征信业管理条例》第 17 条　信息主体可以向征信机构查询自身信息。个人信息主体有权每年两次免费获取本人的信用报告。

《深圳数据条例》第 28 条　自然人可以向数据处理者要求查阅、复制其个人数据，数据处理者应当按照有关规定及时提供，并不得收取费用。

《个人信用信息基础数据库管理暂行办法》第 15 条　征信服务中心可以根据个人申请有偿提供其本人信用报告。

征信服务中心应当制定相应的处理程序，核实申请人身份。

《人口健康信息管理办法（试行）》第 15 条　责任单位应当为服务和管理对象提供其人口健康个案信息的查询和复制服务，并提供安全的信息查询和复制渠道。

《个人信息安全规范》8.1　个人信息查询

个人信息控制者应向个人信息主体提供查询下列信息的方法：

a）其所持有的关于该主体的个人信息或个人信息的类型；

b）上述个人信息的来源、所用于的目的；

c）已经获得上述个人信息的第三方身份或类型。

注：个人信息主体提出查询非其主动提供的个人信息时，个人信息控制者可在综合考虑不响应请求可能对个人信息主体合法权益带来的风险和损害，以及技术可行性、实现请求的成本等因素后，作出是否响应的决定，并给出解释说明。

8.6　个人信息主体获取个人信息副本

根据个人信息主体的请求，个人信息控制者宜为个人信息主体提供获取以下类型个人信息副本的方法，或在技术可行的前提下直接将以下类型个人信息的副本传输给个人信息主体指定的第三方：

　　a）本人的基本资料、身份信息；

　　b）本人的健康生理信息、教育工作信息。

　　8.7　响应个人信息主体的请求

　　对个人信息控制者的要求包括：

　　……

　　e）以下情行可不响应个人信息主体基于 8.1~8.6 提出的请求，包括：

　　1）与个人信息控制者履行法律法规规定的义务相关的；

　　2）与国家安全、国防安全直接相关的；

　　3）与公共安全、公共卫生、重大公共利益直接相关的；

　　4）与刑事侦查、起诉、审判和执行判决等直接相关的；

　　5）个人信息控制者有充分证据表明个人信息主体存在主观恶意或滥用权利的；

　　6）出于维护个人信息主体或其他个人的生命、财产等重大合法权益但又很难得到本人授权同意的；

　　7）响应个人信息主体的请求将导致个人信息主体或其他个人、组织的合法权益受到严重损害的；

　　8）涉及商业秘密的。

　　f）如决定不响应个人信息主体的请求，应向个人信息主体告知该决定的理由，并向个人信息主体提供投诉的途径。

　　《个人信息保护指南》5.3.7　详细记录个人信息的状态，个人信息主体要求对其个人信息进行查询时，个人信息管理者要如实并免费告知是否拥有其个人信息、拥有其个人信息的内容、个人信息的加工状态等，除非告知成本或者请求频率超出合理的范围。

> **第四十六条**　个人发现其个人信息不准确或者不完整的，有权请求个人信息处理者更正、补充。
>
> 个人请求更正、补充其个人信息的，个人信息处理者应当对其个人信息予以核实，并及时更正、补充。

关联条文

法律及相关司法解释

《民法典》第 1037 条第 1 款　自然人……发现信息有错误的，有权提出异议并请求及时采取更正等必要措施。

第 1029 条　民事主体……发现信用评价不当的，有权提出异议并请求采取更正、删除等必要措施。……

《电子商务法》第 24 条第 1 款　电子商务经营者应当明示用户信息查询、更正、删除以及用户注销的方式、程序，不得对用户信息查询、更正、删除以及用户注销设置不合理条件。

《网络安全法》第 43 条　个人……发现网络运营者收集、存储的其个人信息有错误的，有权要求网络运营者予以更正。网络运营者应当采取措施予以删除或者更正。

《利用信息网络侵害人身权益案件规定》第 9 条　网络用户或者网络服务提供者，根据国家机关依职权制作的文书和公开实施的职权行为等信息来源所发布的信息，有下列情形之一，侵害他人人身权益，被侵权人请求侵权人承担侵权责任的，人民法院应予支持：

……

（三）前述信息来源已被公开更正，但网络用户拒绝更正或者网络服务提供者不予更正；

（四）前述信息来源已被公开更正，网络用户或者网络服务提供者仍然发布更正之前的信息。

《未成年人保护法》第72条第2款　未成年人、父母或者其他监护人要求信息处理者更正、删除未成年人个人信息的，信息处理者应当及时采取措施予以更正、删除，但法律、行政法规另有规定的除外。

—— 行政法规 ——

《个人所得税法实施条例》第30条第2款　纳税人发现扣缴义务人提供或者扣缴申报的个人信息、所得、扣缴税款等与实际情况不符的，有权要求扣缴义务人修改。扣缴义务人拒绝修改的，纳税人应当报告税务机关，税务机关应当及时处理。

《征信业管理条例》第25条　信息主体认为征信机构采集、保存、提供的信息存在错误、遗漏的，有权向征信机构或者信息提供者提出异议，要求更正。

征信机构或者信息提供者收到异议，应当按照国务院征信业监督管理部门的规定对相关信息作出存在异议的标注，自收到异议之日起20日内进行核查和处理，并将结果书面答复异议人。

经核查，确认相关信息确有错误、遗漏的，信息提供者、征信机构应当予以更正；确认不存在错误、遗漏的，应当取消异议标注；经核查仍不能确认的，对核查情况和异议内容应当予以记载。

—— 经济特区法规 ——

《深圳数据条例》第24条　个人数据不准确或者不完整的，数据处理者应当根据自然人的要求及时补充、更正。

——◆— 部门规章 —◆——

《儿童个人信息网络保护规定》第 19 条 儿童或者其监护人发现网络运营者收集、存储、使用、披露的儿童个人信息有错误的，有权要求网络运营者予以更正。网络运营者应当及时采取措施予以更正。

《个人信用信息基础数据库管理暂行办法》第 11 条 商业银行发现其所报送的个人信用信息不准确时，应当及时报告征信服务中心，征信服务中心收到纠错报告应当立即进行更正。

第 16 条 个人认为本人信用报告中的信用信息存在错误（以下简称异议信息）时，可以通过所在地中国人民银行征信管理部门或直接向征信服务中心提出书面异议申请。

中国人民银行征信管理部门应当在收到异议申请的 2 个工作日内将异议申请转交征信服务中心。

第 17 条 征信服务中心应当在接到异议申请的 2 个工作日内进行内部核查。

征信服务中心发现异议信息是由于个人信用数据库信息处理过程造成的，应当立即进行更正，并检查个人信用数据库处理程序和操作规程存在的问题。

第 18 条 征信服务中心内部核查未发现个人信用数据库处理过程存在问题的，应当立即书面通知提供相关信息的商业银行进行核查。

第 19 条 商业银行应当在接到核查通知的 10 个工作日内向征信服务中心作出核查情况的书面答复。异议信息确实有误的，商业银行应当采取以下措施：

（一）应当向征信服务中心报送更正信息；

（二）检查个人信用信息报送的程序；

（三）对后续报送的其他个人信用信息进行检查，发现错误的，应当重新报送。

第 20 条 征信服务中心收到商业银行重新报送的更正信息后，应当在 2 个工作日内对异议信息进行更正。

异议信息确实有误，但因技术原因暂时无法更正的，征信服务中心应当对该异议信息作特殊标注，以有别于其他异议信息。

第 21 条 经过核查，无法确认异议信息存在错误的，征信服务中心不得按照异议申请人要求更改相关个人信用信息。

第 22 条 征信服务中心应当在接受异议申请后 15 个工作日内，向异议申请人或转交异议申请的中国人民银行征信管理部门提供书面答复；异议信息得到更正的，征信服务中心同时提供更正后的信用报告。

异议信息确实有误，但因技术原因暂时无法更正异议信息的，征信服务中心应当在书面答复中予以说明，待异议信息更正后，提供更正后的信用报告。

第 23 条 转交异议申请的中国人民银行征信管理部门应当自接到征信服务中心书面答复和更正后的信用报告之日起 2 个工作日内，向异议申请人转交。

第 24 条 对于无法核实的异议信息，征信服务中心应当允许异议申请人对有关异议信息附注 100 字以内的个人声明。个人声明不得包含与异议信息无关的内容，异议申请人应当对个人声明的真实性负责。

征信服务中心应当妥善保存个人声明原始档案，并将个人声明载入异议人信用报告。

第 25 条 征信服务中心应当对处于异议处理期的信息予以标注。

━━◈ 部门规范性文件 ◈━━

《App 违法违规收集使用个人信息行为认定方法》第 6 条

以下行为可被认定为"未按法律规定提供删除或更正个人信息功能"或"未公布投诉、举报方式等信息"

1. 未提供有效的更正、删除个人信息及注销用户账号功能；

2. 为更正、删除个人信息或注销用户账号设置不必要或不合理条件；

3. 虽提供了更正、删除个人信息及注销用户账号功能，但未及时响应用户相应操作，需人工处理的，未在承诺时限内（承诺时限不得超过 15 个工作日，无承诺时限的，以 15 个工作日为限）完成核查和处理；

4. 更正、删除个人信息或注销用户账号等用户操作已执行完毕，但 App 后台并未完成的；

……

《互联网个人信息安全保护指南》6.3　应用

个人信息的应用应满足以下要求：

……

b）个人信息主体应拥有控制本人信息的权限，包括：

1）允许对本人信息的访问；

2）允许通过适当方法对本人信息的修改或删除，包括纠正不准确和不完整的数据，并保证修改后的本人信息具备真实性和有效性；

……

—⫶ 国家标准 ⫶—

《个人信息安全规范》8.2 个人信息更正

个人信息主体发现个人信息控制者所持有的该主体的个人信息有错误或不完整的，个人信息控制者应为其提供请求更正或补充信息的方法。

《个人信息保护指南》5.3.6 个人信息主体发现其个人信息存在缺陷并要求修改时，个人信息管理者要根据个人信息主体的要求进行查验核对，在保证个人信息完整性的前提下，修改或补充相关信息。

批 注

第四十七条 有下列情形之一的，个人信息处理者应当主动删除个人信息；个人信息处理者未删除的，个人有权请求删除：

（一）处理目的已实现、无法实现或者为实现处理目的不再必要；

（二）个人信息处理者停止提供产品或者服务，或者保存期限已届满；

（三）个人撤回同意；

（四）个人信息处理者违反法律、行政法规或者违反约定处理个人信息；

（五）法律、行政法规规定的其他情形。

法律、行政法规规定的保存期限未届满，或者删除个人信息从技术上难以实现的，个人信息处理者应当停止除存储和采取必要的安全保护措施之外的处理。

关联条文

法律及相关司法解释

《民法典》第 1037 条第 2 款 自然人发现信息处理者违反法律、行政法规的规定或者双方的约定处理其个人信息的，有权请求信息处理者及时删除。

《人脸识别规定》第 12 条 信息处理者违反约定处理自然人的人脸信息，该自然人请求其承担违约责任的，人民法院依法予以支持。该自然人请求信息处理者承担违约责任时，请求删除人脸信息的，人民法院依法予以支持；信息处理者以双方未对人脸信息的删除作出约定为由抗辩的，人民法院不予支持。

《电子商务法》第 24 条 电子商务经营者应当明示用户信息查询、更正、删除以及用户注销的方式、程序，不得对用户信息查询、更正、删除以及用户注销设置不合理条件。

电子商务经营者收到用户信息查询或者更正、删除的申请的，应当在核实身份后及时提供查询或者更正、删除用户信息。用户注销的，电子商务经营者应当立即删除该用户的信息；依照法律、行政法规的规定或者双方约定保存的，依照其规定。

《网络安全法》第 43 条 个人发现网络运营者违反法律、行政法规的规定或者双方的约定收集、使用其个人信息的，有权要求网络运营者删除其个人信息；……网络运营者应当采取措施予以删除或者更正。

《未成年人保护法》第 72 条第 2 款 未成年人、父母或者其他监护人要求信息处理者更正、删除未成年人个人信息的，信息处理者应当及时采取措施予以更正、删除，但法律、行政法规另有规定的除外。

—— 行政法规 ——

《征信业管理条例》第 16 条第 1 款 征信机构对个人不良信息的保存期限，自不良行为或者事件终止之日起为 5 年；超过 5 年的，应当予以删除。

—— 经济特区法规 ——

《深圳数据条例》第 25 条 有下列情形之一的，数据处理者应当及时删除个人数据：

（一）法律、法规规定或者约定的存储期限届满；

（二）处理个人数据的目的已经实现或者处理个人数据对于处理目的已经不再必要；

（三）自然人撤回同意且要求删除个人数据；

（四）数据处理者违反法律、法规规定或者双方约定处理数据，自然人要求删除；

（五）法律、法规规定的其他情形。

有前款第一项、第二项规定情形，但是法律、法规另有规定或者经自然人同意的，数据处理者可以保留相关个人数据。

数据处理者根据本条第一款规定删除个人数据的，可以留存告知和同意的证据，但是不得超过其履行法定义务或者处理纠纷需要的必要限度。

—— 部门规章 ——

《儿童个人信息网络保护规定》第 20 条 儿童或者其监护人要求网络运营者删除其收集、存储、使用、披露的儿童个人信息的，网络运营者应当及时采取措施予以删除，包括但不限于以下情形：

（一）网络运营者违反法律、行政法规的规定或者双方的约定收集、存储、使用、转移、披露儿童个人信息的；

（二）超出目的范围或者必要期限收集、存储、使用、转移、披露儿童个人信息的；

（三）儿童监护人撤回同意的；

（四）儿童或者其监护人通过注销等方式终止使用产品或者服务的。

第 23 条　网络运营者停止运营产品或者服务的，应当立即停止收集儿童个人信息的活动，删除其持有的儿童个人信息，并将停止运营的通知及时告知儿童监护人。

《电信和互联网用户个人信息保护规定》第 9 条第 4 款

电信业务经营者、互联网信息服务提供者在用户终止使用电信服务或者互联网信息服务后，应当停止对用户个人信息的收集和使用，并为用户提供注销号码或者账号的服务。

—➤ 部门规范性文件 ◄—

《互联网个人信息安全保护指南》6.2　保存

个人信息的保存行为应满足以下要求：

……

d）应对保存的个人信息在超出设置的时限后予以删除；

……

6.4　删除

a）个人信息在超过保存时限之后应进行删除，经过处理无法识别特定个人且不能复原的除外；

b）个人信息持有者如有违反法律、行政法规的规定或者双方的约定收集、使用其个人信息时，个人信息主体要求删除其个人信息的，应采取措施予以删除；

c）个人信息相关存储设备，将存储的个人信息数据进行删除之后应采取措施防止通过技术手段恢复；

d）对存储过个人信息的设备在进行新信息的存储时，应将之前的内容全部进行删除；

e）废弃存储设备，应在进行删除后再进行处理。

《寄递服务用户个人信息安全管理规定》第 26 条　寄递详情单实物档案应当按照国家相关标准规定的期限保存。保存期满后，由企业进行集中销毁，做好销毁记录，严禁丢弃或者贩卖。

———— ❖ **国家标准** ❖ ————

《个人信息安全规范》8.3　个人信息删除

对个人信息控制者的要求包括：

a）符合以下情形，个人信息主体要求删除的，应及时删除个人信息：

1）个人信息控制者违反法律法规规定，收集、使用个人信息的；

2）个人信息控制者违反与个人信息主体的约定，收集、使用个人信息的。

b）个人信息控制者违反法律法规规定或违反与个人信息主体的约定向第三方共享、转让个人信息，且个人信息主体要求删除的，个人信息控制者应立即停止共享、转让的行为，并通知第三方及时删除。

c）个人信息控制者违反法律法规规定或违反与个人信息主体的约定，公开披露个人信息，且个人信息主体要求删除的，个人信息控制者应立即停止公开披露的行为，并发布通知要求相关接收方删除相应的信息。

3.10 删除 delete

在实现日常业务功能所涉及的系统中去除个人信息的行为，使其保持不可被检索、访问的状态。

8.5 个人信息主体注销账户

对个人信息控制者的要求包括：

a）通过注册账户提供产品或服务的个人信息控制者，应向个人信息主体提供注销账户的方法，且方法简便易操作；

b）受理注销账户请求后，需要人工处理的，应在承诺时限内（不超过 15 个工作日）完成核查和处理；

c）注销过程如需进行身份核验，要求个人信息主体再次提供的个人信息类型不应多于注册、使用等服务环节收集的个人信息类型；

d）注销过程不应设置不合理的条件或提出额外要求增加个人信息主体义务，如注销单个账户视同注销多个产品或服务，要求个人信息主体填写精确的历史操作记录作为注销的必要条件等；

注 1：多个产品或服务之间存在必要业务关联关系的，例如，一旦注销某个产品或服务的账户，将会导致其他产品或服务的必要业务功能无法实现或者服务质量明显下降的，需向个人信息主体进行详细说明。

注 2：产品或服务没有独立的账户体系的，可采取对该产品或服务账号以外其他个人信息进行删除，并切断账户体系与产品或服务的关联等措施实现注销。

e）注销账户的过程需收集个人敏感信息核验身份时，应明确对收集个人敏感信息后的处理措施，如达成目的后立即删除或匿名化处理等；

f）个人信息主体注销账户后，应及时删除其个人信息或匿名化处理。因法律规定需要留存个人信息的，不能再次将其用于日常业务活动中。

《个人信息保护指南》5.5.1　个人信息主体有正当理由要求删除其个人信息时，及时删除个人信息。删除个人信息可能会影响执法机构调查取证时，采取适当的存储和屏蔽措施。

5.5.2　收集阶段告知的个人信息使用目的达到后，立即删除个人信息；如需继续处理，要消除其中能够识别具体个人的内容；如需继续处理个人敏感信息，要获得个人信息主体的明示同意。

5.5.3　超出收集阶段告知的个人信息留存期限，要立即删除相关信息；对留存期限有明确规定的，按相关规定执行。

5.5.4　个人信息管理者破产或解散时，若无法继续完成承诺的个人信息处理目的，要删除个人信息。删除个人信息可能会影响执法机构调查取证时，采取适当的存储和屏蔽措施。

批 注

　　第四十八条　个人有权要求个人信息处理者对其个人信息处理规则进行解释说明。

关联条文

《民法典》第 496 条第 2 款　采用格式条款订立合同的，提供格式条款的一方应当遵循公平原则确定当事人之间的权利和义务，并采取合理的方式提示对方注意免除或者减轻其责任等与对方有重大利害关系的条款，按照对方的要求，对该条款予以说明。提供格式条款的一方未履行提示或者说明义务，致使对方没有注意或者理解与其有重大利害关系的条款的，对方可以主张该条款不成为合同的内容。

《保险法》第 17 条第 2 款 对保险合同中免除保险人责任的条款，保险人在订立合同时应当在投保单、保险单或者其他保险凭证上作出足以引起投保人注意的提示，并对该条款的内容以书面或者口头形式向投保人作出明确说明；未作提示或者明确说明的，该条款不产生效力。

《消费者权益保护法》第 26 条第 1 款 经营者在经营活动中使用格式条款的，应当以显著方式提请消费者注意商品或者服务的数量和质量、价款或者费用、履行期限和方式、安全注意事项和风险警示、售后服务、民事责任等与消费者有重大利害关系的内容，并按照消费者的要求予以说明。

批注

> **第四十九条** 自然人死亡的，其近亲属为了自身的合法、正当利益，可以对死者的相关个人信息行使本章规定的查阅、复制、更正、删除等权利；死者生前另有安排的除外。

关联条文

《民法典》第 992 条 人格权不得放弃、转让或者继承。

第 994 条 死者的姓名、肖像、名誉、荣誉、隐私、遗体等受到侵害的，其配偶、子女、父母有权依法请求行为人承担民事责任；死者没有配偶、子女且父母已经死亡的，其他近亲属有权依法请求行为人承担民事责任。

《精神损害赔偿解释》第 1 条 因人身权益或者具有人身意义的特定物受到侵害，自然人或者其近亲属向人民法院提起诉讼请求精神损害赔偿的，人民法院应当依法予以受理。

第 3 条 死者的姓名、肖像、名誉、荣誉、隐私、遗体、遗骨等受到侵害，其近亲属向人民法院提起诉讼请求精神损害赔偿的，人民法院应当依法予以支持。

《人脸识别规定》第 15 条 自然人死亡后，信息处理者违反法律、行政法规的规定或者双方的约定处理人脸信息，死者的近亲属依据民法典第九百九十四条请求信息处理者承担民事责任的，适用本规定。

批注

> **第五十条** 个人信息处理者应当建立便捷的个人行使权利的申请受理和处理机制。拒绝个人行使权利的请求的，应当说明理由。
>
> 个人信息处理者拒绝个人行使权利的请求的，个人可以依法向人民法院提起诉讼。

关联条文

—— 法律 ——

《电子商务法》第 24 条第 1 款 电子商务经营者应当明示用户信息查询、更正、删除以及用户注销的方式、程序，不得对用户信息查询、更正、删除以及用户注销设置不合理条件。

第 24 条第 2 款第 1 句 电子商务经营者收到用户信息查询或者更正、删除的申请的，应当在核实身份后及时提供查询或者更正、删除用户信息。

第 59 条 电子商务经营者应当建立便捷、有效的投诉、举报机制，公开投诉、举报方式等信息，及时受理并处理投诉、举报。

《网络安全法》第 49 条 网络运营者应当建立网络信息安全投诉、举报制度，公布投诉、举报方式等信息，及时受理并处理有关网络信息安全的投诉和举报。

网络运营者对网信部门和有关部门依法实施的监督检查，应当予以配合。

══ 经济特区法规 ══

《深圳数据条例》第 31 条 数据处理者应当建立自然人行使相关权利和投诉举报的处理机制，并以易获取的方式提供有效途径。

数据处理者收到行使权利要求或者投诉举报的，应当及时受理，并依法采取相应处理措施；拒绝要求事项或者投诉的，应当说明理由。

══ 部门规范性文件 ══

《App 违法违规收集使用个人信息行为认定方法》第 6 条

以下行为可被认定为"未按法律规定提供删除或更正个人信息功能"或"未公布投诉、举报方式等信息"

......

5. 未建立并公布个人信息安全投诉、举报渠道，或未在承诺时限内（承诺时限不得超过 15 个工作日，无承诺时限的，以 15 个工作日为限）受理并处理的。

══ 国家标准 ══

《个人信息安全规范》8.7 响应个人信息主体的请求

对个人信息控制者的要求包括：

a）在验证个人信息主体身份后，应及时响应个人信息主体基于 8.1~8.6 提出的请求，应在三十天内或法律法规规定的期限内作出答复及合理解释，并告知个人信息主体外部纠纷解决途径。

b）采用交互式页面（如网站、移动互联网应用程序、客户端软件等）提供产品或服务的，宜直接设置便捷的交互式页面提供功能或选项，便于个人信息主体在线行使其访问、更正、删除、撤回授权同意、注销账户等权利。

c）对合理的请求原则上不收取费用，但对一定时期内多次重复的请求，可视情收取一定成本费用。

d）直接实现个人信息主体的请求需要付出高额成本或存在其他显著困难的，个人信息控制者应向个人信息主体提供替代方法，以保障个人信息主体的合法权益。

e）以下情行可不响应个人信息主体基于 8.1~8.6 提出的请求，包括：

1）与个人信息控制者履行法律法规规定的义务相关的；

2）与国家安全、国防安全直接相关的；

3）与公共安全、公共卫生、重大公共利益直接相关的；

4）与刑事侦查、起诉、审判和执行判决等直接相关的；

5）个人信息控制者有充分证据表明个人信息主体存在主观恶意或滥用权利的；

6）出于维护个人信息主体或其他个人的生命、财产等重大合法权益但又很难得到本人授权同意的；

7）响应个人信息主体的请求将导致个人信息主体或其他个人、组织的合法权益受到严重损害的；

8）涉及商业秘密的。

f）如决定不响应个人信息主体的请求，应向个人信息主体告知该决定的理由，并向个人信息主体提供投诉的途径。

8.8　投诉管理

个人信息控制者应建立投诉管理机制和投诉跟踪流程，并在合理的时间内对投诉进行响应。

第五章　个人信息处理者的义务

第五十一条　个人信息处理者应当根据个人信息的处理目的、处理方式、个人信息的种类以及对个人权益的影响、可能存在的安全风险等，采取下列措施确保个人信息处理活动符合法律、行政法规的规定，并防止未经授权的访问以及个人信息泄露、篡改、丢失：

（一）制定内部管理制度和操作规程；

（二）对个人信息实行分类管理；

（三）采取相应的加密、去标识化等安全技术措施；

（四）合理确定个人信息处理的操作权限，并定期对从业人员进行安全教育和培训；

（五）制定并组织实施个人信息安全事件应急预案；

（六）法律、行政法规规定的其他措施。

关联条文

法律及相关司法解释

《民法典》第 1038 条第 2 款第 1 句　信息处理者应当采取技术措施和其他必要措施，确保其收集、存储的个人信息安全，防止信息泄露、篡改、丢失；……

《人脸识别规定》第 2 条　信息处理者处理人脸信息有下列

情形之一的，人民法院应当认定属于侵害自然人人格权益的行为：

……

（五）未采取应有的技术措施或者其他必要措施确保其收集、存储的人脸信息安全，致使人脸信息泄露、篡改、丢失；

……

《数据安全法》第 27 条第 1 款　开展数据处理活动应当依照法律、法规的规定，建立健全全流程数据安全管理制度，组织开展数据安全教育培训，采取相应的技术措施和其他必要措施，保障数据安全。利用互联网等信息网络开展数据处理活动，应当在网络安全等级保护制度的基础上，履行上述数据安全保护义务。

第 29 条　开展数据处理活动应当加强风险监测，发现数据安全缺陷、漏洞等风险时，应当立即采取补救措施；发生数据安全事件时，应当立即采取处置措施，按照规定及时告知用户并向有关主管部门报告。

第 39 条　国家机关应当依照法律、行政法规的规定，建立健全数据安全管理制度，落实数据安全保护责任，保障政务数据安全。

《统计法》第 21 条第 1 款　国家机关、企业事业单位和其他组织等统计调查对象，应当按照国家有关规定设置原始记录、统计台账，建立健全统计资料的审核、签署、交接、归档等管理制度。

《网络安全法》第 42 条　网络运营者不得泄露、篡改、毁损其收集的个人信息；未经被收集者同意，不得向他人提供个人信息。但是，经过处理无法识别特定个人且不能复原的除外。

网络运营者应当采取技术措施和其他必要措施，确保其收集的个人信息安全，防止信息泄露、毁损、丢失。在发生或者可能发生个人信息泄露、毁损、丢失的情况时，应当立即采取补救措施，按照规定及时告知用户并向有关主管部门报告。

《未成年人保护法》第 73 条　网络服务提供者发现未成年人通过网络发布私密信息的，应当及时提示，并采取必要的保护措施。

《消费者权益保护法》第 29 条第 2 款　经营者及其工作人员对收集的消费者个人信息必须严格保密，不得泄露、出售或者非法向他人提供。经营者应当采取技术措施和其他必要措施，确保信息安全，防止消费者个人信息泄露、丢失。在发生或者可能发生信息泄露、丢失的情况时，应当立即采取补救措施。

《加强网络信息保护的决定》第 3 条　网络服务提供者和其他企业事业单位及其工作人员对在业务活动中收集的公民个人电子信息必须严格保密，不得泄露、篡改、毁损，不得出售或者非法向他人提供。

第 4 条　网络服务提供者和其他企业事业单位应当采取技术措施和其他必要措施，确保信息安全，防止在业务活动中收集的公民个人电子信息泄露、毁损、丢失。在发生或者可能发生信息泄露、毁损、丢失的情况时，应当立即采取补救措施。

—— 行政法规 ——

《地图管理条例》第 35 条第 2 款、第 3 款　互联网地图服务单位需要收集、使用用户个人信息的，应当公开收集、使用规则，不得泄露、篡改、出售或者非法向他人提供用户的个人信息。

互联网地图服务单位应当采取技术措施和其他必要措施，防止用户的个人信息泄露、丢失。

《人类遗传资源管理条例》第15条 保藏单位应当对所保藏的人类遗传资源加强管理和监测，采取安全措施，制定应急预案，确保保藏、使用安全。

保藏单位应当完整记录人类遗传资源保藏情况，妥善保存人类遗传资源的来源信息和使用信息，确保人类遗传资源的合法使用。

保藏单位应当就本单位保藏人类遗传资源情况向国务院科学技术行政部门提交年度报告。

《征信业管理条例》第22条 征信机构应当按照国务院征信业监督管理部门的规定，建立健全和严格执行保障信息安全的规章制度，并采取有效技术措施保障信息安全。

经营个人征信业务的征信机构应当对其工作人员查询个人信息的权限和程序作出明确规定，对工作人员查询个人信息的情况进行登记，如实记载查询工作人员的姓名，查询的时间、内容及用途。工作人员不得违反规定的权限和程序查询信息，不得泄露工作中获取的信息。

———— 地方性法规 ————

《浙江省电子商务条例》第19条第3款、第4款 评价内容中有泄露第三方个人信息、侮辱、诽谤、淫秽色情、危害国家安全和公共安全等违反法律、法规规定内容的，电子商务平台经营者应当删除或者屏蔽相应评价内容。

电子商务平台经营者依照前两款规定删除或者屏蔽相应评价内容的，应当依法保存相关数据信息。

———— 经济特区法规 ————

《深圳数据条例》第31条第1款 数据处理者应当建立自

然人行使相关权利和投诉举报的处理机制，并以易获取的方式提供有效途径。

第 72 条第 1 款 数据处理者应当依照法律、法规规定，建立健全数据分类分级、风险监测、安全评估、安全教育等安全管理制度，落实保障措施，不断提升技术手段，确保数据安全。

第 76 条第 1 款 数据处理者应当依照法律、法规规定以及国家标准的要求，对所收集的个人数据进行去标识化或者匿名化处理，并与可用于恢复识别特定自然人的数据分开存储。

第 77 条 数据处理者应当对数据存储进行分域分级管理，选择安全性能、防护级别与安全等级相匹配的存储载体；……

第 85 条 数据处理者应当建立数据安全应急处置机制，制定数据安全应急预案。数据安全应急预案应当按照危害程度、影响范围等因素对数据安全事件进行分级，并规定相应的应急处置措施。

部门规章

《电信和互联网用户个人信息保护规定》第 12 条 电信业务经营者、互联网信息服务提供者应当建立用户投诉处理机制，公布有效的联系方式，接受与用户个人信息保护有关的投诉，并自接到投诉之日起十五日内答复投诉人。

第 13 条 电信业务经营者、互联网信息服务提供者应当采取以下措施防止用户个人信息泄露、毁损、篡改或者丢失：

（一）确定各部门、岗位和分支机构的用户个人信息安全管理责任；

（二）建立用户个人信息收集、使用及其相关活动的工作流程和安全管理制度；

（三）对工作人员及代理人实行权限管理，对批量导出、复制、销毁信息实行审查，并采取防泄密措施；

（四）妥善保管记录用户个人信息的纸介质、光介质、电磁介质等载体，并采取相应的安全储存措施；

（五）对储存用户个人信息的信息系统实行接入审查，并采取防入侵、防病毒等措施；

（六）记录对用户个人信息进行操作的人员、时间、地点、事项等信息；

（七）按照电信管理机构的规定开展通信网络安全防护工作；

（八）电信管理机构规定的其他必要措施。

《儿童个人信息网络保护规定》第 8 条　网络运营者应当设置专门的儿童个人信息保护规则和用户协议，并指定专人负责儿童个人信息保护。

第 15 条　网络运营者对其工作人员应当以最小授权为原则，严格设定信息访问权限，控制儿童个人信息知悉范围。工作人员访问儿童个人信息的，应当经过儿童个人信息保护负责人或者其授权的管理人员审批，记录访问情况，并采取技术措施，避免违法复制、下载儿童个人信息。

《个人信用信息基础数据库管理暂行办法》第 26 条　商业银行应当根据中国人民银行的有关规定，制定相关信用信息报送、查询、使用、异议处理、安全管理等方面的内部管理制度和操作规程，并报中国人民银行备案。

第 27 条　商业银行应当建立用户管理制度，明确管理员用户、数据上报用户和信息查询用户的职责及操作规程。

商业银行管理员用户、数据上报用户和查询用户不得互相兼职。

第 30 条　商业银行应当制定管理员用户和查询用户的口令

控制制度，并定期检查口令控制执行情况。

第 31 条 商业银行应当建立保证个人信用信息安全的管理制度，确保只有得到内部授权的人员才能接触个人信用报告，不得将个人信用报告用于本办法第十二条规定以外的其它用途。

第 32 条 征信服务中心应当制定信用信息采集、整理、保存、查询、异议处理、用户管理、安全管理等方面的管理制度和操作规程，明确岗位职责，完善内控制度，保障个人信用数据库的正常运行和个人信用信息的安全。

第 33 条 征信服务中心及其工作人员不得违反法律、法规及本办法的规定，篡改、毁损、泄露或非法使用个人信用信息，不得与自然人、法人、其它组织恶意串通，提供虚假信用报告。

第 34 条 征信服务中心应当建立个人信用数据库内部运行和外部访问的监控制度，监督个人信用数据库用户和商业银行用户的操作，防范对个人信用数据库的非法入侵。

第 35 条 征信服务中心应当建立灾难备份系统，采取必要的安全保障措施，防止系统数据丢失。

第 36 条 征信服务中心应当对商业银行的所有查询进行记录，并及时向商业银行反馈。

《金融消费者权益保护实施办法》第 7 条 银行、支付机构应当将金融消费者权益保护纳入公司治理、企业文化建设和经营发展战略，制定本机构金融消费者权益保护工作的总体规划和具体工作措施。建立金融消费者权益保护专职部门或者指定牵头部门，明确部门及人员职责，确保部门有足够的人力、物力能够独立开展工作，并定期向高级管理层、董（理）事会汇报工作开展情况。

第 33 条 银行、支付机构应当建立以分级授权为核心的消费者金融信息使用管理制度，根据消费者金融信息的重要性、敏感度及业务开展需要，在不影响本机构履行反洗钱等法定义务的前提下，合理确定本机构工作人员调取信息的范围、权限，严格落实信息使用授权审批程序。

第 34 条第 1 款 银行、支付机构应当按照国家档案管理和电子数据管理等规定，采取技术措施和其他必要措施，妥善保管和存储所收集的消费者金融信息，防止信息遗失、毁损、泄露或者被篡改。

— 部门规范性文件 —

《关于银行业金融机构做好个人金融信息保护工作的通知》第 3 条 银行业金融机构应当建立健全内部控制制度，对易发生个人金融信息泄露的环节进行充分排查，明确规定各部门、岗位和人员的管理责任，加强个人金融信息管理的权限设置，形成相互监督、相互制约的管理机制，切实防止信息泄露或滥用事件的发生。

银行业金融机构要完善信息安全技术防范措施，确保个人金融信息在收集、传输、加工、保存、使用等环节中不被泄露。

银行业金融机构要加强对从业人员的培训，强化从业人员个人金融信息安全意识，防止从业人员非法使用、泄露、出售个人金融信息。接触个人金融信息岗位的从业人员在上岗前，应当书面做出保密承诺。

《互联网个人信息安全保护指南》6.2 保存

个人信息的保存行为应满足以下要求：

……

b) 收集到的个人信息应采取相应的安全加密存储等安全措施进行处理；

……

7.1 应急机制和预案

a）应建立健全网络安全风险评估和应急工作机制，在个人信息处理过程中发生应急事件时具有上报有关主管部门的机制；

b）应制定个人信息安全事件应急预案，包括应急处理流程、事件上报流程等内容；

c）应定期（至少每半年一次）组织内部相关人员进行应急响应培训和应急演练，使其掌握岗位职责和应急处置策略和规程，留存应急培训和应急演练记录；

d）应定期对原有的应急预案重新评估，修订完善。

7.2 处置和响应

a）发现网络存在较大安全风险，应采取措施，进行整改，消除隐患；发生安全事件时，应及时向公安机关报告，协助开展调查和取证工作，尽快消除隐患；

b）发生个人信息安全事件后，应记录事件内容，包括但不限于：发现事件的人员、时间、地点，涉及的个人信息及人数，发生事件的系统名称，对其他互联系统的影响，是否已联系执法机关或有关部门；

c）应对安全事件造成的影响进行调查和评估，采取技术措施和其他必要措施，消除安全隐患，防止危害扩大；

d）应按《国家网络安全事件应急预案》等相关规定及时上报安全事件，报告内容包括但不限于：涉及个人信息主体的类型、数量、内容、性质等总体情况，事件可能造成的影响，已采取或将要采取的处置措施，事件处置相关人员的联系方式；

e）应将事件的情况告知受影响的个人信息主体，并及时向社会发布与公众有关的警示信息。

《人口健康信息管理办法（试行）》第17条 涉及国家秘密的人口健康信息系统应当按照国家涉密信息管理的要求进行

分级保护，杜绝泄密。

第 18 条　责任单位应当建立痕迹管理制度，任何建立、修改和访问人口健康信息的用户，都应当通过严格的实名身份鉴别和授权控制，做到其行为可管理、可控制、可追溯。

《寄递服务用户个人信息安全管理规定》第 8 条　邮政企业、快递企业应当建立健全寄递用户信息安全保障制度和措施，明确企业内部各部门、岗位的安全责任，加强寄递用户信息安全管理和安全责任考核。

第 11 条　邮政企业、快递企业应当组织从业人员进行寄递用户信息安全保护相关知识、技能培训，加强职业道德教育，不断提高从业人员的法制观念和责任意识。

第 29 条　邮政企业、快递企业信息系统的网络架构应当符合国家信息安全管理规定，合理划分安全区域，实现各安全区域之间有效隔离，并具有防范、监控和阻断来自内部和外部网络攻击破坏的能力。

第 30 条　邮政企业、快递企业应当配备必要的防病毒软件、硬件，确保信息系统和网络具有防范计算机病毒的能力，防止恶意代码破坏信息系统和网络，避免信息泄露或者被篡改。

第 31 条　邮政企业、快递企业构建信息系统和网络，应当避免使用信息系统和网络供应商提供的默认密码、安全参数，并对通过开放公共网络传输的寄递用户信息采取加密措施，严格审查并监控对信息系统、网络设备的远程访问。

第 32 条　邮政企业、快递企业在采购计算机软件、硬件产品或者技术服务时，应当与供应商签订保密协议，明确其安全责任，以及在发生信息安全事件时配合邮政管理部门和相关部门调查的义务。

第 34 条　邮政企业、快递企业应当加强信息系统及网络的权限管理，基于权限最小化和权限分离原则，向从业人员分配满足工作需要的最小操作权限和可访问的最小信息范围。

邮政企业、快递企业应当加强对信息系统和数据库的管理，使网络管理人员仅具有进行信息系统、数据库、网络运行维护和优化的权限。网络管理人员的维护操作须经安全管理员授权，并受到安全审计员的监控和审计。

第35条 邮政企业、快递企业应当加强信息系统密码管理，使用高安全级别密码策略，定期更换密码，禁止将密码透露给无关人员。

第36条 邮政企业、快递企业应当加强寄递用户电子信息的存储安全管理，包括：

（一）使用独立物理区域存储寄递用户信息，禁止非授权人员进出该区域；

（二）采用加密方式存储寄递用户信息；

（三）确保安全使用、保管和处置存有寄递用户信息的计算机、移动设备和移动存储介质。明确管理数据存储设备、介质的负责人，建立设备、介质使用和借用登记制度，限制设备输出接口的使用。存储设备和介质报废的，应当及时删除其中的寄递用户信息数据，并销毁硬件。

第37条 邮政企业、快递企业应当加强寄递用户信息的应用安全管理，对所有批量导出、复制、销毁用户个人信息的操作进行审查，并采取防泄密措施，同时记录进行操作的人员、时间、地点和事项，留作信息安全审计依据。

第38条 邮政企业、快递企业应当加强对离岗人员的信息安全审计，及时删除或者禁用离岗人员系统账户。

第39条 邮政企业、快递企业应当制定本企业与市场相关主体的信息系统安全互联技术规则，对存储寄递服务信息的信息系统实行接入审查，定期进行安全风险评估。

—— 国家标准 ——

《个人信息安全规范》6.2 去标识化处理

收集个人信息后，个人信息控制者宜立即进行去标识化处理，并采取技术和管理方面的措施，将可用于恢复识别个人的信息与去标识化后的信息分开存储并加强访问和使用的权限管理。

7.1 个人信息访问控制措施

对个人信息控制者的要求包括：

a）对被授权访问个人信息的人员，应建立最小授权的访问控制策略，使其只能访问职责所需的最小必要的个人信息，且仅具备完成职责所需的最少的数据操作权限；

b）对个人信息的重要操作设置内部审批流程，如进行批量修改、拷贝、下载等重要操作；

c）对安全管理人员、数据操作人员、审计人员的角色进行分离设置；

d）确因工作需要，需授权特定人员超权限处理个人信息的，应经个人信息保护责任人或个人信息保护工作机构进行审批，并记录在册；

注：个人信息保护责任人或个人信息保护工作机构的确定见11.1。

e）对个人敏感信息的访问、修改等操作行为，宜在对角色权限控制的基础上，按照业务流程的需求触发操作授权。例如，当收到客户投诉，投诉处理人员才可访问该个人信息主体的相关信息。

7.2　个人信息的展示限制

涉及通过界面展示个人信息的（如显示屏幕、纸面），个人信息控制者宜对需展示的个人信息采取去标识化处理等措施，降低个人信息在展示环节的泄露风险。例如，在个人信息展示时，防止内部非授权人员及个人信息主体之外的其他人员未经授权获取个人信息。

7.6　基于不同业务目的所收集个人信息的汇聚融合

对个人信息控制者的要求包括：

a）应遵守 7.3 的要求；

b）应根据汇聚融合后个人信息所用于的目的，开展个人信息安全影响评估，采取有效的个人信息保护措施。

10.1　个人信息安全事件应急处置和报告

对个人信息控制者的要求包括：

a）应制定个人信息安全事件应急预案。

b）应定期（至少每年一次）组织内部相关人员进行应急响应培训和应急演练，使其掌握岗位职责和应急处置策略和规程。

……

11.2　个人信息安全工程

开发具有处理个人信息功能的产品或服务时，个人信息控制者宜根据国家有关标准在需求、设计、开发、测试、发布等系统工程阶段考虑个人信息保护要求，保证在系统建设时对个人信息保护措施同步规划、同步建设和同步使用。

11.3　个人信息处理活动记录

个人信息控制者宜建立、维护和更新所收集、使用的个人信息处理活动记录，记录的内容可包括：

a）所涉及个人信息的类型、数量、来源（如从个人信息主体直接收集或通过间接获取方式获得）；

b）根据业务功能和授权情况区分个人信息的处理目的、使用场景，以及委托处理、共享、转让、公开披露、是否涉及出境等情况；

c）与个人信息处理活动各环节相关的信息系统、组织或人员。

11.5　数据安全能力

个人信息控制者应根据有关国家标准的要求，建立适当的数据安全能力，落实必要的管理和技术措施，防止个人信息的泄漏、损毁、丢失、篡改。

11.6　人员管理与培训

对个人信息控制者的要求包括：

a）应与从事个人信息处理岗位上的相关人员签署保密协议，对大量接触个人敏感信息的人员进行背景审查，以了解其犯罪记录、诚信状况等；

b）应明确内部涉及个人信息处理不同岗位的安全职责，建立发生安全事件的处罚机制；

c）应要求个人信息处理岗位上的相关人员在调离岗位或终止劳动合同时，继续履行保密义务；

d）应明确可能访问个人信息的外部服务人员应遵守的个人信息安全要求，与其签署保密协议，并进行监督；

e）应建立相应的内部制度和政策对员工提出个人信息保护的指引和要求；

f）应定期（至少每年一次）或在个人信息保护政策发生重大变化时，对个人信息处理岗位上的相关人员开展个人信息安全专业化培训和考核，确保相关人员熟练掌握个人信息保护政策和相关规程。

《个人信息保护指南》4.1.3　个人信息管理者

负责依照国家法律、法规和本指导性技术文件，规划、设计和建立信息系统个人信息处理流程；制定个人信息管理制度、落实个人信息管理责任；指定专门机构或人员负责机构内部的个人信息保护工作，接受个人信息主体的投诉与质询；制定个人信息保护的教育培训计划并组织落实；建立个人信息保护的内控机制，并定期对信息系统个人信息的安全状况、保护制度及措施的落实情况进行自查或委托独立测评机构进行测评。

……

5.3.3　保证加工过程中个人信息不被任何与处理目的无关的个人、组织和机构获知。

《个人信息去标识化指南》3.3　去标识化 de-identification

通过对个人信息的技术处理，使其在不借助额外信息的情况下，无法识别个人信息主体的过程。

［GB/T 35273-2017，定义 3.14］

注：去除标识符与个人信息主体之间关联性。

3.6　标识符 identifier

微数据中的一个或多个属性，可以实现对个人信息主体的唯一识别。

注：标识符分为直接标识符和准标识符。

3.7　直接标识符 direct identifier

微数据中的属性，在特定环境下可以单独识别个人信息主体。

注 1：特定环境指个人信息使用的具体场景。例如，在一个具体的学校，通过学号可以直接识别出一个具体的学生。

注 2：常见的直接标识符有：姓名、身份证号、护照号、驾照号、地址、电子邮件地址、电话号码、传真号码、银行卡号码、车牌号码、车辆识别号码、社会保险号码、健康卡号码、病历号码、设备标识符、生物识别码、互联网协议（IP）地址号和网络通用资源定位符（URL）等。

3.8 准标识符 quasi-identifier

微数据中的属性，结合其他属性可唯一识别个人信息主体。

注：常见的准标识符有：性别、出生日期或年龄、事件日期（例如入院、手术、出院、访问）、地点（例如邮政编码、建筑名称、地区）、族裔血统、出生国、语言、原住民身份、可见的少数民族地位、职业、婚姻状况、受教育水平、上学年限、犯罪历史、总收入和宗教信仰等。

批 注

> **第五十二条** 处理个人信息达到国家网信部门规定数量的个人信息处理者应当指定个人信息保护负责人，负责对个人信息处理活动以及采取的保护措施等进行监督。
>
> 个人信息处理者应当公开个人信息保护负责人的联系方式，并将个人信息保护负责人的姓名、联系方式等报送履行个人信息保护职责的部门。

关联条文

《数据安全法》第 27 条第 2 款 重要数据的处理者应当明确数据安全负责人和管理机构，落实数据安全保护责任。

《个人信息安全规范》11.1 明确责任部门与人员

对个人信息控制者的要求包括：

a）应明确其法定代表人或主要负责人对个人信息安全负全面领导责任，包括为个人信息安全工作提供人力、财力、物力保障等。

b）应任命个人信息保护负责人和个人信息保护工作机构，个人信息保护负责人应由具有相关管理工作经历和个人信息保护专业知识的人员担任，参与有关个人信息处理活动的重要决策直接向组织主要负责人报告工作。

c）满足以下条件之一的组织，应设立专职的个人信息保护负责人和个人信息保护工作机构，负责个人信息安全工作：

1）主要业务涉及个人信息处理，且从业人员规模大于200人；

2）处理超过100万人的个人信息，或预计在12个月内处理超过100万人的个人信息；

3）处理超过10万人的个人敏感信息的。

d）个人信息保护负责人和个人信息保护工作机构的职责应包括但不限于：

1）全面统筹实施组织内部的个人信息安全工作，对个人信息安全负直接责任；

2）组织制定个人信息保护工作计划并督促落实；

3）制定、签发、实施、定期更新个人信息保护政策和相关规程；

4）建立、维护和更新组织所持有的个人信息清单（包括个人信息的类型、数量、来源、接收方等）和授权访问策略；

5）开展个人信息安全影响评估，提出个人信息保护的对策建议，督促整改安全隐患；

6）组织开展个人信息安全培训；

7）在产品或服务上线发布前进行检测，避免未知的个人信息收集、使用、共享等处理行为；

8）公布投诉、举报方式等信息并及时受理投诉举报；

9）进行安全审计；

10）与监督、管理部门保持沟通，通报或报告个人信息保护和事件处置等情况。

e）应为个人信息保护负责人和个人信息保护工作机构提供必要的资源，保障其独立履行职责。

第五十三条　本法第三条第二款规定的中华人民共和国境外的个人信息处理者，应当在中华人民共和国境内设立专门机构或者指定代表，负责处理个人信息保护相关事务，并将有关机构的名称或者代表的姓名、联系方式等报送履行个人信息保护职责的部门。

第五十四条　个人信息处理者应当定期对其处理个人信息遵守法律、行政法规的情况进行合规审计。

关联条文

—— 部门规章 ——

《电话用户登记规定》第 15 条　电信业务经营者应当对其电话用户真实身份信息登记和保护情况每年至少进行一次自查，并对其工作人员进行电话用户真实身份信息登记和保护相关知识、技能和安全责任培训。

《电信和互联网用户个人信息保护规定》第 16 条　电信业务经营者、互联网信息服务提供者应当对用户个人信息保护情况每年至少进行一次自查，记录自查情况，及时消除自查中发现的安全隐患。

《个人信用信息基础数据库管理暂行办法》第 37 条　商业银行应当经常对个人信用数据库的查询情况进行检查，确保所有查询符合本办法的规定，并定期向中国人民银行及征信服务中心报告查询检查结果。

征信服务中心应当定期核查商业银行对个人信用数据库的查询情况。

—— 部门规范性文件 ——

《互联网个人信息安全保护指南》5. 2. 4. 3　安全审计

a）个人信息处理系统应提供安全审计功能，审计应覆盖到每个用户，应对重要的用户行为和重要的安全事件进行审计；

b）审计记录应包括事件的日期和时间、用户、事件类型、事件是否成功及其他与审计相关的信息；

c）应对审计记录进行保护，定期备份，并避免受到未预期的删除、修改或覆盖等；

d）审计记录的留存时间应符合法律法规的要求；

e）应对审计进程进行保护，防止未经授权的中断。

《寄递服务用户个人信息安全管理规定》第 33 条　邮政企业、快递企业应当建立信息系统安全内部审计制度，定期开展内部审计，对发现的问题及时整改。

—— 国家标准 ——

《个人信息安全规范》11. 7　安全审计

对个人信息控制者的要求包括：

a）应对个人信息保护政策、相关规程和安全措施的有效性进行审计；

b）应建立自动化审计系统，监测记录个人信息处理活动；

c）审计过程形成的记录应能对安全事件的处置、应急响应和事后调查提供支撑；

d）应防止非授权访问、篡改或删除审计记录；

e）应及时处理审计过程中发现的个人信息违规使用、滥用等情况；

f）审计记录和留存时间应符合法律法规的要求。

批 注

第五十五条　有下列情形之一的，个人信息处理者应当事前进行个人信息保护影响评估，并对处理情况进行记录：

（一）处理敏感个人信息；

（二）利用个人信息进行自动化决策；

（三）委托处理个人信息、向其他个人信息处理者提供个人信息、公开个人信息；

（四）向境外提供个人信息；

（五）其他对个人权益有重大影响的个人信息处理活动。

关联条文

《数据安全法》第 30 条第 1 款　重要数据的处理者应当按照规定对其数据处理活动定期开展风险评估，并向有关主管部门报送风险评估报告。

《深圳数据条例》第 84 条　处理敏感个人数据或者国家规定的重要数据，应当按照有关规定定期开展风险评估，并向有关主管部门报送风险评估报告。

《儿童个人信息网络保护规定》第 17 条　网络运营者向第三方转移儿童个人信息的，应当自行或者委托第三方机构进行

219

安全评估。

> 　　**第五十六条**　个人信息保护影响评估应当包括下列内容：
>
> 　　（一）个人信息的处理目的、处理方式等是否合法、正当、必要；
>
> 　　（二）对个人权益的影响及安全风险；
>
> 　　（三）所采取的保护措施是否合法、有效并与风险程度相适应。
>
> 　　个人信息保护影响评估报告和处理情况记录应当至少保存三年。

关联条文

　　《数据安全法》第 30 条第 2 款　风险评估报告应当包括处理的重要数据的种类、数量，开展数据处理活动的情况，面临的数据安全风险及其应对措施等。

　　《个人信息安全规范》11.4　开展个人信息安全影响评估

　　对个人信息控制者的要求包括：

　　a）应建立个人信息安全影响评估制度，评估并处置个人信息处理活动存在的安全风险。

　　b）个人信息安全影响评估应主要评估处理活动遵循个人信息安全基本原则的情况，以及个人信息处理活动对个人信息主体合法权益的影响，内容包括但不限于：

　　1）个人信息收集环节是否遵循目的明确、选择同意、最小必要等原则；

　　2）个人信息处理是否可能对个人信息主体合法权益造成不

利影响，包括是否会危害人身和财产安全、损害个人名誉和身心健康、导致差别性待遇等；

3）个人信息安全措施的有效性；

4）匿名化或去标识化处理后的数据集重新识别出个人信息主体或与其他数据集汇聚后重新识别出个人信息主体的风险；

5）共享、转让、公开披露个人信息对个人信息主体合法权益可能产生的不利影响；

6）发生安全事件时，对个人信息主体合法权益可能产生的不利影响。

c）在产品或服务发布前，或业务功能发生重大变化时，应进行个人信息安全影响评估。

d）在法律法规有新的要求时，或在业务模式、信息系统、运行环境发生重大变更时，或发生重大个人信息安全事件时，应进行个人信息安全影响评估。

e）形成个人信息安全影响评估报告，并以此采取保护个人信息主体的措施，使风险降低到可接受的水平。

f）妥善留存个人信息安全影响评估报告，确保可供相关方查阅，并以适宜的形式对外公开。

3.9 个人信息安全影响评估 personal information security impact assessment

针对个人信息处理活动，检验其合法合规程度，判断其对个人信息主体合法权益造成损害的各种风险，以及评估用于保护个人信息主体的各项措施有效性的过程。

第五十七条　发生或者可能发生个人信息泄露、篡改、丢失的，个人信息处理者应当立即采取补救措施，并通知履行个人信息保护职责的部门和个人。通知应当包括下列事项：

（一）发生或者可能发生个人信息泄露、篡改、丢失的信息种类、原因和可能造成的危害；

（二）个人信息处理者采取的补救措施和个人可以采取的减轻危害的措施；

（三）个人信息处理者的联系方式。

个人信息处理者采取措施能够有效避免信息泄露、篡改、丢失造成危害的，个人信息处理者可以不通知个人；履行个人信息保护职责的部门认为可能造成危害的，有权要求个人信息处理者通知个人。

关联条文

法律

《民法典》第 1038 条第 2 款第 2 句　发生或者可能发生个人信息泄露、篡改、丢失的，应当及时采取补救措施，按照规定告知自然人并向有关主管部门报告。

《数据安全法》第 23 条　国家建立数据安全应急处置机制。发生数据安全事件，有关主管部门应当依法启动应急预案，采取相应的应急处置措施，防止危害扩大，消除安全隐患，并及时向社会发布与公众有关的警示信息。

第 29 条　开展数据处理活动应当加强风险监测，发现数据安全缺陷、漏洞等风险时，应当立即采取补救措施；发生数据安全事件时，应当立即采取处置措施，按照规定及时告知用户并向有关主管部门报告。

《网络安全法》第 42 条第 2 款第 2 句　在发生或者可能发生个人信息泄露、毁损、丢失的情况时，应当立即采取补救措施，按照规定及时告知用户并向有关主管部门报告。

《消费者权益保护法》第 29 条第 2 款第 3 句　（经营者）在发生或者可能发生信息泄露、丢失的情况时，应当立即采取补救措施。

《加强网络信息保护的决定》第 5 条　网络服务提供者应当加强对其用户发布的信息的管理，发现法律、法规禁止发布或者传输的信息的，应当立即停止传输该信息，采取消除等处置措施，保存有关记录，并向有关主管部门报告。

───── 行政法规 ─────

《征信业管理条例》第 34 条　经营个人征信业务的征信机构、金融信用信息基础数据库、向金融信用信息基础数据库提供或者查询信息的机构发生重大信息泄露等事件的，国务院征信业监督管理部门可以采取临时接管相关信息系统等必要措施，避免损害扩大。

───── 经济特区法规 ─────

《深圳数据条例》第 83 条　数据处理者应当落实与数据安全防护级别相适应的监测预警措施，对数据泄露、毁损、丢失、篡改等异常情况进行监测和预警。

监测到发生或者可能发生数据泄露、毁损、丢失、篡改等数据安全事件的，数据处理者应当立即采取补救、预防措施。

第 86 条　发生数据泄露、毁损、丢失、篡改等数据安全事件的，数据处理者应当立即启动应急预案，采取相应的应急处置措施，及时告知相关权利人，并按照有关规定向市网信、公安部门和有关行业主管部门报告。

第 88 条　市网信部门应当会同有关主管部门加强数据安全风险分析、预测、评估，收集相关信息；发现可能导致较大范围数据泄露、毁损、丢失、篡改等数据安全事件的，应当及时发布预警信息，提出防范应对措施，指导、监督数据处理者做好数据安全保护工作。

—— 部门规章 ——

《电话用户登记规定》第 13 条第 1 款　电话用户真实身份信息发生或者可能发生泄露、毁损、丢失的，电信业务经营者应当立即采取补救措施；造成或者可能造成严重后果的，应当立即向相关电信管理机构报告，配合相关部门进行的调查处理。

《电信和互联网用户个人信息保护规定》第 14 条第 1 款
电信业务经营者、互联网信息服务提供者保管的用户个人信息发生或者可能发生泄露、毁损、丢失的，应当立即采取补救措施；造成或者可能造成严重后果的，应当立即向准予其许可或者备案的电信管理机构报告，配合相关部门进行的调查处理。

《儿童个人信息网络保护规定》第 21 条　网络运营者发现儿童个人信息发生或者可能发生泄露、毁损、丢失的，应当立即启动应急预案，采取补救措施；造成或者可能造成严重后果的，应当立即向有关主管部门报告，并将事件相关情况以邮件、信函、电话、推送通知等方式告知受影响的儿童及其监护人，难以逐一告知的，应当采取合理、有效的方式发布相关警示信息。

《规范互联网信息服务市场秩序若干规定》第 12 条　互联网信息服务提供者应当妥善保管用户个人信息；保管的用户个人信息泄露或者可能泄露时，应当立即采取补救措施；造成或者可能造成严重后果的，应当立即向准予其互联网信息服务许可或者备案的电信管理机构报告，并配合相关部门进行的调查处理。

《金融消费者权益保护实施办法》第 34 条第 2 款　银行、支付机构及其工作人员应当对消费者金融信息严格保密，不得泄露或者非法向他人提供。在确认信息发生泄露、毁损、丢失时，银行、支付机构应当立即采取补救措施；信息泄露、毁损、丢失可能危及金融消费者人身、财产安全的，应当立即向银行、支付机构住所地的中国人民银行分支机构报告并告知金融消费者；信息泄露、毁损、丢失可能对金融消费者产生其他不利影响的，应当及时告知金融消费者，并在 72 小时以内报告银行、支付机构住所地的中国人民银行分支机构。中国人民银行分支机构接到报告后，视情况按照本办法第五十五条规定处理。

────➤ **部门规范性文件** ◄────

《关于银行业金融机构做好个人金融信息保护工作的通知》第 9 条　银行业金融机构发生个人金融信息泄露事件的，或银行业金融机构的上级机构发现下级机构有违反规定对外提供个人金融信息及其他违反本通知行为的，应当在事件发生之日或发现下级机构违规行为之日起 7 个工作日内将相关情况及初步处理意见报告中国人民银行当地分支机构。

中国人民银行分支机构在收到银行业金融机构报告后，应视情况予以处理，并及时向中国人民银行报告。

《寄递服务用户个人信息安全管理规定》第 17 条　邮政企业、快递企业应当建立寄递用户信息安全应急处置机制。对于突发的寄递用户信息安全事故，应当立即采取补救措施，按照规定报告邮政管理部门，并配合邮政管理部门和相关部门的调查处理工作，不得迟报、漏报、谎报、瞒报。

司法解释

《关于审理政府信息公开行政案件若干问题的规定》第11条第1款 被告公开政府信息涉及原告商业秘密、个人隐私且不存在公共利益等法定事由的，人民法院应当判决确认公开政府信息的行为违法，并可以责令被告采取相应的补救措施；造成损害的，根据原告请求依法判决被告承担赔偿责任。政府信息尚未公开的，应当判决行政机关不得公开。

国家标准

《个人信息安全规范》10.1 个人信息安全事件应急处置和报告

对个人信息控制者的要求包括：

......

c）发生个人信息安全事件后，个人信息控制者应根据应急响应预案进行以下处置：

1）记录事件内容，包括但不限于：发现事件的人员、时间、地点，涉及的个人信息及人数，发生事件的系统名称，对其他互联系统的影响，是否已联系执法机关或有关部门；

2）评估事件可能造成的影响，并采取必要措施控制事态，消除隐患；

3）按照《国家网络安全事件应急预案》等有关规定及时上报，报告内容包括但不限于：涉及个人信息主体的类型、数量、内容、性质等总体情况，事件可能造成的影响，已采取或将要采取的处置措施，事件处置相关人员的联系方式；

4）个人信息泄露事件可能会给个人信息主体的合法权益造成严重危害的，如个人敏感信息的泄露，按照 10.2 的要求实施安全事件的告知。

d）根据相关法律法规变化情况，以及事件处置情况，及时更新应急预案。

10.2 安全事件告知

对个人信息控制者的要求包括：

a）应及时将事件相关情况以邮件、信函、电话、推送通知等方式告知受影响的个人信息主体。难以逐一告知个人信息主体时，应采取合理、有效的方式发布与公众有关的警示信息。

b）告知内容应包括但不限于：

1）安全事件的内容和影响；

2）已采取或将要采取的处置措施；

3）个人信息主体自主防范和降低风险的建议；

4）针对个人信息主体提供的补救措施；

5）个人信息保护负责人和个人信息保护工作机构的联系方式。

《个人信息保护指南》4.1.3 个人信息管理者

......

管控信息系统个人信息处理过程中的风险，对个人信息处理过程中可能出现的泄露、丢失、损坏、篡改、不当使用等事件制定预案；发现个人信息遭到泄露、丢失、篡改后，及时采取应对措施，防止事件影响进一步扩大，并及时告知受影响的个人信息主体；发生重大事件的，及时向个人信息保护管理部门通报。

......

第五十八条　提供重要互联网平台服务、用户数量巨大、业务类型复杂的个人信息处理者，应当履行下列义务：

（一）按照国家规定建立健全个人信息保护合规制度体系，成立主要由外部成员组成的独立机构对个人信息保护情况进行监督；

（二）遵循公开、公平、公正的原则，制定平台规则，明确平台内产品或者服务提供者处理个人信息的规范和保护个人信息的义务；

（三）对严重违反法律、行政法规处理个人信息的平台内的产品或者服务提供者，停止提供服务；

（四）定期发布个人信息保护社会责任报告，接受社会监督。

关联条文

《民法典》第86条　营利法人从事经营活动，应当遵守商业道德，维护交易安全，接受政府和社会的监督，承担社会责任。

《电子商务法》第32条　电子商务平台经营者应当遵循公开、公平、公正的原则，制定平台服务协议和交易规则，明确进入和退出平台、商品和服务质量保障、消费者权益保护、个人信息保护等方面的权利和义务。

第36条　电子商务平台经营者依据平台服务协议和交易规则对平台内经营者违反法律、法规的行为实施警示、暂停或者终止服务等措施的，应当及时公示。

《公司法》第5条第1款　公司从事经营活动，必须遵守法律、行政法规，遵守社会公德、商业道德，诚实守信，接受政府和社会公众的监督，承担社会责任。

　　第五十九条　接受委托处理个人信息的受托人，应当依照本法和有关法律、行政法规的规定，采取必要措施保障所处理的个人信息的安全，并协助个人信息处理者履行本法规定的义务。

关联条文

　　《儿童个人信息网络保护规定》第 16 条　网络运营者委托第三方处理儿童个人信息的，应当对受委托方及委托行为等进行安全评估，签署委托协议，明确双方责任、处理事项、处理期限、处理性质和目的等，委托行为不得超出授权范围。

　　前款规定的受委托方，应当履行以下义务：

　　（一）按照法律、行政法规的规定和网络运营者的要求处理儿童个人信息；

　　（二）协助网络运营者回应儿童监护人提出的申请；

　　（三）采取措施保障信息安全，并在发生儿童个人信息泄露安全事件时，及时向网络运营者反馈；

　　（四）委托关系解除时及时删除儿童个人信息；

　　（五）不得转委托；

　　（六）其他依法应当履行的儿童个人信息保护义务。

第六章　履行个人信息保护职责的部门

第六十条　国家网信部门负责统筹协调个人信息保护工作和相关监督管理工作。国务院有关部门依照本法和有关法律、行政法规的规定，在各自职责范围内负责个人信息保护和监督管理工作。

县级以上地方人民政府有关部门的个人信息保护和监督管理职责，按照国家有关规定确定。

前两款规定的部门统称为履行个人信息保护职责的部门。

关联条文

——　法律　——

《数据安全法》第5条　中央国家安全领导机构负责国家数据安全工作的决策和议事协调，研究制定、指导实施国家数据安全战略和有关重大方针政策，统筹协调国家数据安全的重大事项和重要工作，建立国家数据安全工作协调机制。

第6条　各地区、各部门对本地区、本部门工作中收集和产生的数据及数据安全负责。

工业、电信、交通、金融、自然资源、卫生健康、教育、科技等主管部门承担本行业、本领域数据安全监管职责。

公安机关、国家安全机关等依照本法和有关法律、行政法规的规定，在各自职责范围内承担数据安全监管职责。

国家网信部门依照本法和有关法律、行政法规的规定，负责统筹协调网络数据安全和相关监管工作。

《网络安全法》第8条　国家网信部门负责统筹协调网络安全工作和相关监督管理工作。国务院电信主管部门、公安部门和其他有关机关依照本法和有关法律、行政法规的规定，在各自职责范围内负责网络安全保护和监督管理工作。

县级以上地方人民政府有关部门的网络安全保护和监督管理职责，按照国家有关规定确定。

—— 行政法规 ——

《人类遗传资源管理条例》第4条　国务院科学技术行政部门负责全国人类遗传资源管理工作；国务院其他有关部门在各自的职责范围内，负责有关人类遗传资源管理工作。

省、自治区、直辖市人民政府科学技术行政部门负责本行政区域人类遗传资源管理工作；省、自治区、直辖市人民政府其他有关部门在各自的职责范围内，负责本行政区域有关遗传资源管理工作。

—— 经济特区法规 ——

《深圳数据条例》第6条　市人民政府应当建立健全数据治理制度和标准体系，统筹推进个人数据保护、公共数据共享开放、数据要素市场培育及数据安全监督管理工作。

第7条　市人民政府设立市数据工作委员会，负责研究、协调本市数据管理工作中的重大事项。市数据工作委员会的日常工作由市政务服务数据管理部门承担。

市数据工作委员会可以设立若干专业委员会。

第8条 市网信部门负责统筹协调本市个人数据保护、网络数据安全、跨境数据流通等相关监督管理工作。

市政务服务数据管理部门负责本市公共数据管理的统筹、指导、协调和监督工作。

市发展改革、工业和信息化、公安、财政、人力资源保障、规划和自然资源、市场监管、审计、国家安全等部门依照有关法律、法规，在各自职责范围内履行数据监督管理相关职能。

市各行业主管部门负责本行业数据管理工作的统筹、指导、协调和监督。

第13条 市网信部门应当会同市工业和信息化、公安、市场监管等部门以及相关行业主管部门建立健全个人数据保护监督管理联合工作机制，加强对个人数据保护和相关监督管理工作的统筹和指导；建立个人数据保护投诉举报处理机制，依法处理相关投诉举报。

— 部门规范性文件 —

《人口健康信息管理办法（试行）》第5条 县级以上人民政府卫生计生行政部门（含中医药行政部门，下同）是人口健康信息主管部门。国家卫生计生委负责制订全国人口健康信息发展规划和管理规范，统筹指导全国人口健康信息管理工作；县级以上地方人民政府卫生计生行政部门负责推进、指导、监督本行政区域人口健康信息管理工作。

各级各类医疗卫生计生服务机构（含中医药服务机构，下同）负责人口健康信息的采集、利用、管理、安全和隐私保护，是人口健康信息管理中的责任单位。

第 20 条 卫生计生行政部门应当加强对本行政区域内各责任单位人口健康信息管理工作的日常监督检查，对本行政区域内各责任单位人口健康信息综合利用工作的指导监督，提高精细化人口健康服务和管理能力。

《寄递服务用户个人信息安全管理规定》第 5 条 国务院邮政管理部门负责全国邮政行业寄递用户信息安全监督管理工作。

省、自治区、直辖市邮政管理机构负责本行政区域内的邮政行业寄递用户信息安全监督管理工作。

按照国务院规定设立的省级以下邮政管理机构负责本辖区的邮政行业寄递用户信息安全监督管理工作。

国务院邮政管理部门和省、自治区、直辖市邮政管理机构以及省级以下邮政管理机构，统称为邮政管理部门。

批注

第六十一条 履行个人信息保护职责的部门履行下列个人信息保护职责：

（一）开展个人信息保护宣传教育，指导、监督个人信息处理者开展个人信息保护工作；

（二）接受、处理与个人信息保护有关的投诉、举报；

（三）组织对应用程序等个人信息保护情况进行测评，并公布测评结果；

（四）调查、处理违法个人信息处理活动；

（五）法律、行政法规规定的其他职责。

关联条文

——— 法律 ———

《数据安全法》第 22 条　国家建立集中统一、高效权威的数据安全风险评估、报告、信息共享、监测预警机制。国家数据安全工作协调机制统筹协调有关部门加强数据安全风险信息的获取、分析、研判、预警工作。

第 24 条　国家建立数据安全审查制度，对影响或者可能影响国家安全的数据处理活动进行国家安全审查。

依法作出的安全审查决定为最终决定。

《网络安全法》第 14 条　任何个人和组织有权对危害网络安全的行为向网信、电信、公安等部门举报。收到举报的部门应当及时依法作出处理；不属于本部门职责的，应当及时移送有权处理的部门。

有关部门应当对举报人的相关信息予以保密，保护举报人的合法权益。

第 15 条　国家建立和完善网络安全标准体系。国务院标准化行政主管部门和国务院其他有关部门根据各自的职责，组织制定并适时修订有关网络安全管理以及网络产品、服务和运行安全的国家标准、行业标准。

国家支持企业、研究机构、高等学校、网络相关行业组织参与网络安全国家标准、行业标准的制定。

《加强网络信息保护的决定》第 10 条　有关主管部门应当在各自职权范围内依法履行职责，采取技术措施和其他必要措施，防范、制止和查处窃取或者以其他非法方式获取、出售或者非法向他人提供公民个人电子信息的违法犯罪行为以及其他网络信息违法犯罪行为。有关主管部门依法履行职责时，网络服务提供者应当予以配合，提供技术支持。

国家机关及其工作人员对在履行职责中知悉的公民个人电子信息应当予以保密，不得泄露、篡改、毁损，不得出售或者非法向他人提供。

—※— 部门规章 —※—

《电信和互联网用户个人信息保护规定》第 19 条 电信管理机构实施电信业务经营许可及经营许可证年检时，应当对用户个人信息保护情况进行审查。

—※— 部门规范性文件 —※—

《寄递服务用户个人信息安全管理规定》第 40 条 邮政管理部门依法履行下列职责：

（一）制定保障寄递用户信息安全的政策、制度和相关标准，并监督实施；

（二）监督、指导邮政企业、快递企业落实信息安全责任制，督促企业加强寄递用户信息安全管理；

（三）对寄递用户信息安全进行监测、预警和应急管理；

（四）监督、指导邮政企业、快递企业开展寄递用户信息安全宣传教育和培训；

（五）依法对邮政企业、快递企业实施寄递用户信息安全监督检查；

（六）组织调查或者参与调查寄递用户信息安全事故，依法查处违反寄递用户信息安全管理规定的行为；

（七）法律、行政法规和规章规定的其他职责。

第六十二条　国家网信部门统筹协调有关部门依据本法推进下列个人信息保护工作：

（一）制定个人信息保护具体规则、标准；

（二）针对小型个人信息处理者、处理敏感个人信息以及人脸识别、人工智能等新技术、新应用，制定专门的个人信息保护规则、标准；

（三）支持研究开发和推广应用安全、方便的电子身份认证技术，推进网络身份认证公共服务建设；

（四）推进个人信息保护社会化服务体系建设，支持有关机构开展个人信息保护评估、认证服务；

（五）完善个人信息保护投诉、举报工作机制。

关联条文

《网络安全法》第 24 条第 2 款　国家实施网络可信身份战略，支持研究开发安全、方便的电子身份认证技术，推动不同电子身份认证之间的互认。

第 53 条　国家网信部门协调有关部门建立健全网络安全风险评估和应急工作机制，制定网络安全事件应急预案，并定期组织演练。

负责关键信息基础设施安全保护工作的部门应当制定本行业、本领域的网络安全事件应急预案，并定期组织演练。

网络安全事件应急预案应当按照事件发生后的危害程度、影响范围等因素对网络安全事件进行分级，并规定相应的应急处置措施。

《数据安全法》第 16 条　国家支持数据开发利用和数据安

全技术研究，鼓励数据开发利用和数据安全等领域的技术推广和商业创新，培育、发展数据开发利用和数据安全产品、产业体系。

第 17 条 国家推进数据开发利用技术和数据安全标准体系建设。国务院标准化行政主管部门和国务院有关部门根据各自的职责，组织制定并适时修订有关数据开发利用技术、产品和数据安全相关标准。国家支持企业、社会团体和教育、科研机构等参与标准制定。

第 18 条 国家促进数据安全检测评估、认证等服务的发展，支持数据安全检测评估、认证等专业机构依法开展服务活动。

国家支持有关部门、行业组织、企业、教育和科研机构、有关专业机构等在数据安全风险评估、防范、处置等方面开展协作。

第 21 条 国家建立数据分类分级保护制度，根据数据在经济社会发展中的重要程度，以及一旦遭到篡改、破坏、泄露或者非法获取、非法利用，对国家安全、公共利益或者个人、组织合法权益造成的危害程度，对数据实行分类分级保护。国家数据安全工作协调机制统筹协调有关部门制定重要数据目录，加强对重要数据的保护。

关系国家安全、国民经济命脉、重要民生、重大公共利益等数据属于国家核心数据，实行更加严格的管理制度。

各地区、各部门应当按照数据分类分级保护制度，确定本地区、本部门以及相关行业、领域的重要数据具体目录，对列入目录的数据进行重点保护。

第 23 条 国家建立数据安全应急处置机制。发生数据安全事件，有关主管部门应当依法启动应急预案，采取相应的应急处置措施，防止危害扩大，消除安全隐患，并及时向社会发布与公众有关的警示信息。

批注

第六十三条　履行个人信息保护职责的部门履行个人信息保护职责，可以采取下列措施：

（一）询问有关当事人，调查与个人信息处理活动有关的情况；

（二）查阅、复制当事人与个人信息处理活动有关的合同、记录、账簿以及其他有关资料；

（三）实施现场检查，对涉嫌违法的个人信息处理活动进行调查；

（四）检查与个人信息处理活动有关的设备、物品；对有证据证明是用于违法个人信息处理活动的设备、物品，向本部门主要负责人书面报告并经批准，可以查封或者扣押。

履行个人信息保护职责的部门依法履行职责，当事人应当予以协助、配合，不得拒绝、阻挠。

关联条文

—— 法律 ——

《网络安全法》第49条　网络运营者应当建立网络信息安全投诉、举报制度，公布投诉、举报方式等信息，及时受理并处理有关网络信息安全的投诉和举报。

网络运营者对网信部门和有关部门依法实施的监督检查，应当予以配合。

—❖ **行政法规** ❖—

《征信业管理条例》第 33 条　国务院征信业监督管理部门及其派出机构依照法律、行政法规和国务院的规定，履行对征信业和金融信用信息基础数据库运行机构的监督管理职责，可以采取下列监督检查措施：

（一）进入征信机构、金融信用信息基础数据库运行机构进行现场检查，对向金融信用信息基础数据库提供或者查询信息的机构遵守本条例有关规定的情况进行检查；

（二）询问当事人和与被调查事件有关的单位和个人，要求其对与被调查事件有关的事项作出说明；

（三）查阅、复制与被调查事件有关的文件、资料，对可能被转移、销毁、隐匿或者篡改的文件、资料予以封存；

（四）检查相关信息系统。

进行现场检查或者调查的人员不得少于 2 人，并应当出示合法证件和检查、调查通知书。

被检查、调查的单位和个人应当配合，如实提供有关文件、资料，不得隐瞒、拒绝和阻碍。

—❖ **部门规章** ❖—

《电话用户登记规定》第 16 条　电信管理机构应当对电信业务经营者的电话用户真实身份信息登记和保护情况实施监督检查。电信管理机构实施监督检查时，可以要求电信业务经营者提供相关材料，进入其生产经营场所调查情况，电信业务经营者应当予以配合。

电信管理机构实施监督检查，应当记录监督检查的情况，不得妨碍电信业务经营者正常的经营或者服务活动，不得收取任何费用。

电信管理机构及其工作人员对在实施监督检查过程中知悉的电话用户真实身份信息应当予以保密，不得泄露、篡改或者毁损，不得出售或者非法向他人提供。

《电信和互联网用户个人信息保护规定》第 17 条　电信管理机构应当对电信业务经营者、互联网信息服务提供者保护用户个人信息的情况实施监督检查。

电信管理机构实施监督检查时，可以要求电信业务经营者、互联网信息服务提供者提供相关材料，进入其生产经营场所调查情况，电信业务经营者、互联网信息服务提供者应当予以配合。

电信管理机构实施监督检查，应当记录监督检查的情况，不得妨碍电信业务经营者、互联网信息服务提供者正常的经营或者服务活动，不得收取任何费用。

《网络交易监督管理办法》第 35 条　市场监督管理部门对涉嫌违法的网络交易行为进行查处时，可以依法采取下列措施：

（一）对与涉嫌违法的网络交易行为有关的场所进行现场检查；

（二）查阅、复制与涉嫌违法的网络交易行为有关的合同、票据、账簿等有关资料；

（三）收集、调取、复制与涉嫌违法的网络交易行为有关的电子数据；

（四）询问涉嫌从事违法的网络交易行为的当事人；

（五）向与涉嫌违法的网络交易行为有关的自然人、法人和非法人组织调查了解有关情况；

（六）法律、法规规定可以采取的其他措施。

采取前款规定的措施，依法需要报经批准的，应当办理批准手续。

市场监督管理部门对网络交易违法行为的技术监测记录资料，可以作为实施行政处罚或者采取行政措施的电子数据证据。

—·· 部门规范性文件 ··—

《关于银行业金融机构做好个人金融信息保护工作的通知》
第 10 条 中国人民银行及其地市中心支行以上分支机构受理投诉或发现银行业金融机构可能未履行个人金融信息保护义务的，可依法进行核实，认定银行业金融机构存在违反本通知规定，或存在其他未履行个人金融信息保护义务情形的，可采取以下处理措施：

……

（二）责令银行业金融机构限期整改；

（三）在金融系统内予以通报；

（四）建议银行业金融机构对直接负责的高级管理人员和其他直接责任人员依法给予处分；

（五）涉嫌犯罪的，依法移交司法机关处理。

> **第六十四条** 履行个人信息保护职责的部门在履行职责中，发现个人信息处理活动存在较大风险或者发生个人信息安全事件的，可以按照规定的权限和程序对该个人信息处理者的法定代表人或者主要负责人进行约谈，或者要求个人信息处理者委托专业机构对其个人信息处理活动进行合规审计。个人信息处理者应当按照要求采取措施，进行整改，消除隐患。
>
> 履行个人信息保护职责的部门在履行职责中，发现违法处理个人信息涉嫌犯罪的，应当及时移送公安机关依法处理。

批注

关联条文

法律

《数据安全法》第 44 条 有关主管部门在履行数据安全监管职责中，发现数据处理活动存在较大安全风险的，可以按照规定的权限和程序对有关组织、个人进行约谈，并要求有关组织、个人采取措施进行整改，消除隐患。

《网络安全法》第 56 条 省级以上人民政府有关部门在履行网络安全监督管理职责中，发现网络存在较大安全风险或者发生安全事件的，可以按照规定的权限和程序对该网络的运营者的法定代表人或者主要负责人进行约谈。网络运营者应当按照要求采取措施，进行整改，消除隐患。

部门规章

《网络交易监督管理办法》第 38 条 网络交易经营者未依法履行法定责任和义务，扰乱或者可能扰乱网络交易秩序，影响消费者合法权益的，市场监督管理部门可以依职责对其法定代表人或者主要负责人进行约谈，要求其采取措施进行整改。

《电话用户登记规定》第 13 条第 2 款 电信管理机构应当对报告或者发现的可能违反电话用户真实身份信息保护规定的行为的影响进行评估；影响特别重大的，相关省、自治区、直辖市通信管理局应当向工业和信息化部报告。电信管理机构在依据本规定作出处理决定前，可以要求电信业务经营者暂停有关行为，电信业务经营者应当执行。

《电信和互联网用户个人信息保护规定》第14条第2款
电信管理机构应当对报告或者发现的可能违反本规定的行为的影响进行评估；影响特别重大的，相关省、自治区、直辖市通信管理局应当向工业和信息化部报告。电信管理机构在依据本规定作出处理决定前，可以要求电信业务经营者和互联网信息服务提供者暂停有关行为，电信业务经营者和互联网信息服务提供者应当执行。

《儿童个人信息网络保护规定》第25条　网络运营者落实儿童个人信息安全管理责任不到位，存在较大安全风险或者发生安全事件的，由网信部门依据职责进行约谈，网络运营者应当及时采取措施进行整改，消除隐患。

—— 经济特区法规 ——

《深圳数据条例》第90条　市网信部门以及其他履行数据安全监督职责的部门在履行职责过程中，发现数据处理者未按照规定落实安全管理责任的，应当按照规定约谈数据处理者，督促其整改。

—— 部门规范性文件 ——

《关于银行业金融机构做好个人金融信息保护工作的通知》第10条　中国人民银行及其地市中心支行以上分支机构受理投诉或发现银行业金融机构可能未履行个人金融信息保护义务的，可依法进行核实，认定银行业金融机构存在违反本通知规定，或存在其他未履行个人金融信息保护义务情形的，可采取以下处理措施：

（一）约见其高管人员谈话，要求说明情况；

……

批注

第六十五条　任何组织、个人有权对违法个人信息处理活动向履行个人信息保护职责的部门进行投诉、举报。收到投诉、举报的部门应当依法及时处理，并将处理结果告知投诉、举报人。

履行个人信息保护职责的部门应当公布接受投诉、举报的联系方式。

关联条文

《电子商务法》第 59 条　电子商务经营者应当建立便捷、有效的投诉、举报机制，公开投诉、举报方式等信息，及时受理并处理投诉、举报。

《数据安全法》第 12 条第 1 款　任何个人、组织都有权对违反本法规定的行为向有关主管部门投诉、举报。收到投诉、举报的部门应当及时依法处理。

《网络安全法》第 14 条　任何个人和组织有权对危害网络安全的行为向网信、电信、公安等部门举报。收到举报的部门应当及时依法作出处理；不属于本部门职责的，应当及时移送有权处理的部门。

有关部门应当对举报人的相关信息予以保密，保护举报人的合法权益。

《加强网络信息保护的决定》第 9 条　任何组织和个人对窃取或者以其他非法方式获取、出售或者非法向他人提供公民个人电子信息的违法犯罪行为以及其他网络信息违法犯罪行为，有权向有关主管部门举报、控告；接到举报、控告的部门应当依法及时处理。被侵权人可以依法提起诉讼。

《深圳数据条例》第 31 条第 2 款　数据处理者收到行使权利要求或者投诉举报的，应当及时受理，并依法采取相应处理措施；拒绝要求事项或者投诉的，应当说明理由。

《规范互联网信息服务市场秩序若干规定》第 15 条　互联网信息服务提供者认为其他互联网信息服务提供者实施违反本规定的行为，侵犯其合法权益并对用户权益造成或者可能造成重大影响的，应当立即向准予该其他互联网信息服务提供者互联网信息服务许可或者备案的电信管理机构报告。

电信管理机构应当对报告或者发现的可能违反本规定的行为的影响进行评估；影响特别重大的，相关省、自治区、直辖市通信管理局应当向工业和信息化部报告。电信管理机构在依据本规定作出处理决定前，可以要求互联网信息服务提供者暂停有关行为，互联网信息服务提供者应当执行。

第七章　法律责任

　　第六十六条　违反本法规定处理个人信息，或者处理个人信息未履行本法规定的个人信息保护义务的，由履行个人信息保护职责的部门责令改正，给予警告，没收违法所得，对违法处理个人信息的应用程序，责令暂停或者终止提供服务；拒不改正的，并处一百万元以下罚款；对直接负责的主管人员和其他直接责任人员处一万元以上十万元以下罚款。

　　有前款规定的违法行为，情节严重的，由省级以上履行个人信息保护职责的部门责令改正，没收违法所得，并处五千万元以下或者上一年度营业额百分之五以下罚款，并可以责令暂停相关业务或者停业整顿、通报有关主管部门吊销相关业务许可或者吊销营业执照；对直接负责的主管人员和其他直接责任人员处十万元以上一百万元以下罚款，并可以决定禁止其在一定期限内担任相关企业的董事、监事、高级管理人员和个人信息保护负责人。

关联条文

—— 法律 ——

　　《数据安全法》第 45 条　开展数据处理活动的组织、个人不履行本法第二十七条、第二十九条、第三十条规定的数据安全保护义务的，由有关主管部门责令改正，给予警告，可以并处五万元以上五十万元以下罚款，对直接负责的主管人员和其他直接责任人员可以处一万元以上十万元以下罚款；拒不改正或者造成大量数据泄露等严重后果的，处五十万元以上二百万元以下罚款，并可以责令暂停相关业务、停业整顿、吊销相关业务许可证或者吊销营业执照，对直接负责的主管人员和其他直接责任人员处五万元以上二十万元以下罚款。

违反国家核心数据管理制度，危害国家主权、安全和发展利益的，由有关主管部门处二百万元以上一千万元以下罚款，并根据情况责令暂停相关业务、停业整顿、吊销相关业务许可证或者吊销营业执照；构成犯罪的，依法追究刑事责任。

第46条 违反本法第三十一条规定，向境外提供重要数据的，由有关主管部门责令改正，给予警告，可以并处十万元以上一百万元以下罚款，对直接负责的主管人员和其他直接责任人员可以处一万元以上十万元以下罚款；情节严重的，处一百万元以上一千万元以下罚款，并可以责令暂停相关业务、停业整顿、吊销相关业务许可证或者吊销营业执照，对直接负责的主管人员和其他直接责任人员处十万元以上一百万元以下罚款。

第48条 违反本法第三十五条规定，拒不配合数据调取的，由有关主管部门责令改正，给予警告，并处五万元以上五十万元以下罚款，对直接负责的主管人员和其他直接责任人员处一万元以上十万元以下罚款。

违反本法第三十六条规定，未经主管机关批准向外国司法或者执法机构提供数据的，由有关主管部门给予警告，可以并处十万元以上一百万元以下罚款，对直接负责的主管人员和其他直接责任人员可以处一万元以上十万元以下罚款；造成严重后果的，处一百万元以上五百万元以下罚款，并可以责令暂停相关业务、停业整顿、吊销相关业务许可证或者吊销营业执照，对直接负责的主管人员和其他直接责任人员处五万元以上五十万元以下罚款。

第 51 条 窃取或者以其他非法方式获取数据，开展数据处理活动排除、限制竞争，或者损害个人、组织合法权益的，依照有关法律、行政法规的规定处罚。

《电子商务法》第 76 条 电子商务经营者违反本法规定，有下列行为之一的，由市场监督管理部门责令限期改正，可以处一万元以下的罚款，对其中的电子商务平台经营者，依照本法第八十一条第一款的规定处罚：

......

（三）未明示用户信息查询、更正、删除以及用户注销的方式、程序，或者对用户信息查询、更正、删除以及用户注销设置不合理条件的。

电子商务平台经营者对违反前款规定的平台内经营者未采取必要措施的，由市场监督管理部门责令限期改正，可以处二万元以上十万元以下的罚款。

第 79 条 电子商务经营者违反法律、行政法规有关个人信息保护的规定，或者不履行本法第三十条和有关法律、行政法规规定的网络安全保障义务的，依照《中华人民共和国网络安全法》等法律、行政法规的规定处罚。

第 80 条 电子商务平台经营者有下列行为之一的，由有关主管部门责令限期改正；逾期不改正的，处二万元以上十万元以下的罚款；情节严重的，责令停业整顿，并处十万元以上五十万元以下的罚款：

（一）不履行本法第二十七条规定的核验、登记义务的；

（二）不按照本法第二十八条规定向市场监督管理部门、税务部门报送有关信息的；

……

（四）不履行本法第三十一条规定的商品和服务信息、交易信息保存义务的。

法律、行政法规对前款规定的违法行为的处罚另有规定的，依照其规定。

第81条第1款 电子商务平台经营者违反本法规定，有下列行为之一的，由市场监督管理部门责令限期改正，可以处二万元以上十万元以下的罚款；情节严重的，处十万元以上五十万元以下的罚款：

（一）未在首页显著位置持续公示平台服务协议、交易规则信息或者上述信息的链接标识的；

（二）修改交易规则未在首页显著位置公开征求意见，未按照规定的时间提前公示修改内容，或者阻止平台内经营者退出的；

……

（四）未为消费者提供对平台内销售的商品或者提供的服务进行评价的途径，或者擅自删除消费者的评价的。

《居民身份证法》第19条第1款、第2款 国家机关或者金融、电信、交通、教育、医疗等单位的工作人员泄露在履行职责或者提供服务过程中获得的居民身份证记载的公民个人信息……尚不构成犯罪的，由公安机关处十日以上十五日以下拘留，并处五千元罚款，有违法所得的，没收违法所得。

单位有前款行为……尚不构成犯罪的，由公安机关对其直接负责的主管人员和其他直接责任人员，处十日以上十五日以下拘留，并处十万元以上五十万元以下罚款，有违法所得的，没收违法所得。

《档案法》第 50 条 违反本法规定，擅自运送、邮寄、携带或者通过互联网传输禁止出境的档案或者其复制件出境的，由海关或者有关部门予以没收、阻断传输，并对单位处一万元以上十万元以下的罚款，对个人处五百元以上五千元以下的罚款；并将没收、阻断传输的档案或者其复制件移交档案主管部门。

《未成年人保护法》第 127 条 信息处理者违反本法第七十二条规定，或者网络产品和服务提供者违反本法第七十三条、第七十四条、第七十五条、第七十六条、第七十七条、第八十条规定的，由公安、网信、电信、新闻出版、广播电视、文化和旅游等有关部门按照职责分工责令改正，给予警告，没收违法所得，违法所得一百万元以上的，并处违法所得一倍以上十倍以下罚款，没有违法所得或者违法所得不足一百万元的，并处十万元以上一百万元以下罚款，对直接负责的主管人员和其他责任人员处一万元以上十万元以下罚款；拒不改正或者情节严重的，并可以责令暂停相关业务、停业整顿、关闭网站、吊销营业执照或者吊销相关许可证。

《消费者权益保护法》第 56 条第 1 款 经营者有下列情形之一，除承担相应的民事责任外，其他有关法律、法规对处罚机关和处罚方式有规定的，依照法律、法规的规定执行；法律、法规未作规定的，由工商行政管理部门或者其他有关行政部门责令改正，可以根据情节单处或者并处警告、没收违法所得、处以违法所得一倍以上十倍以下的罚款，没有违法所得的，处以五十万元以下的罚款；情节严重的，责令停业整顿、吊销营业执照；

......

（九）侵害消费者人格尊严、侵犯消费者人身自由或者侵害消费者个人信息依法得到保护的权利的；

（十）法律、法规规定的对损害消费者权益应当予以处罚的其他情形。

《邮政法》第76条 邮政企业、快递企业违法提供用户使用邮政服务或者快递服务的信息，尚不构成犯罪的，由邮政管理部门责令改正，没收违法所得，并处一万元以上五万元以下的罚款；对邮政企业直接负责的主管人员和其他直接责任人员给予处分；对快递企业，邮政管理部门还可以责令停业整顿直至吊销其快递业务经营许可证。

邮政企业、快递企业从业人员有前款规定的违法行为，尚不构成犯罪的，由邮政管理部门责令改正，没收违法所得，并处五千元以上一万元以下的罚款。

第77条 邮政企业、快递企业拒绝、阻碍依法实施的监督检查，尚不构成犯罪的，依法给予治安管理处罚；对快递企业，邮政管理部门还可以责令停业整顿直至吊销其快递业务经营许可证。

《加强网络信息保护的决定》第11条 对有违反本决定行为的，依法给予警告、罚款、没收违法所得、吊销许可证或者取消备案、关闭网站、禁止有关责任人员从事网络服务业务等处罚，记入社会信用档案并予以公布；构成违反治安管理行为的，依法给予治安管理处罚。构成犯罪的，依法追究刑事责任。侵害他人民事权益的，依法承担民事责任。

──── 行政法规 ────

《人类遗传资源管理条例》第36条 违反本条例规定，有下列情形之一的，由国务院科学技术行政部门责令停止违法行为，没收违法采集、保藏的人类遗传资源和违法所得，处50万元以上 500 万元以下罚款，违法所得在 100 万元以上的，处违法所得 5 倍以上 10 倍以下罚款：

（一）未经批准，采集我国重要遗传家系、特定地区人类遗传资源，或者采集国务院科学技术行政部门规定种类、数量的人类遗传资源；

（二）未经批准，保藏我国人类遗传资源；

（三）未经批准，利用我国人类遗传资源开展国际合作科学研究；

（四）未通过安全审查，将可能影响我国公众健康、国家安全和社会公共利益的人类遗传资源信息向外国组织、个人及其设立或者实际控制的机构提供或者开放使用；

（五）开展国际合作临床试验前未将拟使用的人类遗传资源种类、数量及其用途向国务院科学技术行政部门备案。

第 38 条　违反本条例规定，未经批准将我国人类遗传资源材料运送、邮寄、携带出境的，由海关依照法律、行政法规的规定处罚。科学技术行政部门应当配合海关开展鉴定等执法协助工作。海关应当将依法没收的人类遗传资源材料移送省、自治区、直辖市人民政府科学技术行政部门进行处理。

第 39 条　违反本条例规定，有下列情形之一的，由省、自治区、直辖市人民政府科学技术行政部门责令停止开展相关活动，没收违法采集、保藏的人类遗传资源和违法所得，处 50 万元以上 100 万元以下罚款，违法所得在 100 万元以上的，处违法所得 5 倍以上 10 倍以下罚款：

（一）采集、保藏、利用、对外提供我国人类遗传资源未通过伦理审查；

（二）采集我国人类遗传资源未经人类遗传资源提供者事先知情同意，或者采取隐瞒、误导、欺骗等手段取得人类遗传资源提供者同意；

（三）采集、保藏、利用、对外提供我国人类遗传资源违反相关技术规范；

（四）将人类遗传资源信息向外国组织、个人及其设立或者实际控制的机构提供或者开放使用，未向国务院科学技术行政部门备案或者提交信息备份。

第40条　违反本条例规定，有下列情形之一的，由国务院科学技术行政部门责令改正，给予警告，可以处 50 万元以下罚款：

（一）保藏我国人类遗传资源过程中未完整记录并妥善保存人类遗传资源的来源信息和使用信息；

（二）保藏我国人类遗传资源未提交年度报告；

（三）开展国际合作科学研究未及时提交合作研究情况报告。

第41条　外国组织、个人及其设立或者实际控制的机构违反本条例规定，在我国境内采集、保藏我国人类遗传资源，利用我国人类遗传资源开展科学研究，或者向境外提供我国人类遗传资源的，由国务院科学技术行政部门责令停止违法行为，没收违法采集、保藏的人类遗传资源和违法所得，处 100 万元以上 1000 万元以下罚款，违法所得在 100 万元以上的，处违法所得 5 倍以上 10 倍以下罚款。

第42条　违反本条例规定，买卖人类遗传资源的，由国务院科学技术行政部门责令停止违法行为，没收违法采集、保藏的人类遗传资源和违法所得，处 100 万元以上 1000 万元以下罚款，违法所得在 100 万元以上的，处违法所得 5 倍以上 10 倍以下罚款。

第43条　对有本条例第三十六条、第三十九条、第四十一条、第四十二条规定违法行为的单位，情节严重的，由国务院科学技术行政部门或者省、自治区、直辖市人民政府科学技术行政部门依据职责禁止其1至5年内从事采集、保藏、利用、对外提供我国人类遗传资源的活动；情节特别严重的，永久禁止其从事采集、保藏、利用、对外提供我国人类遗传资源的活动。

对有本条例第三十六条至第三十九条、第四十一条、第四十二条规定违法行为的单位的法定代表人、主要负责人、直接负责的主管人员以及其他责任人员，依法给予处分，并由国务院科学技术行政部门或者省、自治区、直辖市人民政府科学技术行政部门依据职责没收其违法所得，处50万元以下罚款；情节严重的，禁止其1至5年内从事采集、保藏、利用、对外提供我国人类遗传资源的活动；情节特别严重的，永久禁止其从事采集、保藏、利用、对外提供我国人类遗传资源的活动。

单位和个人有本条例规定违法行为的，记入信用记录，并依照有关法律、行政法规的规定向社会公示。

《征信业管理条例》第38条 征信机构、金融信用信息基础数据库运行机构违反本条例规定，有下列行为之一的，由国务院征信业监督管理部门或者其派出机构责令限期改正，对单位处5万元以上50万元以下的罚款；对直接负责的主管人员和其他直接责任人员处1万元以上10万元以下的罚款；有违法所得的，没收违法所得。……：

（一）窃取或者以其他方式非法获取信息；

（二）采集禁止采集的个人信息或者未经同意采集个人信息；

（三）违法提供或者出售信息；

（四）因过失泄露信息；

（五）逾期不删除个人不良信息；

（六）未按照规定对异议信息进行核查和处理；

（七）拒绝、阻碍国务院征信业监督管理部门或者其派出机构检查、调查或者不如实提供有关文件、资料；

（八）违反征信业务规则，侵害信息主体合法权益的其他行为。

经营个人征信业务的征信机构有前款所列行为之一，情节严重或者造成严重后果的，由国务院征信业监督管理部门吊销其个人征信业务经营许可证。

第40条 向金融信用信息基础数据库提供或者查询信息的机构违反本条例规定，有下列行为之一的，由国务院征信业监督管理部门或者其派出机构责令限期改正，对单位处5万元以上50万元以下的罚款；对直接负责的主管人员和其他直接责任人员处1万元以上10万元以下的罚款；有违法所得的，没收违法所得。……：

（一）违法提供或者出售信息；

（二）因过失泄露信息；

（三）未经同意查询个人信息或者企业的信贷信息；

（四）未按照规定处理异议或者对确有错误、遗漏的信息不予更正；

（五）拒绝、阻碍国务院征信业监督管理部门或者其派出机构检查、调查或者不如实提供有关文件、资料。

第41条 信息提供者违反本条例规定，向征信机构、金融信用信息基础数据库提供非依法公开的个人不良信息，未事先告知信息主体本人，情节严重或者造成严重后果的，由国务院征信业监督管理部门或者其派出机构对单位处2万元以上20万元以下的罚款；对个人处1万元以上5万元以下的罚款。

第42条 信息使用者违反本条例规定，未按照与个人信息主体约定的用途使用个人信息或者未经个人信息主体同意向第三方提供个人信息，情节严重或者造成严重后果的，由国务院征信业监督管理部门或者其派出机构对单位处2万元以上20万元以下的罚款；对个人处1万元以上5万元以下的罚款；有违法所得的，没收违法所得。……

地方性法规

《浙江省电子商务条例》第26条 电子商务经营者违反本条例第十三条规定，未同时提供不针对消费者个人特征的选项或者便捷的拒绝方式的，由市场监督管理部门责令限期改正，没收违法所得，可以并处五万元以上二十万元以下罚款；情节严重的，并处二十万元以上五十万元以下罚款。

第27条第1款 电子商务经营者违反本条例第十四条规定，对交易条件相同的消费者实行不合理差别待遇的，由市场监督管理部门依照《中华人民共和国个人信息保护法》的规定进行处罚。

经济特区法规

《深圳数据条例》第94条 违反本条例第六十七条规定交易数据的，由市市场监督管理部门或者相关行业主管部门按照职责责令改正，没收违法所得，交易金额不足一万元的，处五万元以上二十万元以下罚款；交易金额一万元以上的，处二十万元以上一百万元以下罚款；并可以依法给予法律、行政法规规定的其他行政处罚。法律、行政法规另有规定的，从其规定。

第95条第1款 违反本条例第六十八条、第六十九条规定，侵害其他市场主体、消费者合法权益的，由市市场监督管理部门或者相关行业主管部门按照职责责令改正，没收违法所得；

拒不改正的，处五万元以上五十万元以下罚款；情节严重的，处上一年度营业额百分之五以下罚款，最高不超过五千万元；并可以依法给予法律、行政法规规定的其他行政处罚。法律、行政法规另有规定的，从其规定。

—— 部门规章 ——

《电话用户登记规定》第 17 条 电信业务经营者违反本规定第六条、第九条至第十五条的规定，或者不配合电信管理机构依照本规定开展的监督检查的，由电信管理机构依据职权责令限期改正，予以警告，可以并处一万元以上三万元以下罚款，向社会公告。其中，《中华人民共和国电信条例》规定法律责任的，依照其规定处理；……

《电信和互联网用户个人信息保护规定》第 22 条 电信业务经营者、互联网信息服务提供者违反本规定第八条、第十二条规定的，由电信管理机构依据职权责令限期改正，予以警告，可以并处一万元以下的罚款。

第 23 条 电信业务经营者、互联网信息服务提供者违反本规定第九条至第十一条、第十三条至第十六条、第十七条第二款规定的，由电信管理机构依据职权责令限期改正，予以警告，可以并处一万元以上三万元以下的罚款，向社会公告；构成犯罪的，依法追究刑事责任。

《个人信用信息基础数据库管理暂行办法》第 38 条 商业银行未按照本办法规定建立相应管理制度及操作规程的，由中国人民银行责令改正，逾期不改正的，给予警告，并处以三万元罚款。

第 39 条 商业银行有下列情形之一的，由中国人民银行责令改正，并处一万元以上三万元以下罚款；……

（一）违反本办法规定，未准确、完整、及时报送个人信用信息的；

（二）违反本办法第七条规定的；

（三）越权查询个人信用数据库的；

（四）将查询结果用于本办法规定之外的其他目的的；

（五）违反异议处理规定的；

（六）违反本办法安全管理要求的。

第40条 商业银行有本办法第三十八条至第三十九条规定情形的，中国人民银行可以建议商业银行对直接负责的董事、高级管理人员和其他直接责任人员给予纪律处分；……

第41条 征信服务中心工作人员有下列情形之一的，由中国人民银行依法给予行政处分；……：

（一）违反本办法规定，篡改、毁损、泄露或非法使用个人信用信息的；

（二）与自然人、法人、其它组织恶意串通，提供虚假信用报告的。

第42条 中国人民银行其他工作人员有违反本办法规定的行为，造成个人信用信息被泄露的，依法给予行政处分；……

《规范互联网信息服务市场秩序若干规定》第18条 互联网信息服务提供者违反本规定第八条、第九条、第十条、第十一条、第十二条或者第十四条的规定的，由电信管理机构依据职权处以警告，可以并处一万元以上三万元以下的罚款，向社会公告。

第19条 互联网信息服务提供者违反本规定第十五条规定，不执行电信管理机构暂停有关行为的要求的，由电信管理机构依据职权处以警告，向社会公告。

《金融消费者权益保护实施办法》第60条 银行、支付机构有下列情形之一，侵害消费者金融信息依法得到保护的权利的，中国人民银行或其分支机构应当在职责范围内依照《中华人民共和国消费者权益保护法》第五十六条的规定予以处罚：

（一）未经金融消费者明示同意，收集、使用其金融信息的。

（二）收集与业务无关的消费者金融信息，或者采取不正当方式收集消费者金融信息的。

（三）未公开收集、使用消费者金融信息的规则，未明示收集、使用消费者金融信息的目的、方式和范围的。

（四）超出法律法规规定和双方约定的用途使用消费者金融信息的。

（五）未建立以分级授权为核心的消费者金融信息使用管理制度，或者未严格落实信息使用授权审批程序的。

（六）未采取技术措施和其他必要措施，导致消费者金融信息遗失、毁损、泄露或者被篡改，或者非法向他人提供的。

《网络交易监督管理办法》第 41 条　网络交易经营者违反本办法第十一条、第十三条、第十六条、第十八条，法律、行政法规有规定的，依照其规定；法律、行政法规没有规定的，由市场监督管理部门依职责责令限期改正，可以处五千元以上三万元以下罚款。

第 47 条　网络交易平台经营者违反本办法第二十四条第一款、第二十五条第二款、第三十一条，不履行法定核验、登记义务，有关信息报送义务，商品和服务信息、交易信息保存义务的，依照《中华人民共和国电子商务法》第八十条的规定进行处罚。

《网络预约出租汽车经营服务管理暂行办法》第 37 条

网约车平台公司违反本规定第十、十八、二十六、二十七条有关规定的，由网信部门、公安机关和通信主管部门按各自职责依照相关法律法规规定给予处罚；……

网约车平台公司及网约车驾驶员违法使用或者泄露约车人、乘客个人信息的，由公安、网信等部门依照各自职责处以 2000 元以上 10000 元以下罚款；……

网约车平台公司拒不履行或者拒不按要求为公安机关依法开展国家安全工作，防范、调查违法犯罪活动提供技术支持与协助的，由公安机关依法予以处罚；……

---- **部门规范性文件** ----

《关于银行业金融机构做好个人金融信息保护工作的通知》
第 11 条 银行业金融机构违反规定通过中国人民银行征信系统、支付系统以及其他系统查询或滥用个人金融信息的，中国人民银行及其地市中心支行以上分支机构可按照本通知第十条及其他相关规定予以处理。

银行业金融机构违法情节严重或拒不改正的，中国人民银行可决定暂停其使用，或禁止其新设分支机构接入上述系统。

第 12 条 银行业金融机构及其工作人员违反规定使用和对外提供个人金融信息，给客户造成损害的，应当依法承担相应的法律责任。

《寄递服务用户个人信息安全管理规定》 **第 46 条** 邮政企业、快递企业拒不配合寄递用户信息安全监督检查的，依照《中华人民共和国邮政法》第七十七条的规定予以处罚。

第 47 条 邮政企业、快递企业及其从业人员因泄露寄递用户信息对用户造成损失的，应当依法予以赔偿。

第 48 条 邮政企业、快递企业及其从业人员违法提供寄递用户信息，尚未构成犯罪的，依照《中华人民共和国邮政法》

第七十六条的规定予以处罚。构成犯罪的，移送司法机关追究刑事责任。

《人口健康信息管理办法（试行）》第22条　卫生计生行政部门建立人口健康信息管理工作责任追究制度。对于违反本办法规定的主管部门和责任单位，上级主管部门应当视情节轻重予以督导整改、通报批评、提出给予行政处分的建议；……

> **第六十七条**　有本法规定的违法行为的，依照有关法律、行政法规的规定记入信用档案，并予以公示。

批注

关联条文

《电子商务法》第86条　电子商务经营者有本法规定的违法行为的，依照有关法律、行政法规的规定记入信用档案，并予以公示。

《网络安全法》第71条　有本法规定的违法行为的，依照有关法律、行政法规的规定记入信用档案，并予以公示。

《消费者权益保护法》第56条第2款　经营者有前款规定情形的，除依照法律、法规规定予以处罚外，处罚机关应当记入信用档案，向社会公布。

《加强网络信息保护的决定》第11条　对有违反本决定行为的，依法给予警告、罚款、没收违法所得、吊销许可证或者取消备案、关闭网站、禁止有关责任人员从事网络服务业务等处罚，记入社会信用档案并予以公布；构成违反治安管理行为的，依法给予治安管理处罚。构成犯罪的，依法追究刑事责任。侵害他人民事权益的，依法承担民事责任。

第六十八条　国家机关不履行本法规定的个人信息保护义务的，由其上级机关或者履行个人信息保护职责的部门责令改正；对直接负责的主管人员和其他直接责任人员依法给予处分。

履行个人信息保护职责的部门的工作人员玩忽职守、滥用职权、徇私舞弊，尚不构成犯罪的，依法给予处分。

关联条文

—⚜ 法律 ⚜—

《数据安全法》第 49 条　国家机关不履行本法规定的数据安全保护义务的，对直接负责的主管人员和其他直接责任人员依法给予处分。

第 50 条　履行数据安全监管职责的国家工作人员玩忽职守、滥用职权、徇私舞弊的，依法给予处分。

《传染病防治法》第 12 条第 2 款　卫生行政部门以及其他有关部门、疾病预防控制机构和医疗机构因违法实施行政管理或者预防、控制措施，侵犯单位和个人合法权益的，有关单位和个人可以依法申请行政复议或者提起诉讼。

《电子商务法》第 87 条　依法负有电子商务监督管理职责的部门的工作人员，玩忽职守、滥用职权、徇私舞弊，或者泄露、出售或者非法向他人提供在履行职责中所知悉的个人信息、隐私和商业秘密的，依法追究法律责任。

《居民身份证法》第 20 条　人民警察有下列行为之一的，根据情节轻重，依法给予行政处分；……：

……

（五）泄露因制作、发放、查验、扣押居民身份证而知悉的公民个人信息，侵害公民合法权益的。

《统计法》第39条　县级以上人民政府统计机构或者有关部门有下列行为之一的，对直接负责的主管人员和其他直接责任人员由任免机关或者监察机关依法给予处分：

（一）违法公布统计资料的；

（二）泄露统计调查对象的商业秘密、个人信息或者提供、泄露在统计调查中获得的能够识别或者推断单个统计调查对象身份的资料的；

（三）违反国家有关规定，造成统计资料毁损、灭失的。

统计人员有前款所列行为之一的，依法给予处分。

《网络安全法》第72条　国家机关政务网络的运营者不履行本法规定的网络安全保护义务的，由其上级机关或者有关机关责令改正；对直接负责的主管人员和其他直接责任人员依法给予处分。

第73条　网信部门和有关部门违反本法第三十条规定，将在履行网络安全保护职责中获取的信息用于其他用途的，对直接负责的主管人员和其他直接责任人员依法给予处分。

网信部门和有关部门的工作人员玩忽职守、滥用职权、徇私舞弊，尚不构成犯罪的，依法给予处分。

━━━❖ **行政法规** ❖━━━

《征信业管理条例》第43条　国务院征信业监督管理部门及其派出机构的工作人员滥用职权、玩忽职守、徇私舞弊，不依法履行监督管理职责，或者泄露国家秘密、信息主体信息的，依法给予处分。给信息主体造成损失的，依法承担民事责任；构成犯罪的，依法追究刑事责任。

经济特区法规

《深圳数据条例》第 93 条　公共管理和服务机构违反本条例有关规定的，由上级主管部门或者有关主管部门责令改正；拒不改正或者造成严重后果的，依法追究法律责任；因此给自然人、法人、非法人组织造成损失的，应当依法承担赔偿责任。

第 97 条　履行数据监督管理职责的部门以及公共管理和服务机构不履行或者不正确履行本条例规定职责的，对直接负责的主管人员和其他直接责任人员依法给予处分；构成犯罪的，依法追究刑事责任。

部门规章

《电话用户登记规定》第 19 条　电信管理机构工作人员在对电话用户真实身份信息登记工作实施监督管理的过程中玩忽职守、滥用职权、徇私舞弊的，依法给予处理；构成犯罪的，依法追究刑事责任。

部门规范性文件

《寄递服务用户个人信息安全管理规定》第 52 条　邮政管理部门工作人员在寄递用户信息安全监督管理工作中滥用职权、玩忽职守、徇私舞弊，依照《邮政行业安全监督管理办法》第五十五条的规定予以处理。

　　第六十九条　处理个人信息侵害个人信息权益造成损害，个人信息处理者不能证明自己没有过错的，应当承担损害赔偿等侵权责任。

　　前款规定的损害赔偿责任按照个人因此受到的损失或者个人信息处理者因此获得的利益确定；个人因此受到的损失和个人信息处理者因此获得的利益难以确定的，根据实际情况确定赔偿数额。

关联条文

侵权责任的构成要件

　　《民法典》第 1165 条　行为人因过错侵害他人民事权益造成损害的，应当承担侵权责任。

　　依照法律规定推定行为人有过错，其不能证明自己没有过错的，应当承担侵权责任。

　　第 1166 条　行为人造成他人民事权益损害，不论行为人有无过错，法律规定应当承担侵权责任的，依照其规定。

　　第 1167 条　侵权行为危及他人人身、财产安全的，被侵权人有权请求侵权人承担停止侵害、排除妨碍、消除危险等侵权责任。

　　第 1194 条　网络用户、网络服务提供者利用网络侵害他人民事权益的，应当承担侵权责任。法律另有规定的，依照其规定。

　　第 995 条　人格权受到侵害的，受害人有权依照本法和其他法律的规定请求行为人承担民事责任。受害人的停止侵害、排除妨碍、消除危险、消除影响、恢复名誉、赔礼道歉请求权，不适用诉讼时效的规定。

《人脸识别规定》第3条 人民法院认定信息处理者承担侵害自然人人格权益的民事责任，应当适用民法典第九百九十八条的规定，并结合案件具体情况综合考量受害人是否为未成年人、告知同意情况以及信息处理的必要程度等因素。

第2条 信息处理者处理人脸信息有下列情形之一的，人民法院应当认定属于侵害自然人人格权益的行为：

（一）在宾馆、商场、银行、车站、机场、体育场馆、娱乐场所等经营场所、公共场所违反法律、行政法规的规定使用人脸识别技术进行人脸验证、辨识或者分析；

......

（四）违反信息处理者明示或者双方约定的处理人脸信息的目的、方式、范围等；

（五）未采取应有的技术措施或者其他必要措施确保其收集、存储的人脸信息安全，致使人脸信息泄露、篡改、丢失；

（六）违反法律、行政法规的规定或者双方的约定，向他人提供人脸信息；

（七）违背公序良俗处理人脸信息；

（八）违反合法、正当、必要原则处理人脸信息的其他情形。

第10条第2款 物业服务企业或者其他建筑物管理人存在本规定第二条规定的情形，当事人请求物业服务企业或者其他建筑物管理人承担侵权责任的，人民法院依法予以支持。

免责事由

《民法典》第1036条 处理个人信息，有下列情形之一的，行为人不承担民事责任：

（一）在该自然人或者其监护人同意的范围内合理实施的行为；

（二）合理处理该自然人自行公开的或者其他已经合法公开的信息，但是该自然人明确拒绝或者处理该信息侵害其重大利益的除外；

（三）为维护公共利益或者该自然人合法权益，合理实施的其他行为。

第 1035 条第 1 款　处理个人信息的，应当遵循合法、正当、必要原则，不得过度处理，并符合下列条件：

（一）征得该自然人或者其监护人同意，但是法律、行政法规另有规定的除外；

（二）公开处理信息的规则；

（三）明示处理信息的目的、方式和范围；

（四）不违反法律、行政法规的规定和双方的约定。

第 998 条　认定行为人承担侵害除生命权、身体权和健康权外的人格权的民事责任，应当考虑行为人和受害人的职业、影响范围、过错程度，以及行为的目的、方式、后果等因素。

第 999 条　为公共利益实施新闻报道、舆论监督等行为的，可以合理使用民事主体的姓名、名称、肖像、个人信息等；使用不合理侵害民事主体人格权的，应当依法承担民事责任。

《人脸识别规定》第 2 条　信息处理者处理人脸信息有下列情形之一的，人民法院应当认定属于侵害自然人人格权益的行为：

　　……

（二）未公开处理人脸信息的规则或者未明示处理的目的、方式、范围；

（三）基于个人同意处理人脸信息的，未征得自然人或者其监护人的单独同意，或者未按照法律、行政法规的规定征得自然人或者其监护人的书面同意；

……

第 5 条　有下列情形之一，信息处理者主张其不承担民事责任的，人民法院依法予以支持：

（一）为应对突发公共卫生事件，或者紧急情况下为保护自然人的生命健康和财产安全所必需而处理人脸信息的；

（二）为维护公共安全，依据国家有关规定在公共场所使用人脸识别技术的；

（三）为公共利益实施新闻报道、舆论监督等行为在合理的范围内处理人脸信息的；

（四）在自然人或者其监护人同意的范围内合理处理人脸信息的；

（五）符合法律、行政法规规定的其他情形。

责任的承担

《民法典》第 1182 条　侵害他人人身权益造成财产损失的，按照被侵权人因此受到的损失或者侵权人因此获得的利益赔偿；被侵权人因此受到的损失以及侵权人因此获得的利益难以确定，被侵权人和侵权人就赔偿数额协商不一致，向人民法院提起诉讼的，由人民法院根据实际情况确定赔偿数额。

《人脸识别规定》第 8 条　信息处理者处理人脸信息侵害自然人人格权益造成财产损失，该自然人依据民法典第一千一百八十二条主张财产损害赔偿的，人民法院依法予以支持。

自然人为制止侵权行为所支付的合理开支，可以认定为民法典第一千一百八十二条规定的财产损失。合理开支包括该自然人或者委托代理人对侵权行为进行调查、取证的合理费用。人民法院根据当事人的请求和具体案情，可以将合理的律师费用计算在赔偿范围内。

人格权侵害禁令

《民法典》第 997 条 民事主体有证据证明行为人正在实施或者即将实施侵害其人格权的违法行为，不及时制止将使其合法权益受到难以弥补的损害的，有权依法向人民法院申请采取责令行为人停止有关行为的措施。

《人脸识别规定》第 9 条 自然人有证据证明信息处理者使用人脸识别技术正在实施或者即将实施侵害其隐私权或者其他人格权益的行为，不及时制止将使其合法权益受到难以弥补的损害，向人民法院申请采取责令信息处理者停止有关行为的措施的，人民法院可以根据案件具体情况依法作出人格权侵害禁令。

多数人侵权

《人脸识别规定》第 7 条 多个信息处理者处理人脸信息侵害自然人人格权益，该自然人主张多个信息处理者按照过错程度和造成损害结果的大小承担侵权责任的，人民法院依法予以支持；符合民法典第一千一百六十八条、第一千一百六十九条第一款、第一千一百七十条、第一千一百七十一条等规定的相应情形，该自然人主张多个信息处理者承担连带责任的，人民法院依法予以支持。

信息处理者利用网络服务处理人脸信息侵害自然人人格权益的，适用民法典第一千一百九十五条、第一千一百九十六条、第一千一百九十七条等规定。

《民法典》第 1168 条 二人以上共同实施侵权行为，造成他人损害的，应当承担连带责任。

第1169条第1款 教唆、帮助他人实施侵权行为的，应当与行为人承担连带责任。

第1170条 二人以上实施危及他人人身、财产安全的行为，其中一人或者数人的行为造成他人损害，能够确定具体侵权人的，由侵权人承担责任；不能确定具体侵权人的，行为人承担连带责任。

第1171条 二人以上分别实施侵权行为造成同一损害，每个人的侵权行为都足以造成全部损害的，行为人承担连带责任。

第1195条 网络用户利用网络服务实施侵权行为的，权利人有权通知网络服务提供者采取删除、屏蔽、断开链接等必要措施。通知应当包括构成侵权的初步证据及权利人的真实身份信息。

网络服务提供者接到通知后，应当及时将该通知转送相关网络用户，并根据构成侵权的初步证据和服务类型采取必要措施；未及时采取必要措施的，对损害的扩大部分与该网络用户承担连带责任。

权利人因错误通知造成网络用户或者网络服务提供者损害的，应当承担侵权责任。法律另有规定的，依照其规定。

第1196条 网络用户接到转送的通知后，可以向网络服务提供者提交不存在侵权行为的声明。声明应当包括不存在侵权行为的初步证据及网络用户的真实身份信息。

网络服务提供者接到声明后，应当将该声明转送发出通知的权利人，并告知其可以向有关部门投诉或者向人民法院提起诉讼。网络服务提供者在转送声明到达权利人后的合理期限内，未收到权利人已经投诉或者提起诉讼通知的，应当及时终止所采取的措施。

第1197条 网络服务提供者知道或者应当知道网络用户利

用其网络服务侵害他人民事权益，未采取必要措施的，与该网络用户承担连带责任。

证明责任

《人脸识别规定》第 6 条　当事人请求信息处理者承担民事责任的，人民法院应当依据民事诉讼法第六十四条及《最高人民法院关于适用〈中华人民共和国民事诉讼法〉的解释》第九十条、第九十一条，《最高人民法院关于民事诉讼证据的若干规定》的相关规定确定双方当事人的举证责任。

信息处理者主张其行为符合民法典第一千零三十五条第一款规定情形的，应当就此所依据的事实承担举证责任。

信息处理者主张其不承担民事责任的，应当就其行为符合本规定第五条规定的情形承担举证责任。

《民事诉讼法》第 64 条　当事人对自己提出的主张，有责任提供证据。

当事人及其诉讼代理人因客观原因不能自行收集的证据，或者人民法院认为审理案件需要的证据，人民法院应当调查收集。

人民法院应当按照法定程序，全面地、客观地审查核实证据。

《民诉法解释》第 90 条　当事人对自己提出的诉讼请求所依据的事实或者反驳对方诉讼请求所依据的事实，应当提供证据加以证明，但法律另有规定的除外。

在作出判决前，当事人未能提供证据或者证据不足以证明其事实主张的，由负有举证证明责任的当事人承担不利的后果。

第 91 条　人民法院应当依照下列原则确定举证证明责任的承担，但法律另有规定的除外：

（一）主张法律关系存在的当事人，应当对产生该法律关系的基本事实承担举证证明责任；

（二）主张法律关系变更、消灭或者权利受到妨害的当事人，应当对该法律关系变更、消灭或者权利受到妨害的基本事实承担举证证明责任。

其他规定

《民法典》第 176 条　民事主体依照法律规定或者按照当事人约定，履行民事义务，承担民事责任。

第 179 条　承担民事责任的方式主要有：

（一）停止侵害；

（二）排除妨碍；

（三）消除危险；

（四）返还财产；

（五）恢复原状；

（六）修理、重作、更换；

（七）继续履行；

（八）赔偿损失；

（九）支付违约金；

（十）消除影响、恢复名誉；

（十一）赔礼道歉。

法律规定惩罚性赔偿的，依照其规定。

本条规定的承担民事责任的方式，可以单独适用，也可以合并适用。

《消费者权益保护法》第 50 条　经营者侵害消费者的人格尊严、侵犯消费者人身自由或者侵害消费者个人信息依法得到保护的权利的，应当停止侵害、恢复名誉、消除影响、赔礼道歉，并赔偿损失。

《数据安全法》第 52 条第 1 款　违反本法规定，给他人造成损害的，依法承担民事责任。

第 51 条　窃取或者以其他非法方式获取数据，开展数据处理活动排除、限制竞争，或者损害个人、组织合法权益的，依照有关法律、行政法规的规定处罚。

第七十条　个人信息处理者违反本法规定处理个人信息，侵害众多个人的权益的，人民检察院、法律规定的消费者组织和由国家网信部门确定的组织可以依法向人民法院提起诉讼。

批注

关联条文

—·❖·— 法律及相关司法解释 —·❖·—

《民事诉讼法》第 55 条　对污染环境、侵害众多消费者合法权益等损害社会公共利益的行为，法律规定的机关和有关组织可以向人民法院提起诉讼。

人民检察院在履行职责中发现破坏生态环境和资源保护、食品药品安全领域侵害众多消费者合法权益等损害社会公共利益的行为，在没有前款规定的机关和组织或者前款规定的机关和组织不提起诉讼的情况下，可以向人民法院提起诉讼。前款规定的机关或者组织提起诉讼的，人民检察院可以支持起诉。

《民诉法解释》第 284 条　环境保护法、消费者权益保护法等法律规定的机关和有关组织对污染环境、侵害众多消费者合法权益等损害社会公共利益的行为，根据民事诉讼法第五十五条规定提起公益诉讼，符合下列条件的，人民法院应当受理：

（一）有明确的被告；

（二）有具体的诉讼请求；

（三）有社会公共利益受到损害的初步证据；

（四）属于人民法院受理民事诉讼的范围和受诉人民法院管辖。

《人脸识别规定》第14条　信息处理者处理人脸信息的行为符合民事诉讼法第五十五条、消费者权益保护法第四十七条或者其他法律关于民事公益诉讼的相关规定，法律规定的机关和有关组织提起民事公益诉讼的，人民法院应予受理。

《公益诉讼办案规则》第85条　人民检察院经过对民事公益诉讼线索进行评估，认为同时存在以下情形的，应当立案：

（一）社会公共利益受到损害；

（二）可能存在破坏生态环境和资源保护，食品药品安全领域侵害众多消费者合法权益，侵犯未成年人合法权益，侵害英雄烈士等的姓名、肖像、名誉、荣誉等损害社会公共利益的违法行为。

《消费者权益保护法》第47条　对侵害众多消费者合法权益的行为，中国消费者协会以及在省、自治区、直辖市设立的消费者协会，可以向人民法院提起诉讼。

—— 经济特区法规 ——

《深圳数据条例》第98条　违反本条例规定处理数据，致使国家利益或者公共利益受到损害的，法律、法规规定的组织可以依法提起民事公益诉讼。法律、法规规定的组织提起民事公益诉讼，人民检察院认为有必要的，可以支持起诉。

法律、法规规定的组织未提起民事公益诉讼的，人民检察院可以依法提起民事公益诉讼。

人民检察院发现履行数据监督管理职责的部门违法行使职权或者不作为，致使国家利益或者公共利益受到损害的，应当向有关行政机关提出检察建议；行政机关不依法履行职责的，人民检察院可以依法提起行政公益诉讼。

批注

> **第七十一条**　违反本法规定，构成违反治安管理行为的，依法给予治安管理处罚；构成犯罪的，依法追究刑事责任。

关联条文

一般规定

《档案法》**第 51 条**　违反本法规定，构成犯罪的，依法追究刑事责任；……

《数据安全法》**第 52 条第 2 款**　违反本法规定，构成违反治安管理行为的，依法给予治安管理处罚；构成犯罪的，依法追究刑事责任。

《网络安全法》**第 74 条第 2 款**　违反本法规定，构成违反治安管理行为的，依法给予治安管理处罚；构成犯罪的，依法追究刑事责任。

《深圳数据条例》**第 99 条**　数据处理者违反本条例规定处理数据……构成违反治安管理行为的，依法给予治安管理处罚；构成犯罪的，依法追究刑事责任。

《居民身份证法》**第 19 条第 1 款、第 2 款**　国家机关或者金融、电信、交通、教育、医疗等单位的工作人员泄露在履行职责或者提供服务过程中获得的居民身份证记载的公民个人信息，构成犯罪的，依法追究刑事责任；……

单位有前款行为，构成犯罪的，依法追究刑事责任；……

第20条 人民警察有下列行为之一的，根据情节轻重，依法给予行政处分；构成犯罪的，依法追究刑事责任：

……

（五）泄露因制作、发放、查验、扣押居民身份证而知悉的公民个人信息，侵害公民合法权益的。

《个人信用信息基础数据库管理暂行办法》第39条 商业银行有下列情形之一……涉嫌犯罪的，依法移交司法机关处理：

（一）违反本办法规定，未准确、完整、及时报送个人信用信息的；

（二）违反本办法第七条规定的；

（三）越权查询个人信用数据库的；

（四）将查询结果用于本办法规定之外的其他目的的；

（五）违反异议处理规定的；

（六）违反本办法安全管理要求的。

第41条 征信服务中心工作人员有下列情形之一……涉嫌犯罪的，依法移交司法机关处理：

（一）违反本办法规定，篡改、毁损、泄露或非法使用个人信用信息的；

（二）与自然人、法人、其它组织恶意串通，提供虚假信用报告的。

侵犯公民个人信息罪

《刑法》第253条之一 违反国家有关规定，向他人出售或者提供公民个人信息，情节严重的，处三年以下有期徒刑或者拘役，并处或者单处罚金；情节特别严重的，处三年以上七年以下有期徒刑，并处罚金。

违反国家有关规定，将在履行职责或者提供服务过程中获得的公民个人信息，出售或者提供给他人的，依照前款的规定从重处罚。

窃取或者以其他方法非法获取公民个人信息的，依照第一款的规定处罚。

单位犯前三款罪的，对单位判处罚金，并对其直接负责的主管人员和其他直接责任人员，依照各该款的规定处罚。

《关于办理侵犯公民个人信息刑事案件的解释》第 2 条

违反法律、行政法规、部门规章有关公民个人信息保护的规定的，应当认定为刑法第二百五十三条之一规定的"违反国家有关规定"。

第 3 条 向特定人提供公民个人信息，以及通过信息网络或者其他途径发布公民个人信息的，应当认定为刑法第二百五十三条之一规定的"提供公民个人信息"。

未经被收集者同意，将合法收集的公民个人信息向他人提供的，属于刑法第二百五十三条之一规定的"提供公民个人信息"，但是经过处理无法识别特定个人且不能复原的除外。

第 4 条 违反国家有关规定，通过购买、收受、交换等方式获取公民个人信息，或者在履行职责、提供服务过程中收集公民个人信息的，属于刑法第二百五十三条之一第三款规定的"以其他方法非法获取公民个人信息"。

拒不履行信息网络安全管理义务罪

《刑法》第 286 条之一 网络服务提供者不履行法律、行政法规规定的信息网络安全管理义务，经监管部门责令采取改正措施而拒不改正，有下列情形之一的，处三年以下有期徒刑、拘役或者管制，并处或者单处罚金：

（一）致使违法信息大量传播的；

（二）致使用户信息泄露，造成严重后果的；

（三）致使刑事案件证据灭失，情节严重的；

（四）有其他严重情节的。

单位犯前款罪的，对单位判处罚金，并对其直接负责的主管人员和其他直接责任人员，依照前款的规定处罚。

有前两款行为，同时构成其他犯罪的，依照处罚较重的规定定罪处罚。

《关于办理侵犯公民个人信息刑事案件的解释》第9条

网络服务提供者拒不履行法律、行政法规规定的信息网络安全管理义务，经监管部门责令采取改正措施而拒不改正，致使用户的公民个人信息泄露，造成严重后果的，应当依照刑法第二百八十六条之一的规定，以拒不履行信息网络安全管理义务罪定罪处罚。

《关于办理非法利用信息网络、帮助信息网络犯罪活动等刑事案件的解释》第1条 提供下列服务的单位和个人，应当认定为刑法第二百八十六条之一第一款规定的"网络服务提供者"：

（一）网络接入、域名注册解析等信息网络接入、计算、存储、传输服务；

（二）信息发布、搜索引擎、即时通讯、网络支付、网络预约、网络购物、网络游戏、网络直播、网站建设、安全防护、广告推广、应用商店等信息网络应用服务；

（三）利用信息网络提供的电子政务、通信、能源、交通、水利、金融、教育、医疗等公共服务。

第2条 刑法第二百八十六条之一第一款规定的"监管部

门责令采取改正措施",是指网信、电信、公安等依照法律、行政法规的规定承担信息网络安全监管职责的部门,以责令整改通知书或者其他文书形式,责令网络服务提供者采取改正措施。

认定"经监管部门责令采取改正措施而拒不改正",应当综合考虑监管部门责令改正是否具有法律、行政法规依据,改正措施及期限要求是否明确、合理,网络服务提供者是否具有按照要求采取改正措施的能力等因素进行判断。

第八章　附　则

　　第七十二条　自然人因个人或者家庭事务处理个人信息的，不适用本法。

　　法律对各级人民政府及其有关部门组织实施的统计、档案管理活动中的个人信息处理有规定的，适用其规定。

关联条文

　　《数据安全法》第 53 条　开展涉及国家秘密的数据处理活动，适用《中华人民共和国保守国家秘密法》等法律、行政法规的规定。

　　在统计、档案工作中开展数据处理活动，开展涉及个人信息的数据处理活动，还应当遵守有关法律、行政法规的规定。

　　第 54 条　军事数据安全保护的办法，由中央军事委员会依据本法另行制定。

　　《档案法》第 8 条　国家档案主管部门主管全国的档案工作，负责全国档案事业的统筹规划和组织协调，建立统一制度，实行监督和指导。

　　县级以上地方档案主管部门主管本行政区域内的档案工作，对本行政区域内机关、团体、企业事业单位和其他组织的档案工作实行监督和指导。

　　乡镇人民政府应当指定人员负责管理本机关的档案，并对所属单位、基层群众性自治组织等的档案工作实行监督和指导。

《统计法》第 20 条 县级以上人民政府统计机构和有关部门以及乡、镇人民政府，应当按照国家有关规定建立统计资料的保存、管理制度，建立健全统计信息共享机制。

第 22 条 县级以上人民政府有关部门应当及时向本级人民政府统计机构提供统计所需的行政记录资料和国民经济核算所需的财务资料、财政资料及其他资料，并按照统计调查制度的规定及时向本级人民政府统计机构报送其组织实施统计调查取得的有关资料。

县级以上人民政府统计机构应当及时向本级人民政府有关部门提供有关统计资料。

> 第七十三条 本法下列用语的含义：
>
> （一）个人信息处理者，是指在个人信息处理活动中自主决定处理目的、处理方式的组织、个人。
>
> （二）自动化决策，是指通过计算机程序自动分析、评估个人的行为习惯、兴趣爱好或者经济、健康、信用状况等，并进行决策的活动。
>
> （三）去标识化，是指个人信息经过处理，使其在不借助额外信息的情况下无法识别特定自然人的过程。
>
> （四）匿名化，是指个人信息经过处理无法识别特定自然人且不能复原的过程。

关联条文

《征信业管理条例》第 44 条 本条例下列用语的含义：

（一）信息提供者，是指向征信机构提供信息的单位和个人，以及向金融信用信息基础数据库提供信息的单位。

（二）信息使用者，是指从征信机构和金融信用信息基础数据库获取信息的单位和个人。

……

《深圳数据条例》第 2 条　本条例中下列用语的含义：

……

（七）匿名化，是指个人数据经过处理无法识别特定自然人且不能复原的过程。

……

《个人信息安全规范》3. 14　匿名化 anonymization

通过对个人信息的技术处理，使得个人信息主体无法被识别或者关联，且处理后的信息不能被复原的过程。

注：个人信息经匿名化处理后所得的信息不属于个人信息。

3. 15　去标识化 de-identification

通过对个人信息的技术处理，使其在不借助额外信息的情况下，无法识别或者关联个人信息主体的过程。

注：去标识化建立在个体基础之上，保留了个体颗粒度，采用假名、加密、哈希函数等技术手段替代对个人信息的标识。

《个人信息保护指南》3. 4　个人信息管理者 administrator of personal information

决定个人信息处理的目的和方式，实际控制个人信息并利用信息系统处理个人信息的组织和机构。

3. 5　个人信息获得者 receiver of personal information

从信息系统获取个人信息，并对获得的个人信息进行处理的个人、组织和机构。

批 注

第七十四条　本法自 2021 年 11 月 1 日起施行。

第三部分

立法素材

一、

《中华人民共和国个人信息保护法》
及历次草案条文对照

说明：第一列为《中华人民共和国个人信息保护法》的内容；第一列、第二列中加粗的内容分别为《中华人民共和国个人信息保护法》相对于草案二次审议稿、草案二次审议稿相对于草案增补或调整的内容；第二列、第三列中加下划线的内容分别为《中华人民共和国个人信息保护法》相对于草案二次审议稿、草案二次审议稿相对于草案删除或调整的内容。斜体内容表示同一条文上下款顺序有所调整。

《中华人民共和国个人信息保护法》	《中华人民共和国个人信息保护法（草案二次审议稿）》	《中华人民共和国个人信息保护法（草案）》
第一章　总　则	第一章　总　则	第一章　总　则
第一条　为了保护个人信息权益，规范个人信息处理活动，促进个人信息合理利用，**根据宪法**，制定本法。	第一条　为了保护个人信息权益，规范个人信息处理活动，促进个人信息合理利用，制定本法。	第一条　为了保护个人信息权益，规范个人信息处理活动，<u>保障个人信息依法有序自由流动</u>，促进个人信息合理利用，制定本法。
第二条　同草案二次审议稿第二条	第二条　同草案第二条	第二条　自然人的个人信息受法律保护，任何组织、个人不得侵害自然人的个人信息权益。

续表

《中华人民共和国个人信息保护法》	《中华人民共和国个人信息保护法（草案二次审议稿）》	《中华人民共和国个人信息保护法（草案）》
第三条　在中华人民共和国境内处理自然人个人信息的活动，适用本法。 在中华人民共和国境外处理中华人民共和国境内自然人个人信息的活动，有下列情形之一的，也适用本法： （一）以向境内自然人提供产品或者服务为目的； （二）分析、评估境内自然人的行为； （三）法律、行政法规规定的其他情形。	第三条　组织、个人在中华人民共和国境内处理自然人个人信息的活动，适用本法。 在中华人民共和国境外处理中华人民共和国境内自然人个人信息的活动，有下列情形之一的，也适用本法： （一）以向境内自然人提供产品或者服务为目的； （二）分析、评估境内自然人的行为； （三）法律、行政法规规定的其他情形。	第三条　组织、个人在中华人民共和国境内处理自然人个人信息的活动，适用本法。 在中华人民共和国境外处理中华人民共和国境内自然人个人信息的活动，有下列情形之一的，也适用本法： （一）以向境内自然人提供产品或者服务为目的； （二）为分析、评估境内自然人的行为； （三）法律、行政法规规定的其他情形。
第四条　个人信息是以电子或者其他方式记录的与已识别或者可识别的自然人有关的各种信息，不包括匿名化处理后的信息。 个人信息的处理包括个人信息的收集、存储、使用、加工、传输、提供、公开、**删除**等。	第四条　个人信息是以电子或者其他方式记录的与已识别或者可识别的自然人有关的各种信息，不包括匿名化处理后的信息。 个人信息的处理包括个人信息的收集、存储、使用、加工、传输、提供、公开等。	第四条　个人信息是以电子或者其他方式记录的与已识别或者可识别的自然人有关的各种信息，不包括匿名化处理后的信息。 个人信息的处理包括个人信息的收集、存储、使用、加工、传输、提供、公开等活动。
第五条　处理个人信息应当**遵循**合法、正当、**必要和**诚信原则，不得通过误导、欺诈、胁迫等方式处理个人信息。	第五条　处理个人信息应当**采用**合法、正当**的方式**，**遵循**诚信原则，不得通过**误导、欺诈、胁迫**等方式处理个人信息。	第五条　处理个人信息应当采用合法、正当的方式，遵循诚信原则，不得通过欺诈、误导等方式处理个人信息。

《中华人民共和国个人信息保护法》	《中华人民共和国个人信息保护法（草案二次审议稿）》	《中华人民共和国个人信息保护法（草案）》
第六条　处理个人信息应当具有明确、合理的目的，并应**当与处理目的直接相关**，采取对个人权益影响最小的方式。**收集个人信息，应当限于实现处理目的的最小范围，不得过度收集个人信息。**	第六条　处理个人信息应当具有明确、合理的目的，并应<u>当限于实现处理目的的</u>**所必要**的最小范围、**采取对个人权益影响最小的方式**，<u>不得进行与处理目的无关的个人信息处理。</u>	第六条　处理个人信息应当具有明确、合理的目的，并应限于实现处理目的的最小范围，不得进行与处理目的无关的个人信息处理。
第七条　处理个人信息应当遵循公开、透明原则，公开个人信息处理规则，明示处理的目的、方式和范围。	第七条　处理个人信息应当遵循公开、透明的原则，**公开**个人信息处理规则，**明示处理的目的、方式和范围。**	第七条　处理个人信息应当遵循公开、透明的原则，<u>明示</u>个人信息处理规则。
第八条　同草案二次审议稿第八条	第八条　**处理个人信息应当保证个人信息的质量，避免因个人信息不准确、不完整对个人权益造成不利影响。**	第八条　为实现处理目的，<u>所处理的个人信息应当准确，并及时更新。</u>
第九条　同草案二次审议稿第九条	第九条　同草案第九条	第九条　个人信息处理者应当对其个人信息处理活动负责，并采取必要措施保障所处理的个人信息的安全。
第十条　任何组织、个人不得**非法收集、使用、加工、传输他人**个人信息，**不得非法买卖、提供或者公开他人个人信息；**不得从事危害国家安全、公共利益的个人信息处理活动。	第十条　同草案第十条	第十条　任何组织、个人不得<u>违反法律、行政法规的规定处</u>理个人信息，不得从事危害国家安全、公共利益的个人信息处理活动。

续表

《中华人民共和国个人信息保护法》	《中华人民共和国个人信息保护法（草案二次审议稿）》	《中华人民共和国个人信息保护（草案）》
第十一条 国家建立健全个人信息保护制度，预防和惩治侵害个人信息权益的行为，加强个人信息保护宣传教育，推动形成政府、企业、相关**社会**组织、公众共同参与个人信息保护的良好环境。	第十一条 同草案第十一条	第十一条 国家建立健全个人信息保护制度，预防和惩治侵害个人信息权益的行为，加强个人信息保护宣传教育，推动形成政府、企业、相关**行业组织、社会公众**共同参与个人信息保护的良好环境。
第十二条 国家积极参与个人信息保护国际规则的制定，促进个人信息保护方面的国际交流与合作，推动与其他国家、地区、国际组织之间的个人信息保护规则、标准等互认。	第十二条 同草案第十二条	第十二条 国家积极参与个人信息保护国际规则的制定，促进个人信息保护方面的国际交流与合作，推动与其他国家、地区、国际组织之间的个人信息保护规则、标准等的互认。
第二章 个人信息处理规则	**第二章 个人信息处理规则**	**第二章 个人信息处理规则**
第一节 一般规定	**第一节 一般规定**	**第一节 一般规定**
第十三条 符合下列情形之一的，个人信息处理者方可处理个人信息： （一）取得个人的同意； （二）为订立、履行个人作为一方当事人的合同所必需，**或者按照依法制定的劳动规章制度和依法签订的集体合同实施人力**	第十三条 符合下列情形之一的，个人信息处理者方可处理个人信息： （一）取得个人的同意； （二）为订立**或者**履行个人作为一方当事人的合同所必需； （三）为履行法定职责或者法定义务所必需； （四）为应对突发公共卫生事件，或者紧急情	第十三条 符合下列情形之一的，个人信息处理者方可处理个人信息： （一）取得个人的同意； （二）为订立或者履行个人作为一方当事人的合同所必需； （三）为履行法定职责或者法定义务所必需； （四）为应对突发公共卫生事件，或者紧急情况下为保护自然人的生命健康和财产安全所必需；

《中华人民共和国个人信息保护法》	《中华人民共和国个人信息保护法（草案二次审议稿）》	《中华人民共和国个人信息保护法（草案）》
资源管理所必需； （三）为履行法定职责或者法定义务所必需； （四）为应对突发公共卫生事件，或者紧急情况下为保护自然人的生命健康和财产安全所必需； （五）为公共利益实施新闻报道、舆论监督等行为，在合理的范围内处理个人信息； （六）依照本法规定在合理的范围内处理**个人自行公开或者其他已经合法**公开的个人信息； （七）法律、行政法规规定的其他情形。 **依照**本法其他有关规定，处理个人信息应当取得个人同意，但**是**有前款第二项至第七项规定情形的，不需取得个人同意。	况下为保护自然人的生命健康和财产安全所必需； **（五）依照本法规定在合理的范围内处理已公开的个人信息；** **（六）**为公共利益实施新闻报道、舆论监督等行为，在合理的范围内处理个人信息； **（七）**法律、行政法规规定的其他情形。 **本法其他有关条款规定处理个人信息应当取得个人同意，但有前款第二项至第七项规定情形的，不需取得个人同意。**	（五）为公共利益实施新闻报道、舆论监督等行为在合理的范围内处理个人信息； （六）法律、行政法规规定的其他情形。
第十四条 **基于个人同意**处理个人信息的，**该同意**应当由个人在充分知情的前提下自愿、明确作出。法律、行政法规规定处理个人信息应当取得个人单独同意或者书面同意的，从其规定。 个人信息的处理目的、	第十四条 处理个人信息的同意，应当由个人在充分知情的前提下自愿、明确作出。法律、行政法规规定处理个人信息应当取得个人单独同意或者书面同意的，从其规定。 个人信息的处理目的、处理方式和处理的个人	第十四条 处理个人信息的同意，应当由个人在充分知情的前提下，自愿、明确作出意思表示。法律、行政法规规定处理个人信息应当取得个人单独同意或者书面同意的，从其规定。 个人信息的处理目的、处理方式和处理的个人信息种类发生变更的，应当重新取得个人同意。

续表

《中华人民共和国个人信息保护法》	《中华人民共和国个人信息保护法（草案二次审议稿）》	《中华人民共和国个人信息保护法（草案）》
处理方式和处理的个人信息种类发生变更的，应当重新取得个人同意。	信息种类发生变更的，应当重新取得个人同意。	
第十五条 基于个人同意**处理**个人信息**的**，个人有权撤回其同意。个人信息处理者应当提供便捷的撤回同意的方式。个人撤回同意，不影响撤回前基于个人同意已进行的个人信息处理活动的效力。	第十六条 基于个人同意而进行的个人信息处理活动，个人有权撤回其同意。**个人信息处理者应当提供便捷的撤回同意的方式。个人撤回同意，不影响撤回前基于个人同意已进行的个人信息处理活动的效力。**	第十六条 基于个人同意而进行的个人信息处理活动，个人有权撤回其同意。
第十六条 个人信息处理者不得以个人不同意处理其个人信息或者撤回同意为由，拒绝提供产品或者服务；处理个人信息属于提供产品或者服务所必需的除外。	第十七条 同草案第十七条	第十七条 个人信息处理者不得以个人不同意处理其个人信息或者撤回同意为由，拒绝提供产品或者服务；处理个人信息属于提供产品或者服务所必需的除外。
第十七条 个人信息处理者在处理个人信息前，应当以显著方式、清晰易懂的语言**真实、准确、完整地**向个人告知下列事项：（一）个人信息处理者的**名称或者姓名**和联系方式；	第十八条 同草案第十八条	第十八条 个人信息处理者在处理个人信息前，应当以显著方式、清晰易懂的语言向个人告知下列事项：（一）个人信息处理者的身份和联系方式；（二）个人信息的处理目的、处理方式，处理的个人信息种类、保存期限；

《中华人民共和国个人信息保护法》	《中华人民共和国个人信息保护法（草案二次审议稿）》	《中华人民共和国个人信息保护法（草案）》
（二）个人信息的处理目的、处理方式，处理的个人信息种类、保存期限； （三）个人行使本法规定权利的方式和程序； （四）法律、行政法规规定应当告知的其他事项。 前款规定事项发生变更的，应当将变更部分告知个人。 个人信息处理者通过制定个人信息处理规则的方式告知第一款规定事项的，处理规则应当公开，并且便于查阅和保存。		（三）个人行使本法规定权利的方式和程序； （四）法律、行政法规规定应当告知的其他事项。 前款规定事项发生变更的，应当将变更部分告知个人。 个人信息处理者通过制定个人信息处理规则的方式告知第一款规定事项的，处理规则应当公开，并且便于查阅和保存。
第十八条　个人信息处理者处理个人信息，有法律、行政法规规定应当保密或者不需要告知的情形的，可以不向个人告知前条**第一款**规定的事项。 紧急情况下为保护自然人的生命健康和财产安全无法及时向个人告知的，个人信息处理者应当在紧急情况消除后及时告知。	第十九条　个人信息处理者处理个人信息，有法律、行政法规规定应当保密或者不需要告知的情形的，可以不向个人告知前条规定的事项。 紧急情况下为保护自然人的生命健康和财产安全无法及时向个人告知的，个人信息处理者应当在紧急情况消除后**及时**告知。	第十九条　个人信息处理者处理个人信息，有法律、行政法规规定应当保密或者不需要告知的情形的，可以不向个人告知前条规定的事项。 紧急情况下为保护自然人的生命健康和财产安全无法及时向个人告知的，个人信息处理者应当在紧急情况消除后予以告知。

《中华人民共和国个人信息保护法》	《中华人民共和国个人信息保护法（草案二次审议稿）》	《中华人民共和国个人信息保护法（草案）》
第十九条　**除法律、行政法规另有规定外**，个人信息的保存期限应当为实现处理目的所必要的最短时间。	第二十条　同草案第二十条	第二十条　个人信息的保存期限应当为实现处理目的所必要的最短时间。法律、行政法规对个人信息的保存期限另有规定的，从其规定。
第二十条　两个以上的个人信息处理者共同决定个人信息的处理目的和处理方式的，应当约定各自的权利和义务。但是，该约定不影响个人向其中任何一个个人信息处理者要求行使本法规定的权利。 个人信息处理者共同处理个人信息，侵害个人信息权益**造成损害**的，应当**依法**承担连带责任。	第二十一条　两个以上的个人信息处理者共同决定个人信息的处理目的和处理方式的，应当约定各自的权利和义务。但是，该约定不影响个人向其中任何一个个人信息处理者要求行使本法规定的权利。 个人信息处理者共同处理个人信息，侵害个人信息权益的，**应当**承担连带责任。	第二十一条　两个或者两个以上的个人信息处理者共同决定个人信息的处理目的和处理方式的，应当约定各自的权利和义务。但是，该约定不影响个人向其中任何一个个人信息处理者要求行使本法规定的权利。 个人信息处理者共同处理个人信息，侵害个人信息权益的，依法承担连带责任。
第二十一条　个人信息处理者委托处理个人信息的，应当与受托人约定委托处理的目的、期限、处理方式、个人信息的种类、保护措施以及双方的权利和义务等，并对受托**人**的个人信息处理活动进行监督。 受托**人**应当按照约定处理个人信息，	第二十二条　个人信息处理者委托处理个人信息的，应当与受托**方**约定委托处理的目的、**期限**、处理方式、个人信息的种类、保护措施以及双方的权利和义务等，并对受托**方**的个人信息处理活动进行监督。 受托**方**应当按照约定处理个人信息，不得超出约定的处理目的、处理方式等处理个人	第二十二条　个人信息处理者委托处理个人信息的，应当与受托方约定委托处理的目的、处理方式、个人信息的种类、保护措施以及双方的权利和义务等，并对受托方的个人信息处理活动进行监督。 受托方应当按照约定处理个人信息，不得超出约定的处理目的、处理方式等处理个人信息，并应当在合同履行完毕或者委托关系解除后，将个人信息返还个人信息处理者或者予以删除。

续表

《中华人民共和国个人信息保护法》	《中华人民共和国个人信息保护法（草案二次审议稿）》	《中华人民共和国个人信息保护法（草案）》
不得超出约定的处理目的、处理方式等处理个人信息；委托合同不生效、无效、被撤销或者终止的，受托人应当将个人信息返还个人信息处理者或者予以删除，不得保留。未经个人信息处理者同意，受托**人**不得转委托他人处理个人信息。	信息；**委托合同不生效、无效、被撤销或者终止的，受托方应当**将个人信息返还个人信息处理者或者予以删除，**不得保留**。未经个人信息处理者同意，受托<u>方</u>不得转委托他人处理个人信息。	未经个人信息处理者同意，受托方不得转委托他人处理个人信息。
第二十二条 个人信息处理者因合并、分立、**解散、被宣告破产**等原因需要转移个人信息的，应当向个人告知接收方的**名称或者姓名和**联系方式。接收方应当继续履行个人信息处理者的义务。接收方变更原先的处理目的、处理方式**的**，应当依照本法规定重新取得个人同意。	<u>第二十三条</u> 个人信息处理者因合并、分立等原因需要转移个人信息的，应当向个人告知接收方的<u>身份</u>、联系方式。接收方应当继续履行个人信息处理者的义务。接收方变更原先的处理目的、处理方式，应当依照本法规定重新取得个人同意。	第二十三条 个人信息处理者因合并、分立等原因需要转移个人信息的，应当向个人告知接收方的身份、联系方式。接收方应当继续履行个人信息处理者的义务。接收方变更原先的处理目的、处理方式的，应当依照本法规定重新<u>向个人告知并取得其</u>同意。
第二十三条 个人信息处理者向**其他个人信息处理者**提供其处理的个人信息的，应当向个人告知接收方的**名称或者姓名**、联系方式、处理目的、处	<u>第二十四条</u> 个人信息处理者向**他人**提供其处理的个人信息的，应当向个人告知**接收方的**<u>身份</u>、联系方式、处理目的、处理方式	第二十四条 个人信息处理者向<u>第三方</u>提供其处理的个人信息的，应当向个人告知**第三方**的身份、联系方式、处理目的、处理方式和个人信息的种类，并取得个人的单独同意。

个人信息保护法手册：条文梳理与立法素材

续表

《中华人民共和国个人信息保护法》	《中华人民共和国个人信息保护法（草案二次审议稿）》	《中华人民共和国个人信息保护法（草案）》
理方式和个人信息的种类，并取得个人的单独同意。接收方应当在上述处理目的、处理方式和个人信息的种类等范围内处理个人信息。接收方变更原先的处理目的、处理方式的，应当依照本法规定重新取得个人同意。	和个人信息的种类，并取得个人的单独同意。**接收方**应当在上述处理目的、处理方式和个人信息的种类等范围内处理个人信息。**接收方**变更原先的处理目的、处理方式的，应当依照本法规定重新取得**个人**同意。	接收个人信息的第三方应当在上述处理目的、处理方式和个人信息的种类等范围内处理个人信息。第三方变更原先的处理目的、处理方式的，应当依照本法规定重新向<u>个人告知并取得其同意</u>。 个人信息处理者向第三方提供匿名化信息的，第三方不得利用技术等手段重新识别个人身份。
第二十四条　个人信息处理者利用个人信息进行自动化决策，应当保证决策的透明度和结果公平、公正，**不得对个人在交易价格等交易条件上实行不合理的差别待遇**。通过自动化决策方式**向个人**进行**信息推送、商业营销**，应当同时提供不针对其个人特征的选项，或者向个人提供**便捷的**拒绝方式。通过自动化决策方式作出对个人权益有重大影响的决定，个人有权要求个人信息处理者予以说明，并有权拒绝个人信息处理者仅通过自动化决策的方式作出决定。	第二十五条　利用个人信息进行自动化决策，应当保证决策的透明度和结果公平合理。通过自动化决策方式进行<u>商业营销、信息推送</u>，应当同时提供不针对其个人特征的选项，**或者向个人提供拒绝的方式**。**通过**自动化决策**方式作出**对**个人**权益**有重**大影响的**决定**，**个人**有权要求个人信息处理者予以说明，并有权拒绝个人信息处理者仅通过自动化决策的方式作出决定。	第二十五条　利用个人信息进行自动化决策，应当保证决策的透明度和处理结果的公平合理。<u>个人认为自动化决策对其权益造成重大影响的，有权要求个人信息处理者予以说明，并有权拒绝个人信息处理者仅通过自动化决策的方式作出决定。</u>通过自动化决策方式进行商业营销、信息推送，应当同时提供不针对其个人特征的选项。

294

续表

《中华人民共和国个人信息保护法》	《中华人民共和国个人信息保护法（草案二次审议稿)》	《中华人民共和国个人信息保护法（草案)》
第二十五条　同草案二次审议稿第二十六条	第二十六条　个人信息处理者不得公开其处理的个人信息，取得个人单独同意的除外。	第二十六条　个人信息处理者不得公开其处理的个人信息；取得个人单独同意或者法律、行政法规另有规定的除外。
第二十六条　在公共场所安装图像采集、个人身份识别设备，应当为维护公共安全所必需，遵守国家有关规定，并设置显著的提示标识。所收集的个人图像、身份**识别**信息只能用于维护公共安全的目的，**不得用于其他目的；**取得个人单独同意的除外。	第二十七条　在公共场所安装图像采集、个人身份识别设备，应当为维护公共安全所必需，遵守国家有关规定，并设置显著的提示标识。所收集的个人图像、个人身份特征信息只能用于维护公共安全的目的，不得公开或者向他人提供，取得个人单独同意的除外。	第二十七条　在公共场所安装图像采集、个人身份识别设备，应当为维护公共安全所必需，遵守国家有关规定，并设置显著的提示标识。所收集的个人图像、个人身份特征信息只能用于维护公共安全的目的，不得公开或者向他人提供；取得个人单独同意或者法律、行政法规另有规定的除外。
第二十七条　个人信息处理者**可以在合理的范围内**处理**个人自行公开或者其他已经合法**公开的个人信息；**个人明确拒绝的除外。**个人信息处理者处理已公开的个人信息，**对个人权益有重大影响**的，应当依照本法规定取得个人同意。	第二十八条　个人信息处理者处理已公开的个人信息，应当符合该个人信息被公开时的用途。超出与该用途相关的合理范围的，应当依照本法规定取得个人同意。个人信息被公开时的用途不明确的，个人信息处理者应当合理、谨慎地处理已公开的个人信息。利用已公开的个人信息从事对个人有重大影响的活动，应当依照本法规定取得个人同意。	第二十八条　个人信息处理者处理已公开的个人信息，应当符合该个人信息被公开时的用途；超出与该用途相关的合理范围的，应当依照本法规定向个人告知并取得其同意。个人信息被公开时的用途不明确的，个人信息处理者应当合理、谨慎地处理已公开的个人信息；利用已公开的个人信息从事对个人有重大影响的活动，应当依照本法规定向个人告知并取得其同意。

《中华人民共和国个人信息保护法》	《中华人民共和国个人信息保护法（草案二次审议稿）》	《中华人民共和国个人信息保护法（草案）》
第二节 敏感个人信息的处理规则	**第二节 敏感个人信息的处理规则**	**第二节 敏感个人信息的处理规则**
第二十八条 敏感个人信息是一旦泄露或者非法使用，**容易**导致自然人**的人格尊严受到侵害**或者人身、财产安全受到危害的个人信息，包括**生物识别**、宗教信仰、**特定身份**、医疗健康、金融账户、行踪**轨迹**等信息，**以及不满十四周岁未成年人的个人信息。** 只**有在**具有特定的目的和充分的必要性，**并采取严格保护措施的情形下，个人信息处理者**方可处理敏感个人信息。	第二十九条 同草案第二十九条	第二十九条 个人信息处理者具有特定的目的和充分的必要性，方可处理敏感个人信息。 敏感个人信息是一旦泄露或者非法使用，可能导致个人受到歧视或者人身、财产安全受到严重危害的个人信息，包括种族、民族、宗教信仰、个人生物特征、医疗健康、金融账户、个人行踪等信息。
第二十九条 **处理敏感个人信息**应当取得个人的单独同意；法律、行政法规规定处理敏感个人信息应当取得书面同意的，从其规定。	第三十条 同草案第三十条	第三十条 基于个人同意处理敏感个人信息的，个人信息处理者应当取得个人的单独同意。法律、行政法规规定处理敏感个人信息应当取得书面同意的，从其规定。

《中华人民共和国个人信息保护法》	《中华人民共和国个人信息保护法（草案二次审议稿）》	《中华人民共和国个人信息保护法（草案）》
第三十条　个人信息处理者处理敏感个人信息的，除本法第**十七**条第一款规定的事项外，还应当向个人告知处理敏感个人信息的必要性以及对个人**权益**的影响；**依照本法规定可以不向个人告知的除外。**	第三十一条　个人信息处理者处理敏感个人信息的，除本法第十八条**第一款**规定的事项外，还应当向个人告知处理敏感个人信息的必要性以及对个人的影响。	第三十一条　个人信息处理者处理敏感个人信息的，除本法第十八条规定的事项外，还应当向个人告知处理敏感个人信息的必要性以及对个人的影响。
第三十一条　个人信息处理者处理不满十四周岁未成年人个人信息的，应当取得未成年人的父母或者其他监护人的同意。**个人信息处理者处理不满十四周岁未成年人个人信息的，应当制定专门的个人信息处理规则。**	第十五条　个人信息处理者处理不满十四周岁未成年人个人信息的，应当取得**未成年人的父母或者其他**监护人的同意。	第十五条　个人信息处理者知道或者应当知道其处理的个人信息为不满十四周岁未成年人个人信息的，应当取得其监护人的同意。
第三十二条　同草案二次审议稿第三十二条	第三十二条　法律、行政法规对处理敏感个人信息规定应当取得相关行政许可或者作出**其他**限制的，从其规定。	第三十二条　法律、行政法规规定处理敏感个人信息应当取得相关行政许可或者作出更严格限制的，从其规定。
第三节　国家机关处理个人信息的特别规定	**第三节　国家机关处理个人信息的特别规定**	**第三节　国家机关处理个人信息的特别规定**
第三十三条　同草案二次审议稿第三十三条	第三十三条　国家机关处理个人信息的活动，适用本法；本节有特别规定的，适用本节规定。	第三十三条　国家机关处理个人信息的活动适用本法；本节有特别规定的，适用本节规定。

续表

《中华人民共和国个人信息保护法》	《中华人民共和国个人信息保护法（草案二次审议稿）》	《中华人民共和国个人信息保护法（草案）》
第三十四条　同草案二次审议稿第三十四条	第三十四条　同草案第三十四条	第三十四条　国家机关为履行法定职责处理个人信息，应当依照法律、行政法规规定的权限、程序进行，不得超出履行法定职责所必需的范围和限度。
第三十五条　国家机关为履行法定职责处理个人信息，应当依照本法规定**履行**告知**义务；有本法第十八条第一款规定的情形，**或者告知将妨碍国家机关履行法定职责的除外。	第三十五条　同草案第三十五条	第三十五条　国家机关为履行法定职责处理个人信息，应当依照本法规定向个人告知并取得其同意；法律、行政法规规定应当保密，或者告知、取得同意将妨碍国家机关履行法定职责的除外。
		第三十六条　国家机关不得公开或者向他人提供其处理的个人信息，法律、行政法规另有规定或者取得个人同意的除外。
第三十六条　国家机关处理的个人信息应当在中华人民共和国境内存储；确需向境外提供的，应当进行**安全**评估。**安全**评估可以要求有关部门提供支持与协助。	第三十六条　同草案第三十七条	第三十七条　国家机关处理的个人信息应当在中华人民共和国境内存储；确需向境外提供的，应当进行风险评估。风险评估可以要求有关部门提供支持与协助。
第三十七条　同草案二次审议稿第三十七条	**第三十七条　法律、法规授权的具有管理公共事务职能的组织为履行法定职责处理个人信息，适用本法关于国家机关处理个人信息的规定。**	

《中华人民共和国个人信息保护法》	《中华人民共和国个人信息保护法（草案二次审议稿)》	《中华人民共和国个人信息保护法（草案)》
第三章　个人信息跨境提供的规则	第三章　个人信息跨境提供的规则	第三章　个人信息跨境提供的规则
第三十八条　个人信息处理者因业务等需要，确需向中华人民共和国境外提供个人信息的，应当具备下列条件**之一**： （一）依照本法第四十条的规定通过国家网信部门组织的安全评估； （二）按照国家网信部门的规定经专业机构进行个人信息保护认证； （三）按照国家网信部门制定的标准合同与境外接收方订立合同，约定双方的权利和义务； （四）法律、行政法规或者国家网信部门规定的其他条件。 **中华人民共和国缔结或者参加的国际条约、协定对向中华人民共和国境外提供个人信息的条件等有规定的，可以按照其规定执行。** **个人信息处理者应当采取必要措施，保障境外接收方处理个人信息的活动达到本法规定的个人信息保护标准。**	第三十八条　个人信息处理者因业务等需要，确需向中华人民共和国境外提供个人信息的，应当<u>至少</u>具<u>备下列一项</u>条件： （一）依照本法第四十条的规定通过国家网信部门组织的安全评估； （二）按照国家网信部门的规定经专业机构进行个人信息保护认证； **（三）按照国家网信部门制定的标准合同**与境外接收方订立合同，约定双方的权利和义务，**并监督其个人信息处理活动达到本法规定的个人信息保护标准；** （四）法律、行政法规或者国家网信部门规定的其他条件。	第三十八条　个人信息处理者因业务等需要，确需向中华人民共和国境外提供个人信息的，应当至少具备下列一项条件： （一）依照本法第四十条的规定通过国家网信部门组织的安全评估； （二）按照国家网信部门的规定经专业机构进行个人信息保护认证； （三）与境外接收方订立合同，约定双方的权利和义务，并监督其个人信息处理活动达到本法规定的个人信息保护标准； （四）法律、行政法规或者国家网信部门规定的其他条件。

個人信息保护法手册：条文梳理与立法素材

（右上）续表

《中华人民共和国个人信息保护法》	《中华人民共和国个人信息保护法（草案二次审议稿）》	《中华人民共和国个人信息保护法（草案）》
第三十九条　个人信息处理者向中华人民共和国境外提供个人信息的，应当向个人告知境外接收方的**名称或者姓名**、联系方式、处理目的、处理方式、个人信息的种类以及个人向境外接收方行使本法规定权利的方式**和程序**等事项，并取得个人的单独同意。	第三十九条　同草案第三十九条	第三十九条　个人信息处理者向中华人民共和国境外提供个人信息的，应当向个人告知境外接收方的**身份**、联系方式、处理目的、处理方式、个人信息的种类以及个人向境外接收方行使本法规定权利的方式等事项，并取得个人的单独同意。
第四十条　同草案二次审议稿第四十条	第四十条　同草案第四十条	第四十条　关键信息基础设施运营者和处理个人信息达到国家网信部门规定数量的个人信息处理者，应当将在中华人民共和国境内收集和产生的个人信息存储在境内。确需向境外提供的，应当通过国家网信部门组织的安全评估；法律、行政法规和国家网信部门规定可以不进行安全评估的，从其规定。
第四十一条　中华人民共和国**主管机关根据有关法律和中华人民共和国缔结或者参加的国际条约、协定，或者按照平等互惠原则，处理外国司法或者执法机构关于提供存储于境内个人信息的请求。非经中**	第四十一条　**中华人民共和国境外的司法或者执法机构要求提供存储于中华人民共和国境内的**个人信息的，**非经中华人民共和国主管机关批准，不得提供**；中华人民共和国缔结或者参加的国际条约、协定有规定的，**可以按照其规定执行**。	第四十一条　因国际司法协助或者行政执法协助，需要向中华人民共和国境外提供个人信息的，应当依法申请有关主管部门批准。中华人民共和国缔结或者参加的国际条约、协定对向中华人民共和国境外提供个人信息有规定的，从其规定。

300

《中华人民共和国个人信息保护法》	《中华人民共和国个人信息保护法（草案二次审议稿）》	《中华人民共和国个人信息保护法（草案）》
华人民共和国主管机关批准，**个人信息处理者**不得向**外国司法或者执法机构**提供**存储于中华人民共和国境内的个人信息。**		
第四十二条　境外的组织、个人从事**侵害**中华人民共和国公民的个人信息权益，或者危害中华人民共和国国家安全、公共利益的个人信息处理活动的，国家网信部门可以将其列入限制或者禁止个人信息提供清单，予以公告，并采取限制或者禁止向其提供个人信息等措施。	第四十二条　同草案第四十二条	第四十二条　境外的组织、个人从事损害中华人民共和国公民的个人信息权益，或者危害中华人民共和国国家安全、公共利益的个人信息处理活动的，国家网信部门可以将其列入限制或者禁止个人信息提供清单，予以公告，并采取限制或者禁止向其提供个人信息等措施。
第四十三条　任何国家**或者**地区在个人信息保护方面对中华人民共和国采取歧视性的禁止、限制或者其他类似措施的，中华人民共和国可以根据实际情况对该国家或者地区对等采取措施。	第四十三条　任何国家和地区在个人信息保护方面对中华人民共和国采取歧视性的禁止、限制或者其他类似措施的，中华人民共和国可以根据实际情况对该国家或者该地区<u>对等</u>采取措施。	第四十三条　任何国家和地区在个人信息保护方面对中华人民共和国采取歧视性的禁止、限制或者其他类似措施的，中华人民共和国可以根据实际情况对该国家或者该地区采取<u>相应</u>措施。

续表

《中华人民共和国个人信息保护法》	《中华人民共和国个人信息保护法（草案二次审议稿）》	《中华人民共和国个人信息保护法（草案）》
第四章　个人在个人信息处理活动中的权利	**第四章　个人在个人信息处理活动中的权利**	**第四章　个人在个人信息处理活动中的权利**
第四十四条　同草案二次审议稿第四十四条	第四十四条　同草案第四十四条	第四十四条　个人对其个人信息的处理享有知情权、决定权，有权限制或者拒绝他人对其个人信息进行处理；法律、行政法规另有规定的除外。
第四十五条　个人有权向个人信息处理者查阅、复制其个人信息；有本法**第十八条**第一款、**第三十五条**规定情形的除外。 个人请求查阅、复制其个人信息的，个人信息处理者应当及时提供。 **个人请求将个人信息转移至其指定的个人信息处理者，符合国家网信部门规定条件的，个人信息处理者应当提供转移的途径。**	第四十五条　同草案第四十五条	第四十五条　个人有权向个人信息处理者查阅、复制其个人信息；有本法<u>第十九条</u>第一款规定情形的除外。 个人请求查阅、复制其个人信息的，个人信息处理者应当及时提供。
第四十六条　同草案二次审议稿第四十六条	第四十六条　同草案第四十六条	第四十六条　个人发现其个人信息不准确或者不完整的，有权请求个人信息处理者更正、补充。 个人请求更正、补充其个人信息的，个人信息处理者应当对其个人信息予以核实，并及时更正、补充。

《中华人民共和国个人信息保护法》	《中华人民共和国个人信息保护法（草案二次审议稿）》	《中华人民共和国个人信息保护法（草案）》
第四十七条　有下列情形之一的，个人信息处理者应当主动删除个人信息；个人信息处理者未删除的，个人有权请求删除： （一）处理目的已实现、**无法实现**或者为实现处理目的不再必要； （二）个人信息处理者停止提供产品或者服务，或者保存期限已届满； （三）个人撤回同意； （四）个人信息处理者违反法律、行政法规或者违反约定处理个人信息； （五）法律、行政法规规定的其他情形。 法律、行政法规规定的保存期限未届满，或者删除个人信息从技术上难以实现的，个人信息处理者应当停止除存储和采取必要的安全保护措施之外的处理。	第四十七条　有下列情形之一的，个人信息处理者应当主动删除个人信息；**个人信息处理者未删除的，个人有权请求删除：** （一）处理目的已实现**或者为实现处理目的不再必要；** （二）个人信息处理者停止提供产品或者服务，**或者保存期限已届满；** （三）个人撤回同意； （四）个人信息处理者违反法律、行政法规或者违反约定处理个人信息； （五）法律、行政法规规定的其他情形。 法律、行政法规规定的保存期限未届满，或者删除个人信息从技术上难以实现的，个人信息处理者应当停止**除存储和采取必要的安全保护措施之外的**处理。	第四十七条　有下列情形之一的，个人信息处理者应当主动或者根据个人的请求，删除个人信息： （一）约定的保存期限已届满或者处理目的已实现； （二）个人信息处理者停止提供产品或者服务； （三）个人撤回同意； （四）个人信息处理者违反法律、行政法规或者违反约定处理个人信息； （五）法律、行政法规规定的其他情形。 法律、行政法规规定的保存期限未届满，或者删除个人信息从技术上难以实现的，个人信息处理者应当停止处理个人信息。
第四十八条　同草案二次审议稿第四十八条	第四十八条　同草案第四十八条	第四十八条　个人有权要求个人信息处理者对其个人信息处理规则进行解释说明。

《中华人民共和国个人信息保护法》	《中华人民共和国个人信息保护法（草案二次审议稿）》	《中华人民共和国个人信息保护法（草案）》
第四十九条　自然人死亡的，**其近亲属为了自身的合法、正当利益，可以对死者的相关个人信息行使本章规定的查阅、复制、更正、删除等权利；死者生前另有安排的除外。**	**第四十九条　自然人死亡的，本章规定的个人在个人信息处理活动中的权利，由其近亲属行使。**	
第五十条　个人信息处理者应当建立**便捷的**个人行使权利的申请受理和处理机制。拒绝个人行使权利的请求的，应当说明理由。**个人信息处理者拒绝个人行使权利的请求的，个人可以依法向人民法院提起诉讼。**	**第五十条**　同草案第四十九条	第四十九条　个人信息处理者应当建立个人行使权利的申请受理和处理机制。拒绝个人行使权利的请求的，应当说明理由。
第五章　个人信息处理者的义务	第五章　个人信息处理者的义务	第五章　个人信息处理者的义务
第五十一条　个人信息处理者应当根据个人信息的处理目的、处理方式、个人信息的种类以及对个人**权益**的影响、可能存在的安全风险等，采取**下列**措施确保个人信息处理活动符合法律、行政法规的规	**第五十一条**　个人信息处理者应当根据个人信息的处理目的、处理方式、个人信息的种类以及对个人的影响、可能存在的安全风险等，采取必要措施确保个人信息处理活动符合法律、行政法规的规定，并防止未经授权的访问以	第五十条　个人信息处理者应当根据个人信息的处理目的、处理方式、个人信息的种类以及对个人的影响、可能存在的安全风险等，采取必要措施确保个人信息处理活动符合法律、行政法规的规定，并防止未经授权的访问以及个人信息泄露或者被窃取、篡改、删除； （一）制定内部管理制度和操作规程；

续表

《中华人民共和国个人信息保护法》	《中华人民共和国个人信息保护法（草案二次审议稿）》	《中华人民共和国个人信息保护法（草案）》
定，并防止未经授权的访问以及个人信息泄露、篡改、**丢失**： （一）制定内部管理制度和操作规程； （二）对个人信息实行分类管理； （三）采取相应的加密、去标识化等安全技术措施； （四）合理确定个人信息处理的操作权限，并定期对从业人员进行安全教育和培训； （五）制定并组织实施个人信息安全事件应急预案； （六）法律、行政法规规定的其他措施。	及个人信息泄露<u>或者被窃取</u>、篡改、<u>删除</u>： （一）制定内部管理制度和操作规程； （二）对个人信息实行分类管理； （三）采取相应的加密、去标识化等安全技术措施； （四）合理确定个人信息处理的操作权限，并定期对从业人员进行安全教育和培训； （五）制定并组织实施个人信息安全事件应急预案； （六）法律、行政法规规定的其他措施。	（二）对个人信息实行<u>分级分</u>类管理； （三）采取相应的加密、去标识化等安全技术措施； （四）合理确定个人信息处理的操作权限，并定期对从业人员进行安全教育和培训； （五）制定并组织实施个人信息安全事件应急预案； （六）法律、行政法规规定的其他措施。
第五十二条　同草案二次审议稿第五十二条	**第五十二条**　处理个人信息达到国家网信部门规定数量的个人信息处理者<u>应当</u>指定个人信息保护负责人，负责对个人信息处理活动以及采取的保护措施等进行监督。 个人信息处理者应当公开个人信息保护负责人的联系方式，并**将个人信息保护负责人的姓名、联系方式等**报送履行个人信息保护职责的部门。	<u>第五十一条</u>　处理个人信息达到国家网信部门规定数量的个人信息处理者应当指定个人信息保护负责人，负责对个人信息处理活动以及采取的保护措施等进行监督。 个人信息处理者应当公开个人信息保护负责人的<u>姓名</u>、联系方式<u>等</u>，并报送履行个人信息保护职责的部门。

个人信息保护法手册：条文梳理与立法素材

续表

《中华人民共和国个人信息保护法》	《中华人民共和国个人信息保护法（草案二次审议稿）》	《中华人民共和国个人信息保护法（草案）》
第五十三条　同草案二次审议稿第五十三条	第五十三条　同草案第五十二条	第五十二条　本法第三条第二款规定的中华人民共和国境外的个人信息处理者，应当在中华人民共和国境内设立专门机构或者指定代表，负责处理个人信息保护相关事务，并将有关机构的名称或者代表的姓名、联系方式等报送履行个人信息保护职责的部门。
第五十四条　个人信息处理者应当定期对其**处理**个人信息遵守法律、行政法规的情况进行合规审计。	**第五十四条**　个人信息处理者应当定期对其个人信息处理活动**遵守**法律、行政法规**的情况**进行**合规**审计。	第五十三条　个人信息处理者应当定期对其个人信息处理活动、采取的保护措施等是否符合法律、行政法规的规定进行审计。履行个人信息保护职责的部门有权要求个人信息处理者委托专业机构进行审计。
第五十五条　**有下列情形之一的，**个人信息处理者应当事前进行**个人信息保护影响**评估，并对处理情况进行记录： （一）处理敏感个人信息； （二）利用个人信息进行自动化决策； （三）委托处理个人信息、向**其他个人信息处理者**提供个人信息、公开个人信息； （四）向境外提供个人信息； （五）其他对个人**权益**有重大影响的个人信息处理活动。	**第五十五条第一款**　个人信息处理者应当对下列个人信息处理活动在事前进行**风险**评估，并对处理情况进行记录： （一）处理敏感个人信息； （二）利用个人信息进行自动化决策； （三）委托处理个人信息、向**他人**提供个人信息、公开个人信息； （四）向境外提供个人信息； （五）其他对个人有重大影响的个人信息处理活动。	第五十四条第一款　个人信息处理者应当对下列个人信息处理活动在事前进行风险评估，并对处理情况进行记录： （一）处理敏感个人信息； （二）利用个人信息进行自动化决策； （三）委托处理个人信息、向第三方提供个人信息、公开个人信息； （四）向境外提供个人信息； （五）其他对个人有重大影响的个人信息处理活动。

306

《中华人民共和国个人信息保护法》	《中华人民共和国个人信息保护法（草案二次审议稿）》	《中华人民共和国个人信息保护法（草案）》
第五十六条　个人信息保护影响评估应当包括**下列内容**： （一）个人信息的处理目的、处理方式等是否合法、正当、必要； （二）对个人**权益**的影响及**安全**风险； （三）所采取的保护措施是否合法、有效并与风险程度相适应。 **个人信息保护影响**评估报告和处理情况记录应当至少保存三年。	**第五十五条**第二款、第三款　同草案第五十四条第二款、第三款	第五十四条第二款、第三款 风险评估的内容应当包括： （一）个人信息的处理目的、处理方式等是否合法、正当、必要； （二）对个人的影响及风险程度； （三）所采取的安全保护措施是否合法、有效并与风险程度相适应。 风险评估报告和处理情况记录应当至少保存三年。
第五十七条　发生或者可能发生个人信息泄露、**篡改、丢失**的，**个人信息处理者**应当立即采取补救措施，并通知履行个人信息保护职责的部门和个人。通知应当包括下列事项： （一）**发生或者可能发生**个人信息泄露、**篡改、丢失**的信息种类、原因和可能造成的危害； （二）**个人信息处理者采取的补救措施和个人可以采取的减轻危害**的措施；	**第五十六条**　同草案第五十五条	第五十五条　个人信息处理者发现个人信息泄露的，应当立即采取补救措施，并通知履行个人信息保护职责的部门和个人。 通知应当包括下列事项： （一）个人信息泄露的原因； （二）泄露的个人信息种类和可能造成的危害； （三）已采取的补救措施； （四）个人可以采取的减轻危害的措施； （五）个人信息处理者的联系方式。 个人信息处理者采取措施能够有效避免信息泄露造成损害的，个人信息处理者可以不通知个人；但是，履行个人信息

续表

《中华人民共和国个人信息保护法》	《中华人民共和国个人信息保护法（草案二次审议稿）》	《中华人民共和国个人信息保护法（草案）》
（三）个人信息处理者的联系方式。 个人信息处理者采取措施能够有效避免信息泄露、**篡改**、**丢失**造成**危**害的，个人信息处理者可以不通知个人；履行个人信息保护职责的部门认为可能造成**危**害的，有权要求个人信息处理者通知个人。		保护职责的部门认为<u>个人信息泄露</u>可能对<u>个人</u>造成损害的，有权要求个人信息处理者通知个人。
第五十八条 提供**重要**互联网平台服务、用户数量巨大、业务类型复杂的个人信息处理者，应当履行下列义务： （一）**按照国家规定建立健全个人信息保护合规制度体系**，成立主要由外部成员组成的独立机构对个人信息**保护情况**进行监督； （二）**遵循公开、公平、公正的原则，制定平台规则，明确平台内产品或者服务提供者处理个人信息的规范和保护个人信息的义务**； （三）对严重违反法律、行政法规处理个人信息的平台内	**第五十七条** 提供基础性互联网平台服务、用户数量巨大、业务类型复杂的个人信息处理者，应当履行下列义务： （一）成立主要由外部成员组成的独立机构，对个人信息处理活动进行监督； （二）对严重违反法律、行政法规处理个人信息的平台内的产品或者服务提供者，停止提供服务； （三）定期发布个人信息保护社会责任报告，接受社会监督。	

续表

《中华人民共和国个人信息保护法》	《中华人民共和国个人信息保护法（草案二次审议稿）》	《中华人民共和国个人信息保护法（草案）》
的产品或者服务提供者，停止提供服务； **（四）**定期发布个人信息保护社会责任报告，接受社会监督。		
第五十九条　接受委托处理个人信息的受托人，应当**依照本法和有关法律、行政法规的**规定，采取必要措施保障所处理的个人信息的安全，**并协助个人信息处理者履行本法规定的义务。**	<u>**第五十八条**　接受委托处理个人信息的受托方，应当履行本章规定的相关义务，采取必要措施保障所处理的个人信息的安全。</u>	
第六章　履行个人信息 保护职责的部门	第六章　履行个人信息 保护职责的部门	第六章　履行个人信息 保护职责的部门
第六十条　同草案二次审议稿第五十九条	<u>**第五十九条**</u>　同草案第五十六条	第五十六条　国家网信部门负责统筹协调个人信息保护工作和相关监督管理工作。国务院有关部门依照本法和有关法律、行政法规的规定，在各自职责范围内负责个人信息保护和监督管理工作。 县级以上地方人民政府有关部门的个人信息保护和监督管理职责，按照国家有关规定确定。 前两款规定的部门统称为履行个人信息保护职责的部门。
第六十一条　履行个人信息保护职责的部门履行下列个人信息保护职责：	<u>**第六十条**</u>　同草案第五十七条	第五十七条　履行个人信息保护职责的部门履行下列个人信息保护职责：

309

个人信息保护法手册：条文梳理与立法素材

续表

《中华人民共和国个人信息保护法》	《中华人民共和国个人信息保护法（草案二次审议稿）》	《中华人民共和国个人信息保护法（草案）》
（一）开展个人信息保护宣传教育，指导、监督个人信息处理者开展个人信息保护工作； （二）接受、处理与个人信息保护有关的投诉、举报； **（三）组织对应用程序等个人信息保护情况进行测评，并公布测评结果；** （四）调查、处理违法个人信息处理活动； （五）法律、行政法规规定的其他职责。		（一）开展个人信息保护宣传教育，指导、监督个人信息处理者开展个人信息保护工作； （二）接受、处理与个人信息保护有关的投诉、举报； <u>（三）调查、处理违法个人信息处理活动；</u> <u>（四）法律、行政法规规定的其他职责。</u>
第六十二条 国家网信部门统筹协调有关部门依据本法推进下列个人信息保护工作： （一）制定个人信息保护具体规则、标准； （二）针对**小型个人信息处理者、处理**敏感个人信息以及人脸识别、人工智能等新技术、新应用，制定专门的个人信息保护规则、标准； （三）支持研究开发**和推广应用**安全、方便的电子身份认	**第六十一条** 国家网信部门**统筹协调有关部门依据本法推进下列个人信息保护工作：** （一）制定个人信息保护**具体**规则、标准； **（二）针对敏感个人信息以及人脸识别、人工智能等新技术、新应用，制定专门的个人信息保护规则、标准；** **（三）支持研究开发安全、方便的电子身份认证技术；** **（四）推进个人信息**保护社会化服务体系建设，支持有关机构	第五十八条 国家网信部门和国务院有关部门按照职责权限组织制定个人信息保护相关规则、标准，推进个人信息保护社会化服务体系建设，支持有关机构开展个人信息保护评估、认证服务。

310

续表

《中华人民共和国个人信息保护法》	《中华人民共和国个人信息保护法（草案二次审议稿）》	《中华人民共和国个人信息保护法（草案）》
证技术，**推进网络身份认证公共服务建设；** （四）推进个人信息保护社会化服务体系建设，支持有关机构开展个人信息保护评估、认证服务； **（五）完善个人信息保护投诉、举报工作机制。**	开展个人信息保护评估、认证服务。	
第六十三条　履行个人信息保护职责的部门履行个人信息保护职责，可以采取下列措施： （一）询问有关当事人，调查与个人信息处理活动有关的情况； （二）查阅、复制当事人与个人信息处理活动有关的合同、记录、账簿以及其他有关资料； （三）实施现场检查，对涉嫌违法**的**个人信息处理活动进行调查； （四）检查与个人信息处理活动有关的设备、物品；对有证据证明是**用于**违法个人信息处理活动的设备、物品，向本部门	**第六十二条**　履行个人信息保护职责的部门履行个人信息保护职责，可以采取下列措施： （一）询问有关当事人，调查与个人信息处理活动有关的情况； （二）查阅、复制当事人与个人信息处理活动有关的合同、记录、账簿以及其他有关资料； （三）实施现场检查，对涉嫌违法个人信息处理活动进行调查； （四）检查与个人信息处理活动有关的设备、物品；对有证据证明是违法个人信息处理活动的设备、物品，**向本部门主要负责人书面报告并经批准，**可以查封或者扣押。	**第五十九条**　履行个人信息保护职责的部门履行个人信息保护职责，可以采取下列措施： （一）询问有关当事人，调查与个人信息处理活动有关的情况； （二）查阅、复制当事人与个人信息处理活动有关的合同、记录、账簿以及其他有关资料； （三）实施现场检查，对涉嫌违法个人信息处理活动进行调查； （四）检查与个人信息处理活动有关的设备、物品；对有证据证明是违法个人信息处理活动的设备、物品，可以查封或者扣押。 履行个人信息保护职责的部门

《中华人民共和国个人信息保护法》	《中华人民共和国个人信息保护法（草案二次审议稿）》	《中华人民共和国个人信息保护法（草案）》
主要负责人书面报告并经批准，可以查封或者扣押。履行个人信息保护职责的部门依法履行职责，当事人应当予以协助、配合，不得拒绝、阻挠。	履行个人信息保护职责的部门依法履行职责，当事人应当予以协助、配合，不得拒绝、阻挠。	依法履行职责，当事人应当予以协助、配合，不得拒绝、阻挠。
第六十四条 履行个人信息保护职责的部门在履行职责中，发现个人信息处理活动存在较大风险或者发生个人信息安全事件的，可以按照规定的权限和程序对该个人信息处理者的法定代表人或者主要负责人进行约谈，或者要求个人信息处理者委托专业机构对其个人信息处理活动进行合规审计。个人信息处理者应当按照要求采取措施，进行整改，消除隐患。**履行个人信息保护职责的部门在履行职责中，发现违法处理个人信息涉嫌犯罪的，应当及时移送公安机关依法处理。**	**第六十三条** 履行个人信息保护职责的部门在履行职责中，发现个人信息处理活动存在较大风险或者发生个人信息安全事件的，可以按照规定的权限和程序对该个人信息处理者的法定代表人或者主要负责人进行约谈，**或者要求个人信息处理者委托专业机构对其个人信息处理活动进行合规审计。**个人信息处理者应当按照要求采取措施，进行整改，消除隐患。	第六十条 履行个人信息保护职责的部门在履行职责中，发现个人信息处理活动存在较大风险或者发生个人信息安全事件的，可以按照规定的权限和程序对该个人信息处理者的法定代表人或者主要负责人进行约谈。个人信息处理者应当按照要求采取措施，进行整改，消除隐患。

续表

《中华人民共和国 个人信息保护法》	《中华人民共和国个人 信息保护法（草案二 次审议稿）》	《中华人民共和国个人信息 保护法（草案）》
第六十五条　同草案二次审议稿第六十四条	**第六十四条**　同草案第六十一条	第六十一条　任何组织、个人有权对违法个人信息处理活动向履行个人信息保护职责的部门进行投诉、举报。收到投诉、举报的部门应当依法及时处理，并将处理结果告知投诉、举报人。 履行个人信息保护职责的部门应当公布接受投诉、举报的联系方式。
第七章　法律责任	第七章　法律责任	第七章　法律责任
第六十六条　违反本法规定处理个人信息，或者处理个人信息未**履行本法**规定的**个人信息保护义务**的，由履行个人信息保护职责的部门责令改正，给予警告，没收违法所得，**对违法处理个人信息的应用程序，责令暂停或者终止提供服务；**拒不改正的，并处一百万元以下罚款；对直接负责的主管人员和其他直接责任人员处一万元以上十万元以下罚款。有前款规定的违法行为，情节严重的，**由省级以上履行个人信息保护职责的部门责令改正，没收违**	**第六十五条**　违反本法规定处理个人信息，或者处理个人信息未**按照规定采取必要的安全保护措施**的，由履行个人信息保护职责的部门责令改正，**给予警告，没收违法所得；**拒不改正的，并处一百万元以下罚款；对直接负责的主管人员和其他直接责任人员处一万元以上十万元以下罚款。有前款规定的违法行为，情节严重的，由履行个人信息保护职责的部门责令改正，没收违法所得，并处五千万元以下或者上一年度营业额百分之五以下罚款，并可以责令暂停相关业务、停业整顿、通报有关	第六十二条　违反本法规定处理个人信息，或者处理个人信息未按照规定采取必要的安全保护措施的，由履行个人信息保护职责的部门责令改正，没收违法所得，给予警告；拒不改正的，并处一百万元以下罚款；对直接负责的主管人员和其他直接责任人员处一万元以上十万元以下罚款。有前款规定的违法行为，情节严重的，由履行个人信息保护职责的部门责令改正，没收违法所得，并处五千万元以下或者上一年度营业额百分之五以下罚款，并可以责令暂停相关业务、停业整顿、通报有关主管部门吊销相关业务许可或者吊销营业执照；对直接负责的主管人员和其他直接责任人员处十万元以上一百万元以下罚款。

《中华人民共和国个人信息保护法》	《中华人民共和国个人信息保护法（草案二次审议稿)》	《中华人民共和国个人信息保护法（草案）》
法所得，并处五千万元以下或者上一年度营业额百分之五以下罚款，并可以责令暂停相关业务**或者**停业整顿、通报有关主管部门吊销相关业务许可或者吊销营业执照；对直接负责的主管人员和其他直接责任人员处十万元以上一百万元以下罚款**，并可以决定禁止其在一定期限内担任相关企业的董事、监事、高级管理人员和个人信息保护负责人。**	主管部门吊销相关业务许可或者吊销营业执照；对直接负责的主管人员和其他直接责任人员处十万元以上一百万元以下罚款。	
第六十七条　同草案二次审议稿第六十六条	**第六十六条**　同草案第六十三条	第六十三条　有本法规定的违法行为的，依照有关法律、行政法规的规定记入信用档案，并予以公示。
第六十八条　国家机关不履行本法规定的个人信息保护义务的，由其上级机关或者履行个人信息保护职责的部门责令改正；对直接负责的主管人员和其他直接责任人员依法给予处分。**履行个人信息保护职责的部门的工作人员玩忽职守、滥用职**	**第六十七条**　同草案第六十四条	第六十四条　国家机关不履行本法规定的个人信息保护义务的，由其上级机关或者履行个人信息保护职责的部门责令改正；对直接负责的主管人员和其他直接责任人员依法给予处分。

续表

《中华人民共和国个人信息保护法》	《中华人民共和国个人信息保护法（草案二次审议稿）》	《中华人民共和国个人信息保护法（草案）》
权、徇私舞弊，尚不构成犯罪的，依法给予处分。		
第六十九条 处理个人信息侵害个人信息权益造成损害，个人信息处理者不能证明自己没有过错的，应当承担损害赔偿等侵权责任。前款规定的损害赔偿责任按照个人因此受到的损失或者个人信息处理者因此获得的利益确定；个人因此受到的损失和个人信息处理者因此获得的利益难以确定的，根据实际情况确定赔偿数额。	第六十八条 个人信息权益因个人信息处理活动受到侵害，个人信息处理者**不能**证明自己没有过错的，**应当承担损害赔偿等侵权**责任。**前款规定的损害赔偿责任**按照个人因此受到的损失或者个人信息处理者因此获得的**利益确定**；个人因此受到的损失和个人信息处理者因此获得的利益难以确定的，根据实际情况确定赔偿数额。	第六十五条 因个人信息处理活动侵害个人信息权益的，按照个人因此受到的损失或者个人信息处理者因此获得的利益承担赔偿责任；个人因此受到的损失和个人信息处理者因此获得的利益难以确定的，由人民法院根据实际情况确定赔偿数额。个人信息处理者能够证明自己没有过错的，可以减轻或者免除责任。
第七十条 个人信息处理者违反本法规定处理个人信息，侵害众多个人的权益的，人民检察院、**法律规定的消费者组织**和由国家网信部门确定的组织可以依法向人民法院提起诉讼。	**第六十九条** 同草案第六十六条	第六十六条 个人信息处理者违反本法规定处理个人信息，侵害众多个人的权益的，人民检察院、履行个人信息保护职责的部门和国家网信部门确定的组织可以依法向人民法院提起诉讼。
第七十一条 同草案二次审议稿第七十条	**第七十条** 同草案第六十七条	第六十七条 违反本法规定，构成违反治安管理行为的，依法给予治安管理处罚；构成犯罪的，依法追究刑事责任。

《中华人民共和国个人信息保护法》	《中华人民共和国个人信息保护法（草案二次审议稿)》	《中华人民共和国个人信息保护法（草案）》
第八章 附 则	第八章 附 则	第八章 附 则
第七十二条 同草案二次审议稿第七十一条	**第七十一条** 自然人因个人或者家庭事务处理个人信息的，不适用本法。 法律对各级人民政府及其有关部门组织实施的统计、档案管理活动中的个人信息处理有规定的，适用其规定。	第六十八条 自然人因个人或者家庭事务而处理个人信息的，不适用本法。 法律对各级人民政府及其有关部门组织实施的统计、档案管理活动中的个人信息处理有规定的，适用其规定。
第七十三条 本法下列用语的含义： （一）个人信息处理者，是指**在个人信息处理活动中**自主决定处理目的、处理方式的组织、个人。 （二）自动化决策，是指**通过计算机程序自动分析、评估**个人的行为习惯、兴趣爱好或者经济、健康、信用状况等，并进行决策的活动。 （三）去标识化，是指个人信息经过处理，使其在不借助额外信息的情况下无法识别特定自然人的过程。 （四）匿名化，是指个人信息经过处理无法识别特定自然人且不能复原的过程。	**第七十二条** 同草案第六十九条	第六十九条 本法下列用语的含义： （一）个人信息处理者，是指自主决定处理目的、处理方式等个人信息处理事项的组织、个人。 （二）自动化决策，是指利用个人信息对个人的行为习惯、兴趣爱好或者经济、健康、信用状况等，通过计算机程序自动分析、评估并进行决策的活动。 （三）去标识化，是指个人信息经过处理，使其在不借助额外信息的情况下无法识别特定自然人的过程。 （四）匿名化，是指个人信息经过处理无法识别特定自然人且不能复原的过程。
第七十四条 本法自2021年11月1日起施行。	**第七十三条** 同草案第七十条	第七十条 本法自 年 月 日起施行。

二、
《中华人民共和国个人信息保护法》立法文件

本部分所涉文件一览：

文件名	来源	时间
关于《中华人民共和国个人信息保护法（草案）》的说明 ——2020年10月13日在第十三届全国人民代表大会常务委员会第二十二次会议上	中国人大网	2020年10月13日
法工委发言人：个人信息保护法草案将设置严格的法律责任	中国人大网	2021年4月22日
全国人民代表大会宪法和法律委员会关于《中华人民共和国个人信息保护法（草案）》修改情况的汇报	中国人大网	2021年4月26日
敏感个人信息范围如何界定？胎儿个人信息是否要保护？ ——全国人大常委会组成人员分组审议个人信息保护法草案二审稿	新华社	2021年4月28日
数字化时代，个人信息如何保障 ——个人信息保护法草案分组审议侧记	《人民法院报》	2021年4月29日
全国人民代表大会宪法和法律委员会关于《中华人民共和国个人信息保护法（草案）》审议结果的报告	中国人大网	2021年8月17日
全国人民代表大会宪法和法律委员会关于《中华人民共和国个人信息保护法（草案三次审议稿）》修改意见的报告	中国人大网	2021年8月19日

关于《中华人民共和国个人信息保护法
（草案）》的说明[*]

——2020 年 10 月 13 日在第十三届全国人民代表大会
常务委员会第二十二次会议上
全国人大常委会法制工作委员会副主任　刘俊臣
（2020 年 10 月 13 日）

委员长、各位副委员长、秘书长、各位委员：

我受委员长会议的委托，作关于《中华人民共和国个人信息保护法（草案）》的说明。

一、关于制定本法的必要性

随着信息化与经济社会持续深度融合，网络已成为生产生活的新空间、经济发展的新引擎、交流合作的新纽带。截至 2020 年 3 月，我国互联网用户已达 9 亿，互联网网站超过 400 万个、应用程序数量超过 300 万个，个人信息的收集、使用更为广泛。虽然近年来我国个人信息保护力度不断加大，但在现实生活中，一些企业、机构甚至个人，从商业利益等出发，随意收集、违法获取、过度使用、非法买卖个人信息，利用个人信息侵扰人民群众生活安宁、危害人民群众生命健康和财产安全等问题仍十分突出。在信息化时代，个人信息保护已成为广大人民群众最关心最直接最现实的利益问题之一。社会各方面广泛呼吁出台专门的个

---

　　* 文章出处：http://www.npc.gov.cn/npc/c30834/202108/fbc9ba044c2449c9bc6b6317b94694be.shtml。

人信息保护法，本届以来，全国人大代表共有340人次提出39件相关议案、建议，全国政协委员共提出相关提案32件。党中央高度重视网络空间法治建设，对个人信息保护立法工作作出部署。习近平总书记多次强调，要坚持网络安全为人民、网络安全靠人民，保障个人信息安全，维护公民在网络空间的合法权益，对加强个人信息保护工作提出明确要求。为及时回应广大人民群众的呼声和期待，落实党中央部署要求，制定一部个人信息保护方面的专门法律，将广大人民群众的个人信息权益实现好、维护好、发展好，具有重要意义。

第一，制定个人信息保护法是进一步加强个人信息保护法制保障的客观要求。党的十八大以来，全国人大及其常委会在制定关于加强网络信息保护的决定、网络安全法、电子商务法、修改消费者权益保护法等立法工作中，确立了个人信息保护的主要规则；在修改刑法中，完善了惩治侵害个人信息犯罪的法律制度；在编纂民法典中，将个人信息受法律保护作为一项重要民事权利作出规定。我国个人信息保护法律制度逐步建立，但仍难以适应信息化快速发展的现实情况和人民日益增长的美好生活需要。因此，应当在现行法律基础上制定出台专门法律，增强法律规范的系统性、针对性和可操作性，在个人信息保护方面形成更加完备的制度、提供更加有力的法律保障。

第二，制定个人信息保护法是维护网络空间良好生态的现实需要。网络空间是亿万民众共同的家园，必须在法治轨道上运行。违法收集、使用个人信息等行为不仅损害人民群众的切身利益，而且危害交易安全，扰乱市场竞争，破坏网络空间秩序。因此，应当制定出台专门法律，以严密的制度、严格的标准、严厉的责任，规范个人信息处理活动，落实企业、机构等个人信息处理者的法律义务和责任，维护网络空间良好生态。

第三，制定个人信息保护法是促进数字经济健康发展的重要举措。当前，以数据为新生产要素的数字经济蓬勃发展，数据的竞争已成为国际竞争的重要领域，而个人信息数据是大数据的核心和基础。党的十九大报告提出了建设网络强国、数字中国、智慧社会的任务要求。按照这一要求，应当统筹个人信息保护与利用，通过立法建立权责明确、保护有效、利用规范的制度规则，在保障个人信息权益的基础上，促进信息数据依法合理有效利用，推动数字经济持续健康发展。

二、关于起草工作和把握的几点

制定个人信息保护法列入了十三届全国人大常委会立法规划和年度立法工作计划。栗战书委员长和王晨副委员长等常委会领导同志高度重视这项立法工作，多次作出指示批示。2018年全国人大常委会法制工作委员会会同中央网络安全和信息化委员会办公室，着手研究起草个人信息保护法草案。在起草过程中，认真梳理研究近年来全国人大代表、政协委员提出的建议，召开座谈会听取部分全国人大代表的意见；委托专家组开展专题研究，搜集整理国内外立法资料，形成研究报告；通过多种方式深入调研，广泛征求有关部门、企业和专家等各方面意见。在上述工作的基础上，经反复研究修改，形成了《中华人民共和国个人信息保护法（草案）》。

起草工作注意把握以下几点：一是，坚持立足国情与借鉴国际经验相结合。从我国实际出发，深入总结网络安全法等法律、法规、标准的实施经验，将行之有效的做法和措施上升为法律规范。从上世纪70年代开始，经济合作与发展组织、亚太经济合作组织和欧盟等先后出台了个人信息保护相关准则、指导原则和法规，有140多个国家和地区制定了个人信息保护方面的法律。草案充分借鉴有关国际组织和国家、地区的有益做法，建立健全适应我国个人信息保护和数字经济发展需要的法律制度。二是，坚持问题导向和立法前瞻性相结合。既立足于个人信息保护领域存在的突出问题和人民群众的重大关切,建立完善可行的制度规范。同时,对一些尚存争议的理论问题,在本法中留下必要空间,对新技术新应用带来的新问题,在充分研究论证的基础上作出必要规定,体现法律的包容性、前瞻性。三是,处理好与有关法律的关系。把握权益保护的立法定位,与民法典等有关法律规定相衔接,细化、充实个人信息保护制度规则。同时,与网络安全法和已提请全国人大常委会审议的数据安全法草案相衔接,对于网络安全法、数据安全法草案确立的网络和数据安全监管相关制度措施,本法不再作规定。

三、关于草案的主要内容

草案共八章七十条,主要内容包括:

(一)明确本法适用范围

一是,对本法相关用语作出界定,规定:个人信息是以电子或者其他方式记录的与已识别或者可识别的自然人有关的各种信息;个人信息的处理包括个人信息的收集、存储、使用、加工、传输、提供、公开等活动。(草案第四条)

二是,明确在我国境内处理个人信息的活动适用本法的同时,借鉴有关国家和地区的做法,赋予本法必要的域外适用效力,以充分保护我国境内个人的权益,规定:以向境内自然人提供产品或者服务为目的,或者为分析、评估境内自然人的行为等发生在我国境外的个人信息处理活动,也适用本法;并要求境外的个人信息处理者在境内设立专门机构或者指定代表,负责个人信息保护相关事务。(草案第三条、第五十二条)

(二)健全个人信息处理规则

一是,确立个人信息处理应遵循的原则,强调处理个人信息应当采用合法、正当的方式,具有明确、合理的目的,限于实现处理目的的最小范围，公开处理规则，保证信息准确，采取安全保护措施等，并将上述原则贯穿于个人信息处理的全过程、各环节。（草案第五条至第九条）

二是，确立以"告知—同意"为核心的个人信息处理一系列规则，要求处理个人信息应当在事先充分告知的前提下取得个人同意，并且个人有权撤回同意；重要事项发生变更的应当重新取得个人同意；不得以个人不同意为由拒绝提供产品或者服务。考虑到经济社会生活的复杂性和个人信息处理的不同情况，草案还对基于个人同意以外合法处理个人信息的情形作了规定。（草案第十三条至第十九条）

三是，根据个人信息处理的不同环节、不同个人信息种类，对个人信息的共同处理、委托处理、向第三方提供、公开、用于自动化决策、处理已公开的个人信息等提出有针对性的要求。（草案第二十一条至第二十八条）

四是，设专节对处理敏感个人信息作出更严格的限制，只有在具有特定的目的和充分的必要性的情形下，方可处理敏感个人信息，并且应当取得个人的单独同意或者书面同意。（草案第二十九条至第三十二条）

五是，设专节规定国家机关处理个人信息的规则，在保障国家机关依法履行职责的同时，要求国家机关处理个人信息应当依照法律、行政法规规定的权限和程序进行。（草案第三十三条至第三十七条）

在应对新冠肺炎疫情中，大数据应用为联防联控和复工复产提供了有力支持。为此，草案将应对突发公共卫生事件，或者紧急情况下保护自然人的生命健康，作为处理个人信息的合法情形之一。需要强调的是，在上述情形下处理个人信息，也必须严格遵守本法规定的处理规则，履行个人信息保护义务。

（三）完善个人信息跨境提供规则

一是，明确关键信息基础设施运营者和处理个人信息达到国家网信部门规定数量的处理者，确需向境外提供个人信息的，应当通过国家网信部门组织的安全评估；对于其他需要跨境提供个人信息的，规定了经专业机构认证等途径。（草案第三十八条、第四十条）

二是，对跨境提供个人信息的"告知—同意"作出更严格的要求。（草案第三十九条）

三是，对因国际司法协助或者行政执法协助，需要向境外提供个人信息的，要求依法申请有关主管部门批准。（草案第四十一条）

四是，对从事损害我国公民个人信息权益等活动的境外组织、个人，以及在个人信息保护方面对我国采取不合理措施的国家和地区，规定了可以采取的相应措施。（草案第四十二条、第四十三条）

（四）明确个人信息处理活动中个人的权利和处理者义务

一是，与民法典的有关规定相衔接，明确在个人信息处理活动中个人的各项权利，包括知情权、决定权、查询权、更正权、删除权等，并要求个人信息处理者建立个人行使权利的申请受理和处理机制。（草案第四十四条至第四十九条）

二是，明确个人信息处理者的合规管理和保障个人信息安全等义务，要求其按照规定制定内部管理制度和操作规程，采取相应的安全技术措施，并指定负责人对其个人信息处理活动进行监督；定期对其个人信息活动进行合规审计；对处理敏感个人信息、向境外提供个人信息等高风险处理活动，事前进行风险评估；履行个人信息泄露通知和补救义务等。（草案第五十条、第五十一条、第五十三条至第五十五条）

（五）关于履行个人信息保护职责的部门

个人信息保护涉及各个领域和多个部门的职责。草案根据个人信息保护工作实际，明确国家网信部门负责个人信息保护工作的统筹协调，发挥其统筹协调作用；同时规定：国家网信部门和国务院有关部门在各自职责范围内负责个人信息保护和监督管理工作。（草案第五十六条）

此外，草案还对违反本法规定行为的处罚及侵害个人信息权益的民事赔偿等作了规定。

个人信息保护法（草案）和以上说明是否妥当，请审议。

法工委发言人：个人信息保护法草案将设置 严格的法律责任[*]

（2021 年 4 月 22 日）

《中国人大》全媒体记者侯朝宣 4 月 22 日北京报道：目前，非法收集、过度收集、强制收集个人信息的问题普遍存在，部分企业存在泄露和滥用公民个人信息牟利的情况。个人信息保护法草案（二次审议稿）将于 4 月 26 日提请十三届全国人大常委会第二十八次会议审议。

全国人大常委会法工委发言人臧铁伟 4 月 22 日介绍，针对当前个人信息保护领域存在的突出问题，草案在有关法律的基础上进一步完善相关制度规范：

一是确立个人信息处理应遵循的原则，强调处理个人信息应当采用合法、正当的方式，具有明确、合理的目的，限于实现处理目的的最小范围，公开处理规则，采取必要的安全保障措施等，这些原则应当贯穿于个人信息处理活动的全过程各环节。

---

* 文章出处：http://www.npc.gov.cn/npc/c30834/202104/dc402598cff8442a9d6b234b4a48d2fe.shtml。

二是确立以"告知—同意"为核心的个人信息处理一系列规则，要求处理个人信息应在事先充分告知的前提下取得个人同意，不得以个人不同意为由拒绝提供产品或者服务。

三是设专节对处理敏感个人信息作出更严格的限制，只有在具有特定目的和充分必要性的情形下，方可处理敏感个人信息，并应取得个人的单独同意或书面同意，在事前进行风险评估。

四是明确个人在个人信息处理活动中的各项权利，包括知情权、决定权、查询权、更正权、删除权等，强化个人信息处理者合规管理和保障个人信息安全的义务。

五是设置严格的行政、民事法律责任。

臧铁伟表示，上述法律规范以保护个人信息权益为核心，以严格规制个人信息处理活动为重点，将为防范和遏制违法收集、使用个人信息行为提供强有力的法律保障。

全国人民代表大会宪法和法律委员会关于《中华人民共和国个人信息保护法（草案）》修改情况的汇报*

（2021 年 4 月 26 日）

全国人民代表大会常务委员会：

常委会第二十二次会议对个人信息保护法草案进行了初次审议。会后，法制工作委员会将草案印发各省（区、市）、中央有关部门和部分基层立法联系点、人大代表、企业、研究机构等征求意见，在中国人大网全文公布草案征求社会公众意见。宪法和

---

* 文章出处：http://www.npc.gov.cn/npc/c30834/202108/9a877c9c971e4ed3999314b11bcf37b8. shtml。

法律委员会、法制工作委员会联合召开座谈会，听取中央有关部门和部分人大代表、专家、企业的意见，到北京、深圳、湖南调研，听取地方意见，并就草案的有关问题与有关方面交换意见，共同研究。宪法和法律委员会于4月1日召开会议，根据常委会组成人员的审议意见和各方面意见，对草案进行了逐条审议。中央网络安全和信息化委员会办公室有关负责同志列席了会议。4月20日，宪法和法律委员会召开会议，再次进行了审议。现将个人信息保护法草案主要问题修改情况汇报如下：

一、草案第五条至第八条规定了个人信息处理应遵循的原则。一些常委会组成人员和地方、部门、专家、社会公众提出，当前，个人信息收集、使用规则不透明及过度收集、使用等问题仍很突出，建议有针对性地完善上述内容。宪法和法律委员会经研究，建议对上述规定予以修改完善，进一步明确：不得通过"胁迫"方式处理个人信息；处理个人信息应当限于实现处理目的所必要的最小范围、采取对个人权益影响最小的方式；处理个人信息应当公开个人信息处理规则，明示处理目的、方式和范围，并应当保证个人信息的质量，避免因个人信息不准确、不完整对个人权益造成不利影响。（草案二次审议稿第五条、第六条、第七条、第八条）

二、根据一些常委会组成人员和地方、部门、专家、企业、社会公众的意见，宪法和法律委员会经研究，建议进一步完善个人信息处理规则，对草案作以下修改：一是增加规定：个人信息处理者应当为个人提供便捷的撤回同意的方式；个人撤回同意，不影响撤回同意前已进行的个人信息处理活动的效力。二是规定：通过自动化决策方式进行商业营销、信息推送，应当同时提供不针对其个人特征的选项，或者向个人提供拒绝的方式。三是明确：个人信息跨境提供的合同应"按照国家网信部门制定的标准合同"订立。（草案二次审议稿第十六条、第二十五条第二款、

第三十八条第三项）

三、有的常委委员和专家、社会公众提出，民法典中规定，死者的姓名、肖像、名誉等受到侵害的，其近亲属有权依法请求行为人承担民事责任。建议参照上述内容对死者的个人信息保护问题作出规定。宪法和法律委员会经研究，建议增加一条规定：自然人死亡的，个人在个人信息处理活动中的权利由其近亲属行使。（草案二次审议稿第四十九条）

四、有的部门、专家建议，强化超大型互联网平台的个人信息保护义务，并加强监督。宪法和法律委员会经研究，建议增加一条规定：提供基础性互联网平台服务、用户数量巨大、业务类型复杂的个人信息处理者，应当履行下列义务：（一）成立主要由外部成员组成的独立机构，对个人信息处理活动进行监督；（二）对严重违反法律、行政法规处理个人信息的平台内的产品或者服务提供者，停止提供服务；（三）定期发布个人信息保护社会责任报告，接受社会监督。（草案二次审议稿第五十七条）

五、有的常委委员和部门、专家提出，接受委托处理个人信息的受托方，不属于本法规定的个人信息处理者，但仍应履行相应的个人信息安全保护义务，建议增加这方面的内容。宪法和法律委员会经研究，建议增加一条规定：接受委托处理个人信息的受托方，应当履行第五章规定的相关义务，采取必要措施保障所处理的个人信息的安全。（草案二次审议稿第五十八条）

六、有的部门、专家提出，应当充分发挥国家网信部门的统筹协调作用，推进配套规定制定等工作，保证本法有效贯彻实施。宪法和法律委员会经研究，建议在有关条款中明确由国家网信部门统筹推进个人信息保护有关工作，包括：制定个人信息保护具体规则、标准；针对敏感个人信息以及人脸识别、人工智能等新技术、新应用制定专门的个人信息保护规则、标准；支持研究开发安全、方便的电子身份认证技术等。（草案二次审议稿第六十一条）

七、草案第六十五条规定，因个人信息处理活动侵害个人信息权益，个人信息处理者能够证明自己没有过错的，可以减轻或者免除责任。一些常委委员和地方、部门、专家、企业建议，根据过错推定责任原则确定侵害个人信息权益的损害赔偿责任。宪法和法律委员会经研究，建议根据民法典有关规定，将上述规定修改为：个人信息权益因个人信息处理活动受到侵害，个人信息处理者不能证明自己没有过错的，应当承担损害赔偿等侵权责任。(草案二次审议稿第六十八条第一款)

此外，还对草案作了一些文字修改。

草案二次审议稿已按上述意见作了修改，宪法和法律委员会建议提请本次常委会会议继续审议。

草案二次审议稿和以上汇报是否妥当，请审议。

全国人民代表大会宪法和法律委员会

2021 年 4 月 26 日

敏感个人信息范围如何界定？胎儿个人信息是否要保护？*
——全国人大常委会组成人员分组审议个人信息保护法草案二审稿
新华社记者 刘硕、白阳
(2021 年 4 月 28 日)

十三届全国人大常委会第二十八次会议日前就个人信息保护法草案二审稿进行了分组审议。与会人员普遍认为，草案二审稿

---

* 文章出处：http://www.xinhuanet.com/mrdx/2021-04/29/c_ 139914262.htm。

强化超大型互联网平台的个人信息保护义务，明确国家网信部门统筹推进个人信息保护的有关工作职责，为个人信息保护提供了更坚强的法律支撑。

李飞跃委员说，在现行法律基础上，针对个人信息整个生命周期制定出台专门法律，可以提供更强有力的法律保障，维护网络空间良好生态。与会人员认为，二审稿在一审稿基础上，相关规定更细化，内容指向更明确。与此同时，在敏感个人信息范围界定等方面，建议进一步细化并完善。

草案二审稿明确了敏感个人信息的性质和范围。周洪宇委员说，草案中列出敏感个人信息的多方面内容，但实际上很难列完整，建议增加授权条款："敏感个人信息的范围、种类等由国家网信部门会同国务院有关部门根据经济社会发展情况作出规定，并向社会发布"。

敏感个人信息中，人脸等个人生物特征的采集和使用一直受到社会广泛关注。王超英委员说，当前人脸信息等个人生物信息在线上线下被广泛使用，草案对个人生物信息，特别是人脸识别技术的规范讲得不是特别清楚，建议对人脸、指纹等个人生物信息进行具体规范。

个人信息处理者在使用完相关信息后，或者个人撤回同意时，如何保证个人信息彻底不留痕迹？草案二审稿中明确了应删除个人信息的具体情形。

郭雷委员说，建议在个人信息处理包括的事项中，增加"复制、删除、销毁和评估"，这样可以体现信息处理活动的完整性。李巍委员说，要规定某些信息必须有一定的有效期限和特殊用途，以及限制使用范围，超过有效期就要自动销毁、删除、退出；规定有关主管部门和机构定期开展检查和监督，集中精力妥善解决好这些信息的退出和销毁问题。

王砚蒙委员说，草案二审稿补充了自然人死亡后的个人信息保护内容，也应该对自然人出生之前的信息保护问题作出规定。"未出生的胎儿也有其独特的生物识别信息，从怀孕开始到胎儿分娩，孕妇要在医疗机构进行多次孕产检查，这些检查会产生胎儿的影像、性别、血型、疾病基因、身体特征和是否残缺等生物识别信息，这些胎儿信息与父母信息一起都在医疗机构大量存储，有必要以法律形式加以保护。"

　　草案规定，基于个人同意而进行的个人信息处理活动，个人有权撤回同意。李飞跃委员说，建议进一步完善个人撤回同意的有关内容，明确撤回的方式、撤回时间的认定等，增强法条的针对性和操作性。

　　还有一些与会人员认为，建议草案中的个人信息概念界定与民法典等法律调整一致。杜小光委员说，建议个人信息保护法草案采用民法典、网络安全法中有关"个人信息"定义的表述，以达到法律条文间的统一。杨志今委员说，民法典对个人信息的定义突出强调了"特定自然人的各种信息"，建议草案采用与民法典相同的表述进行定义。

数字化时代，个人信息如何保障*
——个人信息保护法草案分组审议侧记
《人民法院报》记者　王俏
（2021 年 4 月 29 日）

　　小区门禁系统也要人脸识别通过？手机上的推荐广告关都关不掉？新冠肺炎疫情期间的海量个人信息如何被保护？

---

　　* 文章出处：http://rmfyb.chinacourt.org/paper/html/2021 - 04/29/content _ 204027. htm。

个人信息保护法修正草案二审稿提请全国人大常委会审议，4月27日下午，在分组审议中，涉及敏感个人信息、个人信息的过度收集、个人信息的删除退出和销毁等多方面问题引发了与会人员的广泛讨论。

小区门禁系统也要人脸识别？治理滥用个人敏感信息需要特殊规则

有房产中介根据人脸识别，发现有人多次进出房产中介的不同门店却不购买，便禁止其再进入；或者根据人脸识别，按照进各售楼处的次数给购买人优惠，或者增加购买人的费用。

"人脸识别技术现在滥用的情况比较普遍。"全国人大常委会委员周敏建议增加规定，在公共场所安装图像采集、个人身份识别设备，"不得用于商业等其他目的"。

王东明副委员长打了个比方，有的开展银行业务时在使用一些手机 APP，有的在使用小区门禁系统时都经常要采集人脸、指纹、掌纹、虹膜等个人生物识别信息，很多情况下这些都是过度收集或者处理敏感个人信息。

王东明建议，应明确对敏感个人信息实施特殊保护规则。对金融机构、医疗机构、科技公司等特定企业或者组织采集、存储、处理敏感个人信息，对存储敏感个人信息必须采取加密处理和技术安全保障，对敏感个人信息及时删除等作出明确规定。

杨震委员提出，人脸识别使用的地方越来越多，一定程度上威胁了个人信息的安全。他建议由专门机构承担人脸识别应用的审批和监管职能、界定设备及数据主管的职责、数据使用和管理的权限。

弹窗广告取消不了？过度收集个人信息应明令禁止

安装程序时可以"一键同意"，撤回同意时却设置各种障碍；

不填报个人信息，或不同意被获取个人信息，就无法使用程序……在分组审议时，不少与会人员"吐槽"了自己的经历。

"微信朋友圈经常会推送一些东西，我自己曾经从网上查到怎么拒绝商业推送，但是操作了很长时间，都不成功，非常复杂，没有办法拒绝。"周敏委员提出，通过自动化决策方式进行商业营销、信息推送，应当同时提供不针对其个人特征的选项，或者向个人提供拒绝的方式。

周敏建议，将草案关于商业营销、信息推送的相关规定中"向个人提供拒绝的方式"，改为"向个人提供易于操作的拒绝方式"。周敏解释说："因为有的商业营销信息推送提供了拒绝方式，但是很难操作，而且操作后很难成功。"

全国人大社会建设委员会副主任委员宫蒲光则提出，在日常生活中，特别是在使用手机应用程序中，许多网络服务商家不管所提供的产品或服务与要求提供个人的信息是否有直接关联、是否必要，往往把收集个人信息作为提供产品或服务的前提条件，不填报个人信息就无法继续安装或使用该应用程序，普遍存在过度收集个人信息的情形。

宫蒲光建议增加"个人信息处理者不得将让渡非必要的个人信息权益作为提供产品或服务的前提条件"的规定，对应当提供的必要信息进行界定，同时对违法者还应有相应的处罚。

疫情过后海量信息怎么处理？个人信息的删除、退出和销毁都应规范化

新冠肺炎疫情防控期间，每个人的出行轨迹，从超市到药店，从小区物业到公交地铁，无一不要求登记姓名、手机号、身份证件信息等，精准追溯。

"如果这些个人信息不能被保护好，流入黑灰产业的风险很大。"全国人大华侨委员会委员王辉忠认为，随着疫情逐渐好转，个人信息保护工作的重点也应从收集、使用转移到存储和销毁。

被收集的个人信息储存多长时间？什么时候销毁？李巍委员建议，对于信息的删除、销毁和退出，应有三方面规定：一是某些信息必须有一定的有效期限和特殊用途，以及限制使用范围，超过有效期就要自动销毁、删除、退出；二是对那些过时的、过期的或者完成特殊任务特殊目的并失去了保留价值的信息，要按规定及时销毁退出并通知公民本人；三是要规定有关主管部门和机构定期开展检查和监督，集中精力妥善解决好这些信息的退出和销毁问题。

列席会议的全国人大代表冯丹提出，"紧急情况消除后，信息留存需去标志化和匿名化，并纳入公共数据范畴进行管理"。目的是提高此类数据的利用效率，使数据发挥最大作用。

今年2月，虾米音乐播放器业务停止服务，曾引发社会关注和热议。关注到此问题的刘修文委员提出，要进一步细化个人信息处理者停业等情形下的个人信息保护方面的规定。当信息处理者停业、破产等情形出现时，其处理的个人信息的安全如何保障，信息如何接续处理等，已成为重要问题，都需要在法律中予以明确。

肚中宝宝的信息被泄露了怎么办？要加强对胎儿和未成年人的相关保护

从怀孕开始到胎儿分娩，孕妇要在医疗机构进行多次孕产检查，这些检查会产生胎儿的影像、性别、血型、疾病基因、身体特征和是否残缺等生物识别信息。"这些胎儿信息与父母信息一起都在医疗机构大量存储，有必要以法律形式一同加以保护。"王砚蒙委员提出。

　　草案二审稿规定，自然人死亡的，个人在个人信息处理中的权利，由其近亲属行使。王砚蒙建议增加一款，"未出生胎儿的相关信息可视为其父母的个人信息权益加以保护"。

　　她认为，既然已经补充了自然人死亡后的个人信息保护内容，也应该对自然人出生之前的信息保护问题作出规定，未出生的胎儿也有其独特的生物识别信息。

　　"未成年人个人隐私、个人信息更容易受到侵害，其个人信息总体上应当属于敏感个人信息。"王东明副委员长提出现实当中大量存在未成年人因个人信息被泄露和滥用而造成个人和家庭财产甚至人身安全受到危害的问题。从国际上看，加强保护未成年人个人信息已是一种趋势。

　　草案第十五条规定，"个人信息处理者处理不满十四周岁未成年人个人信息的，应当取得未成年人的父母或者其他监护人的同意"。

　　曹建明副委员长提出，已满14周岁的未成年人可能对处理自己个人信息的合法性、合理性缺乏准确认识和判断。以民法典为依据作判断，为有效保护未成年人合法权益，建议对草案不满14周岁的年龄规定作适当的调整。

　　李锐委员表示，为了与民法典更好衔接，建议把门槛升高为18周岁。而处理的个人信息为16周岁以上的未成年人的，该未成年人若以自己的劳动收入为主要生活来源，可以不用取得其监护人的同意。

　　对此吕薇委员则建议，可以把未成年人个人信息保护的更高要求聚焦于特定的场景，比如哪些内容或者哪些网站是不适合未成年人观看或者进入的。

全国人民代表大会宪法和法律委员会关于
《中华人民共和国个人信息保护法（草案）》
审议结果的报告*

（2021 年 8 月 17 日）

全国人民代表大会常务委员会：

　　常委会第二十八次会议对个人信息保护法草案进行了二次审议。会后，法制工作委员会在中国人大网全文公布草案征求社会公众意见。宪法和法律委员会、法制工作委员会召开座谈会，分别听取有关专家、企业和法院系统的意见；就草案的有关问题与有关方面交换意见，共同研究。宪法和法律委员会于 7 月 14 日召开会议，根据 7 月 9 日委员长会议精神、常委会组成人员审议意见和各方面的意见，对草案进行了逐条审议。中央网络安全和信息化委员会办公室有关负责同志列席了会议。7 月 28 日，宪法和法律委员会召开会议，再次进行了审议。宪法和法律委员会认为，为加强个人信息保护，维护人民群众在网络空间的合法权益，并促进信息合理利用，制定本法是必要的，草案经过两次审议修改，已经比较成熟。同时，提出以下主要修改意见：

　　一、有的常委委员和社会公众、专家提出，我国宪法规定，国家尊重和保障人权；公民的人格尊严不受侵犯；公民的通信自由和通信秘密受法律保护。制定实施本法对于保障公民的人格尊严和其他权益具有重要意义，建议在草案二次审议稿第一条中增加规定"根据宪法"制定本法。宪法和法律委员会经研究，赞同上述意见，建议予以采纳。

---

　　* 文章出处：http://www.npc.gov.cn/npc/c30834/202108/a528d76d41c44f33980eaffe0e329ffe.shtml。

二、一些常委会组成人员和地方、部门、社会公众建议，进一步完善个人信息处理规则，特别是对应用程序（APP）过度收集个人信息、大数据杀熟以及非法买卖、泄露个人信息等作出有针对性规范。宪法和法律委员会经研究，建议对草案二次审议稿作以下修改：一是进一步明确处理个人信息应当遵循合法、正当、必要原则。二是将第六条修改为：处理个人信息应当具有明确、合理的目的，并应当与处理目的直接相关，采取对个人权益影响最小的方式。收集个人信息，应当限于实现处理目的的最小范围。三是增加规定，任何组织、个人不得非法收集、使用、加工、传输他人个人信息，不得非法买卖、提供或者公开他人个人信息。四是增加规定，利用个人信息进行自动化决策，不得对个人在交易价格等交易条件上实行不合理的差别待遇。五是增加规定，履行个人信息保护职责的部门应当组织对应用程序等个人信息保护情况进行测评、公布测评结果，对违法处理个人信息的应用程序，责令暂停或者终止提供服务。

三、有的常委委员和企业、专家提出，现实中有关企业、单位在人力资源管理工作中需要处理个人信息，建议在草案中将此类情况作为允许收集和处理个人信息的情形。宪法和法律委员会经研究，建议采纳上述意见，在草案二次审议稿第十三条中增加相应规定。

四、一些常委会组成人员和地方、部门、企业、专家建议，进一步做好草案有关条款与民法典有关规定的衔接。宪法和法律委员会经研究，建议对草案二次审议稿作以下修改：一是将第二十八条修改为，个人信息处理者可以在合理的范围内处理已合法公开的个人信息，个人明确拒绝的除外；对个人权益有重大影响的，应当取得个人同意。二是将第五十六条中的"个人信息泄露"修改为"个人信息泄露、篡改、丢失"。

五、有些常委会组成人员建议，将未成年人个人信息作为敏感个人信息予以严格保护。宪法和法律委员会经研究，建议明确将不满十四周岁未成年人的个人信息作为敏感个人信息，并要求个人信息处理者对此制定专门的个人信息处理规则。

六、有的常委委员和部门、专家提出，按照我国缔结或者参加的经贸合作等国际条约，可以向境外提供个人信息，草案中应当考虑规定这种情形，同时，也需要规定，对转移到境外的个人信息的保护，不应低于我国的保护标准。宪法和法律委员会经研究，建议增加规定：中华人民共和国缔结或者参加的国际条约、协定对向境外提供个人信息的条件等有规定的，可以按照其规定执行；个人信息处理者应当采取必要措施，保障境外接收方处理个人信息的活动达到本法规定的个人信息保护标准。

七、有的常委委员和社会公众、部门、专家提出，为方便个人获取并转移其个人信息，建议借鉴有关国家和地区的立法，增加个人信息可携带权的规定。宪法和法律委员会经研究，建议增加规定：个人请求将其个人信息转移至其指定的个人信息处理者，符合国家网信部门规定条件的，个人信息处理者应当提供转移的途径。

八、草案二次审议稿第四十九条对死者个人信息的保护作了规定。有的常委委员和专家提出，死者的近亲属行使相关权利应当有合理的理由，并尊重死者生前的安排，建议对上述规定再作研究。宪法和法律委员会经研究，建议将这一条修改为：自然人死亡的，其近亲属为了自身的合法、正当利益，可以对死者的个人信息行使本章规定的查阅、复制、更正、删除等权利；死者生前另有安排的除外。

九、有的部门、专家提出，大型互联网企业制定有关个人信息保护的平台规则时，应当公平合理地对待平台内经营者。有的常委委员和企业、专家提出，对处理信息数量少、处理活动简单的小型个人信息处理者，应适当减轻其合规成本。宪法和法律委员会经研究，建议对草案二次审议稿作以下修改：一是增加规定，大型互联网企业应当遵循公开、公平、公正的原则，制定有关个人信息保护的平台规则；二是授权国家网信部门针对小型个人信息处理者制定相关规则。

十、有的常委委员和部门、社会公众提出，有关部门应完善个人信息保护投诉、举报机制，并在案件查处方面加强协同配合。宪法和法律委员会经研究，建议在草案二次审议稿中增加以下规定：一是国家网信部门统筹协调有关部门完善个人信息保护投诉、举报工作机制。二是履行个人信息保护职责的部门发现违法处理个人信息涉嫌犯罪的，应当及时移送公安机关依法处理；对有关责任人员可以决定禁止其在一定期限内担任相关企业的董事、监事、高级管理人员和个人信息保护负责人等职务。

此外，还对草案二次审议稿作了一些文字修改。

7 月 28 日，法制工作委员会召开会议，邀请部分全国人大代表、专家学者以及基层立法联系点、地方有关部门、企业等方面的代表，就草案中主要制度规范的可行性、法律出台时机、法律实施的社会效果和可能出现的问题等进行评估。普遍认为，草案适应我国信息化发展需要，聚集人民群众重大关切，深入总结现行法律实施经验，健全完善个人信息保护制度规则，对于维护广大人民群众网络空间合法权益具有重要意义。草案内容全面、系统，针对性和可操作性较强，并具有一定的包容性、前瞻性，建议尽快通过实施。与会人员还对草案提出了一些具体修改意见，有的意见已经采纳。

草案三次审议稿已按上述意见作了修改，宪法和法律委员会建议提请本次常委会会议审议通过。

草案三次审议稿和以上报告是否妥当，请审议。

全国人民代表大会宪法和法律委员会

2021 年 8 月 17 日

全国人民代表大会宪法和法律委员会关于《中华人民共和国个人信息保护法（草案三次审议稿）》修改意见的报告[*]

（2021 年 8 月 19 日）

全国人民代表大会常务委员会：

本次常委会会议于 8 月 17 日下午对个人信息保护法草案三次审议稿进行了分组审议。普遍认为，草案已经比较成熟，建议进一步修改后，提请本次常委会会议表决通过。同时，有些常委会组成人员和列席人员还提出了一些修改意见和建议。宪法和法律委员会于 8 月 17 日晚召开会议，逐条研究了常委会组成人员的审议意见，对草案进行了审议。宪法和法律委员会认为，草案是可行的，同时，提出以下修改意见：

一、一些常委委员建议，根据最小必要原则，在草案已有规定的基础上，进一步强调不得过度收集个人信息。宪法和法律委员会经研究，建议采纳上述意见，在草案三次审议稿第六条中增加相应规定。

二、有的常委委员建议，对草案三次审议稿中关于为人力资源管理所必需处理个人信息的规定作出必要限制。宪法和法律委员会经研究，建议将草案有关规定修改为：按照依法制定的劳动规章制度和依法签订的集体合同实施人力资源管理所必需。

三、有的常委委员提出，应当要求个人信息处理者提供便捷的途径，并明确个人向人民法院起诉寻求救济的权利，以更好保障个人行使个人信息查询、复制等权利。宪法和法律委员会经研

---

* 文章出处：http://www.npc.gov.cn/npc/c30834/202108/5e507c650c4147f6a600d9935868b2c5.shtml。

究，建议在草案三次审议稿第五十条中增加以下规定：一是个人信息处理者应当建立"便捷的"个人行使权利的申请受理和处理机制；二是个人信息处理者拒绝个人行使权利的请求的，个人可以依法向人民法院提起诉讼。

四、有的常委委员提出，应当要求大型互联网平台建立个人信息保护合规体系，加强内部合规管理。宪法和法律委员会经研究，建议在草案三次审议稿第五十八条中增加规定，大型互联网平台应当"按照国家规定建立健全个人信息保护合规制度体系"。

五、有关部门提出，为减少网络身份认证中对个人信息的过度采集，有关方面遵循自愿原则正在试点应用网络身份认证公共服务，建议在草案中增加相应规定。宪法和法律委员会经研究，建议在草案三次审议稿第六十二条中增加规定，国家网信部门统筹协调有关部门"推进网络身份认证公共服务建设"。

六、中国消费者协会建议，与消费者权益保护法有关规定相衔接，在本法中明确法律规定的消费者组织可以对违法处理个人信息侵害众多个人权益的行为提起诉讼。宪法和法律委员会经研究，建议采纳上述意见，在草案三次审议稿第七十条中增加相应规定。

经与有关部门研究，建议将本法的施行时间确定为 2021 年 11 月 1 日。

此外，根据常委会组成人员的审议意见，还对草案三次审议稿作了一些文字修改。

草案修改稿已按上述意见作了修改，宪法和法律委员会建议本次常委会会议审议通过。

草案修改稿和以上报告是否妥当，请审议。

全国人民代表大会宪法和法律委员会

2021 年 8 月 19 日